# 浙江省公共政策创新蓝皮书

## （2018—2019）

主　　编：姚先国　金雪军
执行主编：范柏乃
主编助理：陈思瑾

中国财经出版传媒集团
中国财政经济出版社

**图书在版编目（CIP）数据**

浙江省公共政策创新蓝皮书. 2018—2019 / 姚先国，金雪军主编. --北京：中国财政经济出版社，2020.5
ISBN 978-7-5095-9723-1

Ⅰ.①浙… Ⅱ.①姚…②金… Ⅲ.①公共政策-研究报告-浙江-2018-2019 Ⅳ.①D675.5

中国版本图书馆 CIP 数据核字（2020）第 045381 号

责任编辑：牛婧丽　刘　畅　　　　责任校对：张　凡
封面设计：陈宇琰

中国财政经济出版社 出版
URL：http：//www.cfeph.cn
E-mail：cfeph @ cfeph.cn

社址：北京市海淀区阜成路甲 28 号　邮政编码：100142
营销中心电话：010-88191537
北京财经印刷厂印刷　各地新华书店经销
787×1092 毫米　16 开　17.5 印张　274 000 字
2020 年 5 月第 1 版　2020 年 5 月北京第 1 次印刷
定价：65.00 元
ISBN 978-7-5095-9723-1
（图书出现印装问题，本社负责调换）
本社质量投诉电话：010-88190744
**打击盗版举报热线：010-88191661　QQ：2242791300**

# 前　言

改革开放40多年来，浙江经济持续快速发展，取得了举世瞩目的成就。1978年，在我国28个省市区中，浙江GDP总量居第十二位，人均GDP居第十六位。2019年，浙江经济实现了几个重要的里程碑式的发展：一是GDP突破6万亿元大关，居全国第四位；二是进出口总额突破3万亿元大关，出口增长贡献率位居全国第一；三是人均GDP突破10万元（按年平均汇率折算为15601美元），居全国省区第二位；四是城镇和农村居民人均可支配收入分别实现了60182元和29876元，连续19年和35年居全国省区的第一位。

如果将中国改革开放比作一场谁都无法预知答案的经济"大考"，那么浙江无疑是这场经济"大考"中成绩优异的"模范生"。道格拉斯·诺思（Douglass C. North）指出，正是制度的进步刺激了技术的发展。吴敬琏则认为，制度胜于技术。改革开放以来，浙江之所以能够取得如此辉煌的经济成就，主要得益于持续不断的制度和公共政策的创新。浙江是中国革命红船起航地、改革开放先行地、新时代中国特色社会主义思想重要萌发地。改革开放40多年来，浙江在制度和公共政策创新方面创造了很多全国第一：全国第一个专业市场、全国第一个集资建设的"农民城"、全国第一个"淘宝村"、全国第一个商人群体（浙商）、全国第一条民资参股建设的铁路、全国第一个公开拍卖小水电资源开发权、全国第一家在香港发行H股的民营企业、全国第一个非公有制企业党委、全国第一所私立高中、全国第一个社会公共服务平台、全国第一个基层和谐促进会、全国第一个发放个体工商营业执照、全国第一个创办股份合作制企业、全国第一个开设股份合作制银行、全国第一个建立农民专业合作社、全国第一个推行“网络化管理”、全国第一个实行食品安全检测资源整合、全国第一个推行基层民主协商制度、全国第一个开展农民工社会化维权、全国第一个建立社会应急联动救助平台、全国第一个实施社会稳定风险评估、全国第一个用“居住证”替代“暂住证”、全国第一个免除农业税省份、全国第一个公布政府权力清单、全国第一个公布政府责任清单、全国第一个公布企业投资负面清单、全国第一个公布财政专项资金管理清单、全国第一个推行“最多跑一次”改革、全国第一个践行“绿水青山就是金山银山”的发展理念、全国第一个启动重大突发公共卫生事件一级响应、全国第一个启动健康码……在浙江，制度和公共政策创新的本质不是一场场轰轰烈烈的浮华运动，而是释放千百万民众创新创业自由的脱贫致富和创造财富的伟大长征。弗里德利希·冯·哈耶克（Friedrich August von Hayek）在《自由秩序理论》中指出，自由是人类文明的一种创造物，是人类的一种理想状态，人类虽然无法完全实现，但却可以尽可能地接近它。人类之所以需要自由，乃基于人们的理性的有限性和社会秩序的自发性。浙江是改革开放的先行地，是制度创新的领跑者，浙江公共政策创新的秘密就像哈耶克描绘的画卷：释放民间力量的精灵，由小及大、由近及远、由弱及强，并最终汇聚成如同浩荡钱塘大潮一般的自发扩展的秩序。

经过长期努力，中国特色社会主义进入了新时代，浙江经济发展也进入了一个新时代。站在新时代高质量发展的拐点上和改革开放第二个40年的历史起点上，浙江遵循习近平总书记提出的“干在实处永无止境，走在前列要谋新篇，勇立潮头方显担当”的指示精神，全方位、多层次、多领域推进制度和公共政策创新，着力把中国共产党的领导优势和社会主义制度优势转化为治理效能，着力高水平推进治理现代化和经济高质量发展。为了总结新时代浙江公共政策创新的好做法，讲述新时代浙江公共政策创新的好故事，推广新时代浙江公共政策创新的好经验，浙江大学公共政策研究院组织编著了《浙江省公共政策创新蓝皮书（2018—2019）》。本书包括公共政策创新地方探索、公共政策创新典型案例、公共政策创新理论与对策研究、公共政策创新绩效评估四大板块内容。

改革开放40多年来，在中国共产党的坚强领导下，勤劳、勇敢、智慧的浙江儿女干在实处、走在前列、勇立潮头，创造了一个又一个全国第一。浙江大学公共政策研究院努力当好“重要窗口”的维护者、展示者和宣传者，期待在社会各界尤其是广大读者朋友的鼎力支持下，让本书成为展示浙江省全国推进公共政策创新和高水平推进省域治理现代化的“重要窗口”。

感谢浙江省各级地方政府和政府各个部门提供的第一手宝贵资料；感谢各章节的作者在整理、分析和撰写过程中付出的辛勤劳动；感谢中国财政经济出版社编校人员的精心策划和鼎力支持。本书引用了很多研究文献和数据资料，在此对相关单位和作者一并表示真挚谢意！

**范柏乃**

浙江大学公共政策研究院

2020年3月20日

# 目　录

## 第一篇　公共政策创新地方探索

# 第二篇　公共政策创新典型案例

## 第三篇　公共政策创新理论与对策研究

## 第四篇 公共政策创新绩效评估

# 第一篇

# 公共政策创新地方探索

# 第 1 章

# 深化“最多跑一次”改革

## 1.1

## 温州市：“最多跑一次”改革海外版、企业版、民生版

温州是全国著名侨乡，现有分布在 131 个国家（和地区）的华侨 68.84 万人，加上归侨侨眷 34 万人，涉侨人口约占温州市户籍人口的 12.6%。温州市长期存在华侨回国办事成本高、来回跑、耗时多、办事繁等痛点问题[①]。例如，旅居荷兰近 30 年的温州文成籍华侨胡向前由于担心出国太久，国内政策不允许户口复籍，回国定居的想法便一拖再拖。但当胡向前听说浙江省出台了“最多跑一次”便民措施，他就想回来试试看。了解他的情况后，浙江省温州市文成县公安局积极协同温州市人民政府侨务办公室（以下简称“市侨办”），在中请材料不全的情况下，帮助

① 缪睬睬．华侨办事不用来回打“飞的”［EB/OL］．2019－09－28. http：//www. wzrb. com. cn/mobile_show. aspx? id ＝971235.

其利用“温警在线”平台补齐证明材料，仅用4天时间就完成办理户口复籍和身份证件等业务。

近年来，温州市在全国率先探路，创新推出“最多跑一次”改革海外升级版，让身处万里之遥的侨胞办事不用来回打“飞的”也能轻松搞定。为进一步助推为侨服务全覆盖、无盲区，温州市将政务服务、司法服务、海外信访服务和领事保护服务等事项统一整合到为侨服务中心，为华侨提供“一站式”服务、“一门式”体验。尤其是在政务服务方面，以华侨需要回国办理的高频事项为切入点，重点梳理公证、户籍、出入境、不动产、调解、诉讼等领域第一批80项为侨服务事项，并逐项编制统一版本的办事指南，规范受理范围、申请条件、申请材料、办理时限等要素内容，让华侨看得懂、办得成。同时，为确保为侨服务规范化、常态化，温州市积极构建“三大制度”，即人员管理和经费保障制度、场地标准和日常运行机制、沟通协调和解决问题机制。其中，为精准破解为侨服务过程中出现的问题，建立为侨服务“全球通”工作联席会议，加强司法机关、侨联、公证机构等部门横向联系，联合仲裁机构、公证机构、商事调解组织、行业调解力量，定期专题会商，集中研判，及时研究解决问题①。

### 1.1.1 “最多跑一次”改革企业版简介

2018年，温州市政府数字化转型示范应用项目——惠企政策“直通车”上线。该项目针对涉企政策多、不知晓、兑现难、多头跑等问题，对温州市170多个产业政策进行了“大摸底、大清理、大整合”，率浙江省之先建成温州市产业政策奖励兑现和查重系统，实现产业政策奖励网上“刚性兑现”、兑现全过程“最多跑一次”。如今，企业从申请设立到开办只需5个工作日，即名称预先核准1个工作日办结，设立登记2个工作日办结，公安公章刻制0.5个工作日办结，税务涉税事项（含申领发票）0.5个工作日办结，中国人民银行开户许可1个工作日办结。温州市市场监管部门与中国工商“企业开办e窗通”线上服务平台已启用，首批中国工商银行温州分行3家支行网点线下同步启用。经过将近3个周期试运

① 缪晾晾．我市创新“最多跑一次”改革海外升级版［EB/OL］．2019-06-24. http://wenzhou.gov.cn/art/2019/6/24/art_1211830_34839212.html.

行，该服务平台共完成企业开办业务 30 件。

企业投资项目审批“开工前 100 天、竣工验收 30 天”是浙江省“最多跑一次”的年度硬任务。2018 年，温州市持续出台具体工作方案，简化审批流程，督促指导 20 个涉企部门先后出台相关推进措施和配套举措。例如，2018 年 1 月，温州市率浙江省之先开通投资项目全流程网上审批平台。又如，温州市住房和城乡建设局对温州市施工图审查市场进行全面改革，明确施工图审查在保证审查质量基础上最多不超过 8 个工作日；温州市国土资源局（现“温州市自然资源和规划局”）对新供的建设项目用地在办理审批、契税征收和不动产国有建设用地首次登记时提供“直通车”服务。此外，《温州市工程建设项目审批制度改革试点方案》经温州市政府审议通过，从制度上把政府投资项目和核准目录内企业投资项目全流程审批时间压缩至 90 个工作日以内，一般企业投资项目全流程审批时间控制在 70 个工作日以内，小型企业投资项目和“标准地”出让工业项目全流程审批时间控制在 30 个工作日以内①。

2018 年，温州市为把服务送到企业“家门口”，着力构建市县两级营商专员代办体系，为企业提供投资“一对一”全程无偿代办和诉求代办服务。目前，代办体系已覆盖温州市 5000 余家（个）企业（项目）。此外，温州市围绕“零门槛、零等待、零跑路”，积极推进涉批中介服务市场化，确保中介服务全流程无盲区、无死角。

### 1.1.2 “最多跑一次”改革民生版简介

根据温州市委、市政府部署，温州市民中心以“全省一流、全国领先”为目标，以“互联网 + 政务服务”思维为导向，全面构建“一窗、一网、四端、五化”政务服务体系。目前，已设立社会事务、商事服务、投资项目、社保医保、不动产登记、住房公积金、公安服务、公共资源交易等 8 大综合专区，开设 400 余个办事窗口（工位）及咨询窗口，涉及 53 个部门 1600 项事项（其中，行政审批 1340 项）。此外，通过数据共享，温州市实现了养老待遇资格手机 APP 认证。温州市退休人员通过温

---

① 温州市人民政府办公室．温州市人民政府办公室关于印发温州市工程建设项目审批制度改革试点方案的通知［EB/OL］．2018 － 08 － 23. http. //www. wenzhou. gov. cn/art/2018/8/27/art_1229314_41326. html.

州市民卡 APP“刷脸”即可在线自助开具社会保险缴费清单、申请医疗保险家庭共济、办理医疗保险异地安置备案、登记备案退休体检等业务。温州市自主研发的一体化“瓯 e 办”便民服务终端，以民生需求为导向梳理办事事项，操作流程简便，设计人性化。通过“机器换人”实现了全天候就近办理审批、证明、缴费、公共服务等 452 个高频服务事项。此外，温州市还推进改革向医疗领域延伸，开通了温州市医学影像云平台。该平台是浙江省最大的医疗影像云平台，可通过数据共享，实现医疗机构的跨平台合作，患者跨医院就诊。截至 2019 年 12 月，温州市包括省级医院在内的全部 43 家公立医院、231 家社区卫生服务中心以及 15 家民营机构和体检中心已接入温州市医学影像云平台①。

温州市中心医院护理部工作人员吴女士，在不到 1 个小时的时间里成功为 500 名护士办理了执业注册延续事项，她表示“以前从申请到出证至少要花上 3 天时间，没想到这次这么快就能完成，我要为卫计审批效能点个赞”。温州市卫生和计划生育委员会（现改为温州市卫生健康委员会，以下简称“温州市卫健委”）审批中心借搬迁至温州市民中心这一契机，依托“一证通办”推进政务服务智能审批。

2019 年，温州市认真贯彻落实浙江省政府深化“最多跑一次”改革，推进政府数字化转型第五次专题会议精神，围绕“观念转变、职能转变、流程转变、数据共享”要求，进一步完善政府数字化转型顶层设计，以统筹整合为原则，以构建一体化大数据治理体系为支撑，深度推进政府数字化应用创新，着力打造“掌上办事之城”和“掌上办公之城”，力争使温州市数字政府整体发展水平处于浙江省前列。围绕浙江省政府数字化转型总体方案，按照“顶层设计、横向整合、避免浪费”和“着眼应用、打造特色、上下联动”的原则，精心谋划和实施一批在浙江省乃至全国具有领先示范作用的应用项目，打造更多的浙江省政府数字化转型“最佳实践”。

---

① 李杨慈．温州医学影像云平台获全国奖项［EB/OL］．2019－12－14. http：//www. wenzhou. gov. cn/art/2019/12/14/art_1217832_41029653. html.

## 1.2 宁波市：全国首创“预告登记转让”制度

宁波市是全国 28 个国有土地二级市场试点城市之一。自 2017 年 5 月中华人民共和国国土资源部正式批复《浙江省宁波市关于完善建设用地使用权转让、出租、抵押二级市场试点的实施方案》以来，宁波市紧扣试点目标，坚持问题导向，积极探索、大胆实践、破难创新，努力开创土地二级市场交易的宁波模式[①]。

通过改革试点，宁波市土地资源配置效率进一步提高，进一步盘活了存量建设用地，做活了土地二级市场，为实体经济高质量发展拓展了空间、提供了支撑。自宁波市土地二级市场试点工作启动至 2018 年 6 月底，宁波市共完成土地二级市场转让交易 1594 宗，面积达 2.33 万亩，交易金额达 236.3 亿元；共办理抵押登记 9826 宗，抵押土地面积达 15.04 万亩，抵押融资金额达 2668.51 亿元。宁波市在全国首创“预告登记转让”机制，破解了长期以来难以解决的 25% 投资额限制土地转让问题，维护了多方的利益，加快了“僵尸企业”的处置，保障了土地要素的良性流通。截至 2018 年 9 月，宁波市共有 24 宗、310 亩土地办理了预告登记转让，涉及金额达 1.4 亿元。其中，10 宗转让所涉土地已经开工。“预告登记转让”机制，是改革试点的重大政策创新成果，也得到了最高法院等中央部委的充分肯定，被中华人民共和国自然资源部（以下简称“自然资源部”）认定为试点的重大政策创新成果写入《关于完善建设用地使用权转让、出租、抵押二级市场的指导意见》。宁波市还围绕完善交易机制、创新运行模式、健全服务体系、加强监测监管、强化部门协作等内容开展了积极探索，着力制定规则、搭建平台、优化流程、提升效能，并开展了广泛实践。未来，宁波市将按照自然资源部统一部署，持续深入推进土地二

① 陈芳，楼立明．宁波突出“四大创新”推进全国土地二级市场改革试点［J］．浙江国土资源，2018（3）：52－53.

级市场建设，进一步完善政策和机构建设，优化资源要素配置方式，为宁波市经济社会发展提供坚实的土地要素保障。①

## 1.3 嘉兴市：海盐县率先实现涉水审批“一次都不用跑”

2018 年，嘉兴市海盐县出台了《海盐县企业投资项目涉水审批承诺制改革实施方案》（以下简称《实施方案》），在嘉兴市范围内率先作出重大创新，推行企业投资项目涉水审批承诺制改革。自此，海盐县涉水审批可实现“一次都不用跑”。企业投资项目涉水审批承诺制改革是海盐县“最多跑一次”“标准地”改革的有机组成部分②。

嘉兴市海盐县企业投资项目中涉水审批事项较多，以往涉及几项就要分别审批几项。例如，区域防洪、占用水域、水土保持、水资源论证等涉水评价审批，仅其中某一项审批的中介费用就要数万元，而且审批时间长，相关费用也较高。自 2019 年 1 月 1 日起，海盐县按照“先易后难、梯次推进”的原则，率先在省级及以上经济技术开发区（园区）、产业集聚区和省级特色小镇推行企业投资项目涉水审批承诺制，逐渐在海盐全县范围内推行。海盐县推行以经济开发区（园区）、产业集聚区、特色小镇为基本单元，进行区域防洪、占用水域、水资源论证、水土保持等涉水综合评价，明确区域开发建设必须达到的涉水要求，创新审批服务举措，简化审批办理流程。完成评价的区域即为涉水“标准地”，此后新进企业投资项目将不再逐项进行涉水审批。海盐县通过压缩涉水审批办理流程和审批时限，将行政许可法定办理时限由原先的 20 个工作日压缩为 3 个工作日，审批效率提速 85%。与此同时，海盐县还推行容缺受理制度。容缺受理，是指申请事项中非主要材料存在缺陷或瑕疵的，窗口一次性告知需

① 浙江国土．浙江宁波土地二级市场试点工作亮点纷呈“预告登记转让”机制被认定为重大政策创新成果［N］．中国自然资源报，2018－10－15.

② 吕进科，姚卡．温州市民中心多措并举助力“最多跑一次”［EB/OL］．2018－08－27. http：//www.wenzhou.gov.cn/art/2018/8/27/art_1217829_20827461.html.

补正的材料、时限和超期处理办法，先受理该申请事项，并进入审查程序，在材料补正后及时出具审批意见，作出审批决定。简而言之，就是在不违反规章制度的前提下，允许一边补充材料，一边审批。市民章女士受企业委托办理涉水行政审批，因提交审批材料中的一项漏盖公章不符合规定。正当她一筹莫展时，窗口工作人员告诉她，可以采取容缺受理的方式受理，先办理手续，等她下次过来时补齐材料，就可拿到审批结果。章女士说：“这样的操作我感觉比较人性化，不用我们来回跑了，下次把材料补齐拿过来就行了。”①

海盐县涉水审批改革的做法可以概括为以下 5 个方面：

（1）强化组织领导。海盐县各个部门把推行企业投资项目涉水审批承诺制改革作为深化“最多跑一次”改革的重要内容，切实加强组织领导，各镇（街道）各类开发区（园区）、产业集聚区、特色小镇，加快推进“区域水评”，加快落实企业投资项目涉水审批承诺制，为改革措施落地打下基础。

（2）强化责任落实。海盐县各镇（街道）作为改革实施主体，承担主体责任，加快组织开展“区域水评”编制，加快推行企业投资项目涉水审批承诺制，督促企业按照承诺要求落实有关措施。各入园企业对项目涉水承诺内容的真实性负责，严格落实相关措施。海盐县水利局负责组织区域涉水影响综合评价报告技术审查，为审批提供技术支撑，按照日常监督检查和“双随机、一公开”的要求加强项目后续监管，严厉查处各类违法违规行为。

（3）强化中介管理。加强对涉水方案编制、监测、验收中介机构监管。项目负责人等对其编制的评价报告、测试报告和涉水设施竣工验收评估报告结论终身负责，对因不负责任或者弄虚作假，造成评价报告文件失实或者监测、验收评估结果错误的，按行业法律法规有关规定处理。

（4）强化督查考核。建立督查制度，对各镇（街道）海盐工作落实情况实行跟踪督查；建立评估制度，定期分析企业投资项目涉水审批承诺制改革进展情况；建立考核制度，将涉水审批承诺制执行情况纳入海盐县对各镇（街道）工作总日标责任制考核的重要内容。

---

①　嘉兴日报．海盐率先实现涉水审批“一次都不用跑”［EB/OL］．2018－12－31．http：//www．jiaxing．gov．cn/art/2018/12/31/art_1578777_28798539．html．

（5）强化宣传引导。充分利用各种新闻媒体，广泛宣传企业投资项目涉水审批承诺制改革的政策措施，做好实施方案的宣传和解读，总结推广好经验、好做法，及时回应社会关切，调动社会各界的主动性和积极性，为改革工作深入推进共同营造良好舆论氛围①。

海盐县实施涉水审批承诺制改革是向“事先区域评价、事中承诺报备”的方式转变。海盐县抓住关键环节，大幅减少行政审批事项，简化审批程序，缩短审批时间，使项目审批效率明显提升，促进企业投资项目早落地、早开工、早投产。在改革红利得到最大限度释放的同时，事后监管依然没有放松。《实施方案》同时明确，海盐县水利局会同各镇（街道）在项目建设中开展核查和现场检查，在项目竣工后采用简易程序验收或参加相关部门的联合验收，验收不合格的，不予核发权属证明等。海盐县水利局注重优化后续服务：①加强审批后延伸监管，必要时参与并联审批，为重大事项、重大工程开辟绿色通道，实现急事急办、特事特办；②对已办理的审批项目进行专项督查，跟踪办理成效，强化事中事后协同监管和统筹协调，确保不发生未按规定受理审批事项甚至滥用职权、越权审批的行为；③在自查自纠的同时，通过抽查随访、民主测评等形式征求群众对行政审批工作的办理评价和改进意见，主动谋求办法妥善解决群众反映较为强烈的问题，进而优化审批服务。

---

① 周国伟．海盐“五强化”推进涉水审批承诺制改革［EB/OL］．2019-04-04. http：//slj. jiaxing. gov. cn/art/2019/4/4/art_1506258_32444365. html.

# 第 2 章

# 推进“亩均论英雄”改革

## 2.1
## 绍兴市：“承诺制 +标准地”改革

多年来，浙江省坚持不懈地推进投资项目审批制度改革，取得了明显成效。在投资项目审批管理领域，浙江省聚焦高质量发展和高水平管理，积极推进企业投资项目“标准地 + 承诺制”改革，政府行政效率大为提高，制度性交易成本明显降低，有效清除审批寻租空间，为全国投资项目审批改革探索了新路径、积累了新经验。

“标准地”制度在区域评价的基础上，明确出让地块的投资、能耗、环境、建设、亩均产出等系列标准和上限，企业对标竞价，从而遴选更多产出、更少排放、更绿色发展的项目落地。实施企业投资项目承诺制改革的目标是聚焦高水平管理。按照事前管标准、事中管达标、事后管信用的原则，建立“政府定标准、企业作承诺、过程强监管、信用有奖惩”的新型企业投资项目管理模式[①]。政府职能部门根据相关规划、规范和项目实际，联合制订具体项目的标准和条件，企业书面承诺并经公示后，审批部门直接作出审批决定。通过按标施建、对标验收、信用评价，加强事中事后监管。

其中，诸暨市推行的“标准地+承诺制”改革，在优化营商环境方面取得巨大成效。针对在投资项目审批流程中国土、建设、消防、环保、安监等部门各自为政所带来的“审批马拉松”问题，诸暨市于2014年起就开始逐步开展对投资审批流程的改革，旨在实现“投资项目又快又好落地，不让审批再拖项目后腿”的改革目标[②]。2014年，诸暨市实行投资项目零审批改革，一般投资项目推行清单管理，投资流程优化。2015年，诸暨市试行48天高效审批改革。2017年上半年，诸暨市推行企业投资项目“一次受理、一并办理、最多跑一次”改革，建成企业投资项目审批中心，实现“一窗受理、集成服务”。2017年下半年，诸暨市开始探索“承诺制”与“标准地”改革。2018年3月起，诸暨市总结前期探索经验，出台《诸暨市人民政府关于推行企业投资项目承诺制改革的实施意见》[③]，创新企业投资项目审批举措，推行企业投资项目“标准地+承诺制”改革，改“审批”为“承诺”，一套标准实施到底，一张清单监管到底，一个平台服务到底，项目从立项到开工从平均100天缩短至15天左右，创造了项目落地的“诸暨速度”，成为诸暨市优化营商环境的新名片，从而释放出高质量发展的强劲动力。

具体来看，诸暨市“标准地+承诺制”改革的基本做法可以概括为以下的“七步工作法”：

第一步，区域评价阶段。首先，在诸暨经济开发区、诸暨环保高新区、枫桥镇两创智造集聚区、牌头环保园区、次坞临杭园区等区域结合土地、规划等指标组织实施建设规划、能耗、环境、投资强度、亩产税收以

① 绍兴市人民政府办公室．绍兴市人民政府关于印发2018年绍兴市深化“最多跑一次”改革工作要点的通知［EB/OL］．2018－05－16. http：//www. sx. gov. cn/art/2018/5/16/art_1467567_160856. html.

② 翁佳美，翁均飞．投资项目审批改革的“诸暨速度”——诸暨市推行“标准地+承诺制”改革优化营商环境［EB/OL］．2018－08－28. http：//www. sx. gov. cn/art/2018/8/28/art_1462938_20841537. html.

③ 社会发展科．诸暨市人民政府关于推行企业投资项目承诺制改革的实施意见（试行）［EB/OL］．2018－08－01. http：//www. zhuji. gov. cn/art/2018/8/1/art_1388610_19832889. html.

及交通影响评价、地质灾害危险性评估等一系列标准评价。政府部门通过区域评价，掌握开发建设区域的项目准入标准和负面清单，明确区域开发建设的环境容量、能耗限值等控制性要求，在此基础上进行标准地出让。企业对标竞价获得“标准地”。

第二步，筛选评估阶段。由诸暨市发展和改革局牵头，指导有投资意向的企业编制项目计划书（项目情况报告）。企业提交的项目报告和方案设计经组织部门初审，再由诸暨市公共服务中心委托第三方开展项目环评、能评等联合评价，并以亩均税收、亩均产值、单位能耗、单位排放为主要指标进行综合评价，出具评审意见及项目经济技术指标，并对照“负面清单”会商筛选出意向项目。企业通过对标竞价取得“标准地”后，根据“标准地”的要求，完善企业投资项目研究报告，编制总平面图和方案设计图，向投资主管部门提交，申请参与承诺制改革。

第三步，职能部门联合制定项目标准，明确监管节点和监管内容。投资主管部门收到企业“一报告两张图”后，同步分送给相关职能部门进行审核。相关职能部门如果认为某一事项不适合实行承诺制，可以单列出来沿用原来的审批制。对实行承诺制的事项，则由相关职能部门联合制定项目标准，实现标准事项“一表清”。同时，明确相关监管节点和监管内容，做到监管事项“一单清”。承诺制的项目标准“颗粒细度”达到“原来项目怎么批的，现在标准就是怎么定的”。

第四步，“标准地”供地阶段。拟建项目通过筛评进入“标准地”供地阶段。由园区会同相关部门提出拟出让土地的亩产、能耗、环境等一系列标准，乡镇（街道）负责做好拟出让地块政策处理、“三通一平”和“初步勘察”，诸暨市国土资源局综合制定土地招标拍卖、挂牌出让文件，进行“标准地”挂牌公告出让，由符合准入标准的企业参与竞价。企业根据挂牌公告完善项目计划书及设计方案总平面图、效果图，并在摘牌时正式上报项目计划书及总平面图、效果图，同时对照政府制定的标准作出书面承诺。企业承诺书、土地成交文书、总平面图及效果图、不动产登记等联合公示 10 天，公示期间由相关部门进行审查。

第五步，开工前联合会商。企业完成施工图设计和开工准备后，相关部门进行开工前联合会商、指导服务，检查施工图和相关施工准备是否符合标准和开工要求。如果符合相关标准，就核发施工许可证，准许开工。

第六步，建设监管阶段。按标施建，过程监管。诸暨市出台了投资项目协同监管制度，建立了企业自主申报机制、部门跟踪检查机制、政府综合监督考核机制。企业按照标准和承诺规范建设，管理平台报送施工、监理等进度情况。审批职能部门在关键节点加强监管，及时纠正建设过程中可能出现的偏差。诸暨市公共服务中心专门建立了投资项目监督室，负责对各个乡镇（街道）以及各个职能部门的综合督察，实行一个月通报一次、一个季度考核一次。监管节点和监管内容通过投资项目在线审批监管平台过程留痕、全程可溯。

第七步，竣工验收阶段。对标验收、信用评价。项目竣工后，根据“标准＋承诺”由诸暨市公共服务中心牵头组织进行联合竣工验收，推行“多测合一”“测验合一”。规划、国土、消防、气象等部门依据竣工联测联核机构出具的竣工测绘报告和专业检测评估机构出具的检测评估报告核发各类竣工核实认可文件，不再进行实体工程的现场核实验收。通过验收复核，企业便可投入运行。未按承诺标准建设的企业，依法依规进行处罚，并记入信用档案。

此外，由于企业在土地摘牌时，除上报项目计划书及总平面图、效果图外，只需对政府制订的亩均税收、亩均产值、单位能耗、单位排放等主要指标作出书面承诺。所以为防止“不审批、只承诺”带来的失信风险，诸暨市公共服务中心设立了投资项目审批服务中心，专门监督企业承诺兑现情况。每个项目放样、基础、结顶、完工等重要节点动态，都有相关部门的专人实时跟踪、监督、记录。企业的守信或失信行为，将按照诸暨市17个部门共同制定的承诺制改革信用评价及联合奖惩实施细则接受联合奖惩。

总体来看，“标准地＋承诺制”改革以企业为主体，改审批为承诺，主要体现为以下3个根本性转变：①由原来的“土地、项目两张皮”转变为“项目、土地、绿色发展为一体”，从而把高质量发展理念贯穿到每一项投资、每一个项目上；②由原来的“事事审批、事先审批、一事一批”转变为标准“一表清”、监管“一单清”，从而把政府部门的审批权力转变为行政职责；③将原来审批发证的“看家本领”转变为监管职责的“补位到位”，从而破解长期以来“重审批轻监管”的顽疾，构建政企“双赢”新格局，成为优化经济社会发展的强劲助推器。

“标准地＋承诺制”改革的作用主要体现为：①改革整合了办事流程及审批事项，推进了部门协同、中介联动、全程代办、网上审核，大大缩短了项目审批开工的时间，企业的获得感与满意度不断提升；②改革有利于政府从源头上消除项目不实、不清、多变等问题，破解了因环境准入等问题导致项目无法落实的难题，淘汰高污染、高能耗以及落后产能等项目，选出高科技、高产出的好项目；③监督在后，强化了相关部门的监管职责，健全了事中、事后项目监管，政府服务方式大大转变。

## 2.2 湖州市："标准地”改革和“五未”土地处置

“五未”土地，是指“批而未供、供而未用、用而未尽、建而未投、投而未达标”等低效用地。湖州市作为“两山”理念的诞生地，生态环境优势吸引投资项目纷至沓来，土地瓶颈问题却日益凸显。

2017 年，湖州市新增建设用地 22595 亩，但当年仍有 1.5 万亩的用地缺口。与此同时，不少“五未”土地却在“沉睡”，存在着土地资源供给不足，大量土地资源错配、劣配、低效配的问题[①]。自 2017 年底，湖州市开展“五未”土地处置专项行动，通过土地供给侧改革，以用地结构调整优化引领产业转型升级和布局优化，促进经济高质量发展，盘活存量用地，腾出发展空间。

湖州市专门成立了领导小组，各县区政府、市纪委、市委组织部、市委政法委、市发展改革委、市经信委、市财政局、市国土资源局等部门分工明确，扎实推进。湖州市政府主要领导定期召集例会，听取全市“五未”土地处置情况汇报。例会采取“县区汇报、部门通报、领导点评”的方式，由湖州市纪委和湖州市委组织部每周开展专项督察，进行通报，并将“五未”土地处置专项行动完成情况考核结果列入各个地区的年度综合考核，将“五未”土地处置结果与各个地区新增建设用地指标分配

① 杨斌英，项江鸿．唤醒“沉睡”土地　助力绿色发展——湖州深入实施“五未”土地处置专项行动［N/OL］．浙江日报，2018-10-12（12）．http：//zjrb. zjol. com. cn/html/2018-10/12/content_3171402. htm? div = -1.

挂钩，对成效显著的地区给予用地指标奖励，对应处置而未处置、漏报、瞒报的地区，发现一宗扣减同面积新增建设用地指标。

此外，湖州市在处置“五未”土地的同时，注重生态保护和绿色发展，打出了一系列组合拳。湖州市深化“亩均论英雄”改革，对全市所有规模以上工业企业和用地3亩以上工业企业实施亩产效益综合评价全覆盖，并将考核结果作为差别化用水、用电、用能、排污、融资和土地使用税征收依据，通过“高征高返”，在不增加优质企业经营成本的同时，倒逼低效用地企业退出。对于新增用地，湖州市在全市推行德清县探索的“标准地”出让模式。所谓“标准地”，即是对每块建设用地的固定资产投资强度、产出标准、容积率、能耗标准、环保标准等关键要素作出约束性规定，并纳入格式化合同监管，实施全覆盖、全流程、全方位长效监管。目前，湖州市累计出让“标准地”145宗，共计7961亩，出让面积居浙江省第一位。

湖州市在深入实施“五未”土地处置的专项行动中，大量运用大数据、地理信息、无人机航拍等科技手段，助推精细化管理。湖州市依靠地理信息摸清家底，利用德清“地理信息小镇”的技术优势，综合运用各类科技手段，进一步核清了“五未”土地的类型、成因及现状，建立台账，上图入库。湖州市各个地区还将可供可用的土地和闲置厂房整理成册，发给招商人员进行“以地选商”。截至2018年，湖州市在摸清6.15万亩批而未供和8070亩供而未用土地的基础上，对用而未尽、建而未投、投而未达标的土地进行了排摸，共发现“五未”用地总量9.7万亩，相当于年均供地量的3倍多。①

在此基础上，湖州市依靠大平台管理，建立统一的建设用地数据库，实现规划、农转、利用、执法数据的互通互联，用一套系统讲清楚每块地的“档案简历”。同时，湖州市打破信息孤岛，整合各个部门数据，启动全市工业用地绩效管理系统建设，用影像直观显示工业用地布局、园区分布、企业运行情况，实现企业对比、行业对比、区域对比，为用地评价提供数据支撑。

---

① 杨斌英，项江鸿．唤醒“沉睡”土地　助力绿色发展——湖州深入实施“五未”土地处置专项行动［N/OL］．浙江日报，2018-10-12（12）．http：//zjrb. zjol. com. cn/html/2018-10/12/content_3171402. htm？div=-1.

随着“五未”土地处置专项行动的推进，包括企业效益管理、项目引推进程、“五未”土地数据库 3 个部分的浙江省湖州市长兴县亩产效益大数据中心开始逐步构建。在彻底摸清长兴县企业项目底数的前提下，亩产效益大数据中心可以实时观测企业的亩均产出、项目的建设进度，从而实现对企业项目用地的长效管理。

总体来看，“五未”处置地有效地保证了“节约优先、依法依规、实事求是、注重实效”原则的落实，通过高科技技术摸清家底、找准问题、精准施策、完善机制等各项工作，对批而未供和闲置土地进行大清查，并在此基础上进一步处置好“五未”等低效用地，让旧空间焕发新动能。湖州市通过“标准地”改革和“五未”土地处置的组合方式，有效地响应中华人民共和国自然资源部、浙江省自然资源厅部署要求，加快健全“增存挂钩”机制，扎实推进批而未供和闲置土地清查处置行动和“有限空间，无限发展”的发展。

# 第3章 构建现代化经济体系

## 3.1 杭州市：全球引才“521”计划

为认真贯彻落实《中央人才工作协调小组关于实施海外高层次人才引进计划的意见》（中办发〔2008〕25号）和浙江省委办公厅、浙江省人民政府办公厅印发的《关于大力实施海外优秀创业创新人才引进计划的意见》（浙委办〔2009〕73号）精神，大力引进杭州市经济社会发展急需的海外高层次创业创新人才，进一步推进人才强市和城市国际化战略，加快建设与世界名城相媲美的“生活品质之城”，杭州市从2010年开始实施全球引才“521”计划。即用5年时间，面向全球引进20个以上海外优秀创业创新团队，100名以上带着重大项目、带领关键技术、带动新兴学科的海外高层次创业创新人才。同时，杭州市在5年内引进

1500 名以上海外留学人员，500 个左右的留学人员创业项目。[①] 该计划的主要做法和总体要求包括以下几个方面：

一是解放思想，创新理念，营造良好的引才环境。牢固树立“人才资源是杭州第一资源、人才优势是杭州第一优势”的理念。杭州市不与其他城市比资金、比资助、比待遇，而要与其他城市拼环境、拼服务、拼真情。大力改善绿色生态、空气质量、基础设施、经济水准等硬环境，大力改善人文环境、体制环境、法治环境、政策环境、人际环境等软环境，推进“生活品质之城”建设，吸引更多的海外高层次人才来杭州创业创新。

二是按需引进，突出重点，增强引进的针对性和实效性。大力引进拥有自主知识产权和发明专利，或掌握核心技术、其技术成果国内先进，或能够填补国内空白，具有产业化前景的海外高层次创业人才或海外优秀创业创新团队；大力引进适合杭州市重点发展的高新技术产业、先进制造业、文化创意产业、现代服务业和现代农业等，具有创业经验的海外高层次创业人才或海外优秀创业创新团队；大力引进在世界 500 强企业、国际知名企业机构担任中、高级职务 2 年以上，熟悉相关领域和国际规则的高层次专业技术人才和经营管理人才；大力引进在国外知名高校、科研院所从事重大项目、关键技术或新兴学科研究工作的专家学者。

三是重在使用，以用促引，提供全程“保姆式”优质服务。积极搭建平台，加强各类高新技术产业园、科技园、经济开发区，尤其是留学人员创业园等园区建设；积极引进国内外名校名所和大院大所，充分发挥各类用人单位的主体作用，努力把海外高层次人才吸纳到能够发挥其专业和特长的岗位；不断完善服务机制，设立海外高层次人才服务窗口，明确职责和专人，协助用人单位为海外高层次人才落实和办理特殊政策。

四是政策扶持，规范程序，以用好人才留住更多的人才。杭州市创业项目经评审后，资助资金根据项目推进情况分步落实到位。对特别突出的创业项目，实行“一事一议、上不封顶”的政策。对在一定期限内首次创业失败者，经评估鼓励再次创业并给予一定的再创业资助。建立专业技术职称评定绿色通道，可不受资历、工作年限等条件限制。在有关技术职务评审、科技项目资助、奖励申报、投资创业注册登记以及居留和出入境、落户、医疗、

---

① 佚名．杭州市全球引才“521”计划简介［EB/OL］．2012 - 05 - 03. http://www.hzzjlx.com/Home/Index/article_detail/column_code/003/cur_column/0030021/id/402.html.

保险、住房、子女就学、配偶安置等方面提供一站式、个性化、全方位的服务，及时了解和帮助解决引入人才在工作生活中遇到的困难。

## 3.2 慈溪市：国家级现代农业产业园

在2018年农业农村部、中华人民共和国财政部公布的首批20个国家现代农业产业园认定名单中，慈溪市现代农业产业园是浙江省唯一一个入围的产业园。自2017年6月，慈溪市现代农业产业园列入首批国家现代农业产业园创建名单以来，宁波市委、市政府高度重视，把产业园创建作为落实乡村振兴战略的重要抓手。聚集现代生产要素，昔日荒凉的盐碱地蜕变成了生产要素集聚、建设水平一流的现代农业发展平台。[①]

慈溪市现代农业产业园建设的主要做法[②]可以根据为以下几个方面：

一是按照“全域产业化、全域生态化、全域景区化”的创建目标，形成“一核两带四区多园”产业发展布局。其中，4万亩单季稻种植区是浙江省规模最大的商业化盐碱地水稻生产基地，慈溪市大棚葡萄种植基地是浙江省规模最大的葡萄避雨栽培种植基地，5.5万亩蔬菜基地是国家级出口蔬菜质量安全示范区。同时，慈溪市现代农业产业园构建了集生产、加工、收储、销售等于一体的农业全产业链，培育建设出口蔬菜、鸡蛋、鲜食水果（葡萄、水蜜桃）等3条亿元以上农业全产业链。2018年，慈溪市现代农业产业园总产值达到33.9亿元，主导产业覆盖率达87%，主导产业加工转化率达85%，主导产业产值约达28.8亿元。

二是运用科技创新应用和产学研协同，为园区建设提供源源不断的燃料。慈溪市现代农业产业园在园区内建立了杭州湾现代农业研究院、沧海慈湖农创客基地、国际食品研发中心三大创新驱动平台。截至2018年底，

---

① 陈铖，陈醉，邵莹．慈溪现代农业产业园跻身“国字号”［EB/OL］．2019－01－01. http：//zjnews. zjol. com. cn/zjnews/nbnews/201901/t20190104_9151942. shtml.

② 慈溪市现代农业产业园．厉害了，慈溪被认定为全国首批、我省唯一国家现代农业产业园［EB/OL］．2019－01－02. https：//www. sohu. com/a/286128589_100034535.

园区已引入 12 家科研单位和 16 个专家团队，构建了“一园多平台、一企一院校、一项目一团队”的“三合一”科技支撑体系。共有 20 余项重大科技成果落地转化，吸引现代农业“两创”人才 200 余人，基本形成“主体小循环、产业中循环、园区大循环”的绿色发展体系。实现清洁田园、病死动物无害化处理、秸秆资源化利用全覆盖，建成有机肥综合利用中心 1 个、区域秸秆处理中心 3 个，畜禽排泄物资源化利用率达 98%，秸秆综合利用率达 98%，建成省级生态循环示范点 6 个，推广农牧结合、稻鱼共生等循环农业新模式 3 万余亩。[①]

三是创新园区体制机制，辐射带动农民增收致富。整合领导小组、产业园管委会、国资公司资源构建“三位一体”创建工作体系，实现人力、物力、财力高度集中，确保创建工作高标准推进。建设“3 + 1”金融支撑体系，先后设立 5 亿元的公建基金、1 亿元的产业孵化基金、首期 5 亿元的产业投资基金和 2000 万元资本金的涉农贷款担保资金。形成齐头并进的“一区多园”发展体系，以慈溪市现代农业产业园为核心，整合产业园内水果、蔬菜、粮食等区域性产业园，协同农产品加工园、电商园、物流园等功能性产业园，实施农旅一体化发展，提升慈溪市现代农业发展能级。此外，慈溪市现代农业产业园通过赋权持股和组建合作社等方式实现农民利益共享，至今已累计组建土地股份合作社 10 家，土地入股面积 1.1 万亩，3000 多户参股。组建农民专业合作社联合社 1 家，农民专业合作社 100 家，2400 多户入社。[②]

## 3.3 绍兴市：“腾笼换鸟”

近年来，绍兴市做深做实“腾笼换鸟”工作，取得了积极成效。淘

---

① 陆燕青，郭志强．首批国家现代农业产业园认定名单公布　慈溪市现代农业产业园成功入围［EB/OL］．2019－01－01. http：//cxnews. cnnb. com. cn/system/2019/01/01/011947103. shtml.

② 同上。

汰落后产能，是“腾笼换鸟”工作的重中之重。统计数据显示，2012—2018年，绍兴市累计淘汰4123家企业的落后产能，盘活存量土地76393亩，腾出用能210.76万吨，传统动能加快修复，发展质量明显提升①。

绍兴市“腾笼换鸟”工作的具体做法主要包括：

绍兴市每年均制定下达淘汰落后产能工作方案，深入开展“淘汰落后”专项行动。2012—2018年，绍兴市共淘汰落后印染产能92.51亿米，涉及企业321家；淘汰落后化纤产能153万吨，涉及企业69家；淘汰落后织造产能31.4亿米，涉及企业929家；关停落后砖瓦窑96家，关停整改电镀企业68家。

经过一番“腾笼换鸟”，绍兴市传统产业迎来了凤凰涅槃。例如，2018年通过司法拍卖，对原有80万吨化纤产能进行技术改造，分步新建120万吨聚酯纤维项目，最终形成了年产200万吨差别化纤维生产能力。

绍兴市还强势启动了印染化工跨区域集聚提升。按有关方案，绍兴市有序推动越城区印染、化工企业分别向柯桥区、上虞区搬迁集聚，明确2020年前完成越城区印染、化工企业关停退出，预计可腾退印染企业用地4000余亩、化工企业用地5000余亩。目前，已明确35家越城区印染企业整合为5个印染集团集聚至柯桥区滨海工业区。

筑巢引凤，打造高能级产业平台。绍兴市深入推进省级开发区（工业园区）改造提升试点，在把绍兴市省级以上开发区外的281个工业园区规划整合到24个的基础上，深入开展工业园区联合整治行动，一批后劲足的工业园区正在发展壮大。例如，新昌工业园区初丝湾小微企业园仅用短短半年时间，就实现了20多家小微企业“腾笼换鸟”，在一片荒地上建起了新厂房。

---

① 王旭东．绍兴“腾笼换鸟”连续7年全省先进［N/OL］．绍兴日报，2019－08－06（01）．http：//epaper.sxnews.cn/sxrb/html/2019－08/06/content_236269_1377021.htm.

# 第 4 章

# 提升人民群众获得感、幸福感、安全感

## 4.1

## 宁波市："双下沉、两提升"——提升基层医疗服务能力

"双下沉、两提升"，是指优质医疗资源下沉和医务人员下基层，提升县域医疗卫生服务能力和群众就医满意度。推进"双下沉、两提升"是浙江省委、省政府作出的重大决策，是深化医药卫生体制改革、优化医疗资源配置、推进分级诊疗制度建设的重要内容。宁波市自 2014 年实施"双下沉、两提升"工作以来，宁波市市级医院下沉区县（市）、县级医院下沉乡镇的覆盖率均达到 100%。宁波市 8 家三甲医院全面托管 9 家县级公立医院和专科托管 13 家县级公立医院，托管和被托管医院数量双双位居浙江省各地市首位。在宁波市中心城区，以 6 家三级医院作为牵头单位，联合区域内的二级及以下医院、社区卫生服务中心共 29 家基层单位

组建了6个区域医疗联合体。[①]

《宁波市人民政府办公厅关于推行“双下沉、两提升”增强基层医疗卫生服务能力的实施意见》（甬政办发〔2017〕76号）提出重点任务如下：

一是明确基层基层医疗卫生机构功能定位。乡镇卫生院、社区卫生服务中心以及纳入一体化管理的村卫生室、社区卫生服务站等基层医疗卫生机构，面向群众提供基本公共卫生、基本医疗、适宜特色专科及康复、护理服务。乡镇卫生院、社区卫生服务中心受区县（市）级卫生计生行政部门委托，负责对村卫生室、社区卫生服务站的综合管理、技术指导和村医的业务培训。根据宁波市实际情况，乡镇卫生院按照甲等特级、甲等、乙等特级、乙等实行等级管理、分类指导。其中，甲等及以上乡镇卫生院着力提升急诊抢救、二级以下常规手术、正常分娩、高危孕产妇筛查、儿科等医疗服务能力，并承担对周边其他乡镇医疗卫生机构的技术指导工作。村卫生室、社区卫生服务站承担辖区内人群的基本公共卫生服务和普通常见病、多发病的初级诊治、康复等工作。

二是深化家庭医生签约服务制度。为进一步突出家庭医生制服务在基本医疗卫生保健服务中的主导作用，完善签约服务内容，宁波市针对不同人群需求，推出不同类型的个性化签约服务包，为签约居民提供精准化服务。通过改进签约服务模式，鼓励基层医疗卫生机构与县级以上医院开展“1+X”组合式签约服务，促进医疗卫生资源的整合衔接。通过加强签约服务管理，健全家庭医生签约服务质量控制与绩效考评体系，严格履行家庭医生对签约居民的各项服务承诺。2017年，宁波市包括老年人、孕产妇、0—6岁儿童、残疾人、失独家庭、特困人群以及高血压、糖尿病、结核病等慢性疾病和严重精神障碍患者等重点人群家庭医生签约服务率达到50%以上。至2020年，宁波市家庭医生签约服务率预计将达到50%以上。其中，重点人群签约服务率预计将达到75%以上。

三是强化基层住院服务资源配置。以完善常见病诊疗体系为目标，宁波市实施基层医疗卫生机构住院服务标准化建设，重点加强常见病、慢性病、老年病以及康复医疗、临床护理等住院服务能力建设。按照乡镇卫生

---

① 贺艳，张培坚．宁波积极推进优质医疗资源“双下沉，两提升”[EB/OL]．2017-07-03. http://nb.ifeng.com/a/20170703/5788911_0.shtml.

院等级分类，乙等特级、甲等、甲等特级乡镇卫生院床位设置分别为10—19 张、20—49 张、50 张（含）以上。与宁波市等级乡镇卫生院建设相衔接，按照住院床位配置、服务数量、服务质量、技术含量等核心要素开展社区卫生服务中心的星级化建设。至 2020 年，预计宁波市等级乡镇卫生院、星级社区卫生服务中心建成率将达到 90% 以上。基层医疗卫生机构新增床位数将达到 2000 张以上。

四是提高基层门诊服务能力。宁波市以满足群众就医需求和改善就医体验为目标，实施基层医疗卫生机构核心功能区块星级化建设。推进乡镇卫生院、社区卫生服务中心的全科门诊、中医门诊（馆）、特色专科门诊、预防保健门诊、孕产妇保健门诊、儿童保健门诊及健康管理中心、康复训练中心等“六门诊、二中心”建设，优化功能布局和诊疗服务流程。宁波市加强中心镇卫生院的临床学科建设，提升常见病、多发病、老年病、慢性病的诊疗救治能力。鼓励有条件的乡镇卫生院、社区卫生服务中心开设适宜群众需求的基层特色专科。实施规划内等级村卫生室、星级社区卫生服务站建设，对规划内的村卫生室、社区卫生服务站实行一体化管理。至 2020 年，宁波市基层医疗卫生机构“六门诊、二中心”星级化建设完成率将达到 90% 以上，规划内等级村卫生室、星级社区卫生服务站建成率将达到 90% 以上，规划内乡村一体化管理率将达到 90% 以上。

五是健全“双下沉、两提升”长效机制。加快形成宁波市医疗资源依次梯度下沉格局，实现宁波市市级医院下沉到区县（市）、县级医院下沉到乡镇（街道）的全覆盖。加强医疗资源下沉服务质量监管，按要求足额派出管理人员、医务人员，定时定期在对口基层医疗卫生机构全职工作，纳入统一管理并实行联合考核。探索医疗资源纵向合作机制，进一步完善宁波市以管理、技术、人才、信息等为纽带的区域医疗联合体建设，逐步实现区域医疗服务同质化；大力推进县域医疗共同体建设，按照“发展共同体、利益共同体、责任共同体”的要求，构建以县级医院为龙头、乡镇卫生院为枢纽、村卫生室为基础的县乡联动、乡村一体、分工协作的县域医疗服务体系。强化宁波市基层医疗卫生资源供给，完善区域影像诊断、心电诊断、病理诊断、临床检验、消毒供应等共享中心建设，提高资源利用的集约化程度；完善宁波市药品配备使用衔接机制，基层医疗卫生机构按规定配足配齐常见慢性病用药；健全宁波市“互联网 + 医疗”融合发展机制，在二级以上医院建立远程医疗服务中心，在基层医疗卫生机构设置“云诊室”，建设“网上医联体”，放大优质医疗资源下沉效果。2017 年，宁波市已实现二级以上公立医院 20% 专家门诊号向家庭医生开放。至 2020 年，宁波市将实现二级以上公立医院 50%；经家庭医生转诊需住院治疗的签约居民优先安排住院床位。

六是加强基层卫生人才队伍建设。“十三五”期间，宁波市对新进基层医疗卫生机构的医学类专业毕业生实施“5 + 3”“3 + 2”的全科医师规范化培训计划，五年内培养基层“规范型”全科医生 500 名；实施基层紧缺卫生人才定向委培计划，五年内定向委托培养“本土型”医学类专业毕业生 500 名；实施家庭医生诊治能力提升计划，五年内培养“精准型”家庭医生 500 名。宁波市深入实施“1 + X”继续教育培训计划，对全科医生开展健康管理、心理咨询、康复治疗、临床营养等“多能型”技能培训。宁波市建立星级家庭医生评选制度，并与单位职称申报推荐、收入分配相挂钩。至 2020 年，宁波市通过对现有基层卫生技术人员进行转型培训和结构优化，实现每万常住人口拥有全科医生、社区护士各 5 名以上，每个乡镇卫生院、社区卫生服务中心至少有 1 名全科医生提供规范的儿童基本医疗服务。

宁波市“两下沉、两提升”成效，初步显现。以宁波市第一医院开展“双下沉、两提升”为例。2018 年，宁波市第一医院有 62 位专家在海曙区和江北区区域医疗机构联合体长期坐诊每周半天，开展业务指导、带教等工作。截至 2018 年 9 月，共开展诊疗科目 17 个，诊疗服务 25832 人次，较 2017 年同期增加 39%；与 16 家医疗机构开展远程医疗；依托宁波市云医院平台，建设“远程医疗服务中心”，开设了 3 个云诊室，6 个专科诊疗科目，27 位专家注册成为云医生并上线开启云诊疗服务。①

宁波市全面推进县域医共体建设，整合共享县域内医疗卫生资源，逐步建立整合型医疗卫生服务体系，形成服务、利益、责任、管理、发展、文化共同体，构建医疗服务新体系，打造健康管理新模式，建立管理运行新机制，提升健康服务新能力，使医共体真正成为维护和增进群众健康的“健共体”。至 2020 年，宁波市将实现基层就诊率达到 65% 以上，县域内就诊率达到 90% 以上的目标。

---

① 宁波市第一医院．宁波一院“双下沉 两提升”那些事［EB/OL］．2018 - 11 - 23. http：// m. sohu. com/a/277639880_100167064.

## 4.2
## 绍兴市：居家和社区养老服务改革

绍兴市自2018年11月列入国家居家和社区养老服务改革试点城市以来，面对日益严峻的人口老龄化，针对居家养老为主的实际情况，在政策引导、工作机制、公建民营、调研督查等4个方面精准发力，进一步深化居家和社区养老服务改革试点，进一步健全多层次养老服务体系，进一步增强广大老年人的获得感和幸福感①。绍兴市由民政部门牵头，组建专门班子，先后7次赴上海、南京、杭州、宁波等地学习先进经验。在政策引导上，绍兴市政府结合绍兴市实际，出台了《绍兴市开展国家居家和社区养老服务改革试点工作方案》，明确绍兴市在着力构建多层级居家和社区养老服务体系、大力提升居家和社区养老服务水平、大力普及居家和社区养老服务智慧化、积极探索农村养老服务新模式、大力推进居家和社区医养融合发展、大力深化居家和社区养老标准化建设、大力发展居家和社区养老产业、大力健全居家和社区养老服务人才培养体系等8个方面的25项重点任务，促进绍兴市居家养老服务向智慧化、规范化、产业化发展。②

### 4.2.1　着力构建多层级居家和社区养老服务体系

一是健全居家和社区养老服务制度。2018年，绍兴市启动编制《绍兴市区养老服务设施规划》，作为《绍兴市城市发展总体规划》的子规划，加快形成城乡统筹、区域均衡、功能完善的养老服务设施空间布局体系。绍兴市充分发挥政府主导作用，进一步加强政策引导、兜底保障、监管调控。制定出台深化养老服务综合改革的有关意见。为健全养老服务法

---

① 浙江省民政厅．浙江省绍兴市“四点发力”全面推进国家居家和社区养老服务改革［EB/OL］．2018-07-25. http://www.mca.gov.cn/article/xw/dfdt/201807/20180700010276.shtml.

② 绍兴市人民政府办公室．绍兴市人民政府办公室关于印发绍兴市开展国家居家和社区养老服务改革试点工作方案的通知［EB/OL］．2018-07-13. http://www.sx.gov.cn/art/2018/7/13/art_1467567_160871_html.

治建设，绍兴市已全民开展居家养老服务立法调研，力争至 2020 年完成立法项目申报等前期筹备工作。

二是探索建立特殊困难老年人基本养老服务制度。绍兴市以保障特殊困难老年人养老服务需求为重点，建立健全居家和社区基本养老服务清单制度。对失智、失能、失独、空巢、留守、高龄等老年人群体进行筛查摸底，掌握数量、分布等基本情况，建立数据库，开展康复护理、家政等养老服务。2018 年，编写完成养老相关应急技能读本，出台《居家和社区基本养老服务清单》，开展针对特殊困难老年人群体的调查评估工作。至 2020 年，绍兴市将建立居家和社区基本养老服务清单制度，使绍兴市特殊困难老年人居家和社区养老基本服务覆盖面提升至 50% 以上。

三是制定长期护理保险试点政策，在绍兴市市区开展长期护理保险试点工作，有效解决失能老年人的护理保障问题。至 2020 年，绍兴市将进一步完善长期护理保险相关政策，重点优化失能人员鉴定标准、居家护理和机构护理待遇标准、护理机构协议管理办法，将试点范围逐步扩大到绍兴全市域。

### 4.2.2 大力提升居家和社区养老服务水平

一是加快乡镇（街道）级居家养老中心建设。绍兴市为满足老年人多样化、多层次的养老服务需求，加快建设兼具日间照料与全托服务功能的乡镇（街道）级示范型居家养老中心，为老年人提供专业化、有特色的中短期托养、喘息服务、日间照料等居家养老服务。2018 年，绍兴市新（改）建乡镇（街道）级示范型居家养老中心 50 家。其中，五星级居家养老中心 8 家。至 2020 年，绍兴市每个乡镇（街道）预计将建设 1 家以上示范型居家养老中心，使绍兴市五星级居家养老中心达到 15 家以上。

二是提升居家养老中心服务质量。在居家养老中心全覆盖的基础上，拓展养老服务内容，提升服务质量。绍兴市坚持以乡镇（街道）级示范型居家养老中心为主，引领同一区域内的城乡社区居家养老中心共同发展，进一步理顺功能定位，形成“优势互补、资源共享”的服务网络。2018 年，绍兴市拓展城乡社区助餐、助浴、助医、助洁、助急等服务，实现助餐、配送餐服务覆盖 50% 以上城乡社区。至 2020 年，绍兴市将实现城乡社区助餐、助浴、助医、助洁、助急等服务基本覆盖。

三是优化居家和社区适老环境。加强新建住宅项目居家和社区养老服务配套设施建设，力争做到同步规划、同步建设、同步验收、同步交付使用。绍兴市不断扩大无障碍设施覆盖，加快对居家养老服务设施、老年活动室、体育健身场所、居住区道路、公共出入口、轮椅坡道等公共设施实行无障碍改造。2018 年，绍兴市建成省级无障碍社区 6 个。预计至 2020 年，绍兴市将建成省级无障碍社区 18 个。按照“试点先行、逐步推广”的要求，2018 年，绍兴市对市区老年人集中（特别是失智、失能老年人较多）的老旧小区进行加装电梯改造。至 2020 年，绍兴市将在试点基础上逐步推广对现有多层住宅加装电梯工作。

四是加快养老产业综合示范园区建设。绍兴市立足居家和社区养老服务需求，依托绍兴市社会福利中心区域资源优势，积极鼓励民间资本参与，科学规划建设养老产业综合示范园区。2018 年，绍兴市引进知名养老服务企业，启动绍兴市社会福利中心综合示范园区建设。至 2020 年，绍兴市社会福利中心将建设成为集“养老照护、医疗康复、老年活动、项目孵化、居家服务、老年用品展示”为一体的养老产业综合示范区，带动和培育一批产业链长、覆盖领域广、经济效益显著的养老产业集群，繁荣养老服务和产品市场。

### 4.2.3　大力普及居家和社区养老服务智慧化

一是建设智慧养老综合服务平台。绍兴市统筹全市养老服务信息资源，整合提升现有信息系统，依托绍兴市智慧城市建设，加快发展“互联网 + 养老”，促进养老服务与云计算、移动互联网、物联网和大数据等新技术的深度融合。2018 年，绍兴市确定智慧养老综合服务平台第三方建设运营管理单位。至 2020 年，该平台将完成软件、硬件升级，形成统一、综合、全市域智慧养老综合服务系统，提供专业化、一站式养老服务，实现全过程、全方位信息化监管。

二是加快养老信息整合应用。绍兴市加快推进市民卡、老年人一键通、医疗等公共平台和各类社会养老组织实体数据的整合共享。2018 年，绍兴市实现公安、民政、卫生计生等部门之间的信息交换，构建起老年人数据、养老服务信息、行业服务管理等养老服务大数据库。至 2020 年，绍兴市将实现老年人社区生活服务网站、综合业务管理、呼叫中心、监控及分析、一卡通支付结算等功能，为居家和社区养老提供紧急呼叫、生活帮困、居家上门服务、主动关怀、体况监测（医疗保健）、休闲娱乐、老年教育、交通物流、定位服务、视频服务、居家安全等服务，构建综合应用的智慧养老服务网络。

三是加强智慧健康养老服务产品创新。加快推进智慧养老综合服务平台的产品应用，引进室内外高精度定位、健康生理检测等健康管理智能终端设备，支持和推进健康状态实时分析、健康大数据趋势分析等智能分析技术，开展人性化、个性化的服务，实时准确地为老年人及其亲属提供健康服务①。

#### 4.2.4 积极探索农村养老服务新模式

一是推进农村养老服务运营模式改革。绍兴市加快乡镇敬老院服务转型升级，深化农村居家养老中心改革，引进一批专业化养老服务组织、企业，采取公建民营等模式，为农村老年人提供居家生活照料、家政服务、康复护理和精神慰藉等服务。2018 年，绍兴市实现每个乡镇均有 1 家以上农村居家养老中心实现公建民营。至 2020 年，绍兴市农村居家养老中心公建民营比例将达到 55% 以上。

在工作机制上，成立由绍兴市人民政府主要领导任组长，绍兴市各区、县（市）人民政府，中共绍兴市委宣传部、绍兴市发展和改革委员会、绍兴市民政局等多个部门为组员的绍兴市国家居家和社区养老服务改革试点工作领导小组。召开领导小组会议，解读工作方案，厘清各级政府、各个部门的重点任务，强化时间节点意识，加快推动各项工作落地跟进。绍兴市已普及应急救护知识 2088 人次，制定出台 2018 年公益创投方案和管理实施办法，6 个省级无障碍社区完成创建。

在公建民营上，绍兴市引进一批知名养老服务企业（组织）入驻绍兴，提升居家养老服务水平，推动居家养老服务产业发展。绍兴市社会福利中心启动集养老照护、医疗康复、老年活动、项目孵化、居家服务、老年用品展示为一体的养老产业综合示范区建设。目前，136 家城乡社区居家养老中心实现公建民营，拓展了绍兴市城乡社区助餐、助浴、助医、助洁、助急的服务覆盖面。

---

① 绍兴市人民政府办公室．绍兴市人民政府办公室关于印发绍兴市开展国家居家和社区养老服务改革试点工作方案的通知［EB/OL］．2018 - 07 - 13. http：//www. sx. gov. cn/art/2018/7/13/art_1467567_160871. html.

在调研督查上，绍兴市坚决贯彻浙江省“大学习、大调研、大抓落实”的要求，对乡镇（街道）级示范型居家养老中心和助餐、配送餐服务 2 项重点任务加强督考。督导调研试点工作，实地检查五星级乡镇（街道）级示范型居家养老中心建设进展，听取情况汇报，协调解决困难，督促加快进度。①

## 4.3

## 丽水市：云和县脱贫攻坚组织创新

丽水市云和县地处浙江省西南部，居丽水市中部，位于瓯江上游，集老、少、边、穷、移于一体。云和县 11.4 万人分布在 168 个行政村、799 个自然村，平均每个自然村只有 100 多人，100 人以下的自然村占比达 50% 左右，最小的自然村只有 1 户，是典型的经济欠发达山区县。云和县县城有 28 平方千米的盆地，资源相对丰富。针对这样一个山多地少、村多人少、县小而县城相对较大的实际，2001 年，云和县委、县政府重新审视宏观环境变化与县情的结合点，提出小县“大城”发展战略。② 通过多年的努力，云和县探索出了一条适当、可行、符合实际、事半功倍的跨越发展之路。云和县探索实施小县“大城”发展战略的做法如下：

小县“大城”发展战略是政府在充分发挥市场配置资源作用的基础上，合理整合生产要素，把县城作为增长极建立和发展，形成强大的动力源，使现实的、潜在的各种优势合理、科学、优化组合，改变城乡分割、各自发展的模式，走“以城带乡、以工哺农、以乡促城、城乡联动”的发展路子，协调推进工业化、城市化、市场化和城乡统筹，促进生态文明建设和集约、集聚、跨越发展。在引导、推动农民下山转移工作中，云和

---

① 浙江省民政厅．浙江省绍兴市“四点发力”全面推进国家居家和社区养老服务改革［EB/OL］．2018 - 07 - 25. http：//www. mca. gov. cn/article/xw/dfdt/201807/20180700010276. shtml.

② 云和县委、县政府．云和县探索小县“大城”的欠发达地区新型城市化之路［EB/OL］．2009 - 07 - 17. http：//zjnews. zjol. com. cn/05zjnews/system/2009/07/17/015678765. shtml.

县委、县政府提出“一城三镇十二中心村”的总体搬迁规划目标，联合相关部门制定出台了一系列政策性、指导性、规章性文件，使符合条件的农民按规划分阶段实施规范有序转移。云和县先后编制三轮《农民异地搬迁规划》《库区困难群众脱贫致富工程规划》，科学确定了异地搬迁顺序，优先转移库区、高山远山和地质灾害点的群众①。

第一，云和县主要抓住以下 2 个重点。一是做大做优集聚平台。云和县科学修编城市总体规划，将同处云和县盆地的沙溪乡建制撤消，并入云和城关镇，将城市规划区面积从原来的 8.8 平方千米扩大到 22 平方千米②。在加快市政基础设施建设、完善城市功能、增强城市集聚能力的基础上，云和县积极在建筑物设计、市政设计、城市色彩等方面注入玩具文化元素，力争体现“山水家园、童话世界”的城市形象特色。二是做大做强产业支撑。云和县坚持把浙江云和工业园区扩容作为发展生态工业、提升产业层次和加快人口集聚的主要载体来抓。大力推进浙江云和工业园区的生态化改造，使浙江云和园区面积从 2001 年的 0.17 平方千米扩展到 3 平方千米，成为省级特色工业园区，入园企业从原来的 67 家扩大到 2009 年的 270 家，为进城农民提供了 3 万余个就业岗位。

第二，云和县把生态保护始终放在第一位，立足生态禀赋，厚植比较优势，始终秉承发展的行动理念，坚持在发展中保护、在保护中发展。一是围绕“发展要服从于保护，保护要服务于发展”不断拓宽丽水市“两个较快增长”和生态经济化与经济生态化的实现路径，大力推动高质量绿色发展。二是主攻生态环境优化。按照“做好小集镇、整合中心村、做优示范村、撤并自然村、迁移高山村”思路，坚持有所为、有所不为地推进村庄示范整治、乡村康庄、农民饮用水等一系列富民工程的深入实施，努力为留守农民改善生产生活条件。云和县作为首批国家环境健康风险管理试点县、全国生态文明建设试点，在处理环境和产业的关系时，一方面，以扎扎实实的工作作风保护好云和的山水资源，用最严厉的措施，相继推进了污水革命、厕所革命、垃圾革命，开展了蓝天、碧水、净土、清废四大行动，坚决打好污染防治攻坚战；另一方面，对企业进驻园区进

---

① 吕端晨．农村面貌焕然一新！《人民日报》点赞云和农民下山脱贫工作！［EB/OL］．丽水文明网，2018－04－26. http：//zjls. wenming. cn/wmjj/201804/t20180426_5173722. html.

② 练云伟，张钦炜．小县大城：欠发达地区的“发展蓝本”［J］．今日浙江，2011（9）：46－47.

行严格的审查。鼓励环境友好型企业进驻园区，对环境污染较严重的企业不发准入证，并在工业园区内建立“园中园”对污染物进行集中治理，做到污染物园区内产生、园区内消化。云和县通过前端准入高门槛，中端过程严治理，后端管理严执法，真正实现了经济活动生态化，生态资源经济化。云和县民间组织和社会团体也积极参与环境共治、环境监督和生态宣传中来，活跃在政府环境治理的各个环节，为云和县生态保护贡献了重要的民间力量。2018 年，云和县优良天气比例达到 99.2%，PM2.5 维持在 23 左右，达到欧盟标准。空气环境质量位居浙江省第三位，首次夺得“大禹鼎”，绿色发展指数位居浙江省第一名。截至 2019 年，云和县主要流域水质基本达到国家Ⅰ类标准和国家Ⅱ类标准。

在治理生态环境的同时，云和县还着重坚持两手抓，保护好污染防治攻坚战的胜利果实。一方面，实施环境保护网格化管理，创新开展企业“卫士工程”，依法严查环境违法行为，从源头防止污染事件发生；另一方面，注重人的思想观念、行为习惯的转变，积极倡导简约适度、绿色低碳的生活方式，在衣食住行等方面全方位开展绿色革命，努力形成生态文明的价值追求和社会风尚，切实做到治理好、不反弹。

第三，云和县注重把从生态产品价值转换为经济发展增速为着力点和落脚点，着力在农、文、旅融合上做文章。云和县提出发展生态旅游业全域 5A 的理念，把 984 平方公里作为大景区的概念来打造。重点围绕云和梯田、云和湖、木玩童话小镇打造 3 个国家级 5A 旅游景区，并以这三个 5A 来支撑全县的全域 5A 发展，努力在浙江省树立起“云和样板”。按照“产业产品一起强、软件硬件一起补”的要求，云和县每年将上级下达的用地指标一半以上用于旅游项目，并落实 3000 万元的专项资金用于推进全域旅游发展。云和县下大力气补齐硬件短板，构建全域旅游交通网，完善旅游配套服务设施，并建立健全保障体系，推进农旅、工旅、文旅融合发展①。

第四，云和县紧紧抓住产业升级大趋势，通过政府鼓励企业进行科技创新、产业升级，逐步淘汰落后产能和生产方式，加快整个产业转型升级，拉长、补全产业链。云和县政府鼓励企业加强研发投入和队伍建设，

---

① 阿渊，盛慧．小县大城　云和样板——叶伯军谈“童话云和”［EB/OL］．2019－03－12. http：//zj. ifeng. com/a/20190312/7269701_0. shtml.

促进本土品牌创建。通过向上积极争取改革试点，以改革推动传统产业改造升级。此外，在现代制造业方面，云和县政府痛下决心去低端产能，促转型升级。深化“亩均论英雄”改革，落细落实以“亩均论英雄”为核心的综合评价机制，全方位施行“标准地”改革等政策，引导资源向高质量发展企业集聚，强势推进落后产能淘汰。

第五，云和县不仅率先在丽水市开通跨省就医异地联网结报，完成税务、社保、公积金等分中心整合，成为丽水市行政审批入驻率最高的县之一；而且在浙江省率先推行省级平台以外“标准地”供地，实现了全域范围内公开出让的工业项目100%按“标准地”供地。未来，云和县将把“最多跑一次”改革延伸到政法服务、公用事业等领域，延伸到部门之间，既让群众办事实现“最多跑一次”，也让部门与部门之间办事实现“最多跑一次”，真正做到用心、用情、用力地服务于人民。

第六，云和县在乡村振兴过程中坚持扶贫与扶志、扶智相结合。一是通过“能人返乡、市民下乡、企业兴乡”的“三乡工程”，引导人才、资本、技术等要素向农业、农村流动，盘活农村各种生产要素，激发乡村发展活力。二是实现农产品“物”的品牌向“人”的品牌的延伸。云和县委、县政府专门设立农民培训办公室。通过培训，大幅提升云和县农业产业总体水平，把技术、资金带到全国其他有需要的地区发展农业，在生态农业产业链上形成良性循环。通过口碑带动，云和在推动农民转型升级中提高了效率。三是通过实施“一乡一品，一村一品”战略，形成云和雪梨、食用菌等多个国家地理标志产品。针对产业发展、民生保障、资金贷款等农民关注的问题，云和县制定了一系列帮扶政策，在全国首创生态公益林未来补偿收益质押贷款机制。还通过农村宅基地二次使用改革，制定出台了《云和县“空闲农房二次创业”改革（试点）实施方案》，推广空闲农房“二次创业”。

小县“大城”发展战略是欠发达地区实施经济现代化过程中在遵循一般发展规律的基础上，结合县域经济社会发展的具体实际而提出的发展战略。未来云和县将继续深化提升小县“大城”发展战略，在新时代按照老百姓对美好生活的向往，实施新型城镇化战略和乡村振兴战略两轮驱动，统筹推进新型城镇化和乡村振兴，致力打造城乡体制改革样板、空间布局优化样板、生态产品价值转化样板、城乡融合发展样板、美丽和谐宜居样板的5个样板打造。围绕人的城市化这个核心，构建“人与城”“产与城”“乡与城”融合互促的良好发展局面，实现云和生态环境高颜值、现代经济高质量、地域文化高特色、县域治理高水平、人民生活高品质的全国山区新型城镇化样板县域①。

① 郑琳健，李广勤．云和县实施“小县大城”发展战略创出新篇章［EB/OL］. 2013－07－24. http：//www. citure. net/info/2013724/2013724115409. shtml.

# 第5章

# 着力增强文化软实力

## 5.1 杭州市：西湖开放式景区管理模式

随着人们生活水平和消费水平的提高，越来越多的中国人选择在节假日旅游，饱览祖国的美景。杭州西湖一直是享誉全国的旅游胜地。2011年，西湖作为文化景观遗产被列入《世界遗产名录》。2017年国庆期间，杭州市总体客流量就达1168.62万人次，仅西湖接待游客来访量就达455万人次。我国多个在线旅游平台的数据显示，2017年国庆期间，杭州市旅游客流量列全国第三位，而西湖更是成为整个国庆期间杭州市人流最密集的景区之一。在极大的客流压力下，杭州市政府面临复杂的景区管理和高品质服务需求的挑战。在旅游业高速发展的同时，西湖景区人满为患、车辆拥堵、资源破坏等问题逐渐暴露，如何解决这些问题曾是杭州市政府的一块心病。在杭州市委、市政府的大力支持和正确引导下，西湖风景区紧紧围绕“还湖与民”的目标，以“还湖与民”和“发展和保护”为主题，立足“内强发展实力、外添景区魅力、人增成事合力”，抓好“环境保护、交通管制、客流分流、秩序管控”，实施“最清洁、最美丽、最有序、最文明、最安全”的管理，实践了一套独具特色的开放式景区管理模式①。

2002 年，在我国各地区景区门票上涨的情况下，杭州市实施的景区免费开放政策极大地满足了老百姓游玩休闲的需求，带动了西湖风景区及整个城市旅游业的蓬勃发展。作为全国第一家实施免费开放的 5A 级风景旅游区和浙江省首个世界文化景观遗产，西湖风景区将旅游风景资源共享，还湖于民，还绿与民的理念和做法，为游客提供了优良的游览环境和优质的旅游服务，大大提高了游客对西湖景区的满意度，并为国内开放式景区管理提供了借鉴和启示。

杭州西湖风景名胜区管理委员会始终坚持“保护第一、生态优先”的原则，通过实施西湖综合保护工程，使西湖的景点格局和基础设施更为完善，人文蕴含更为深厚。《杭州西湖风景名胜区管理条例》《杭州西湖文化景观保护管理办法》等规划条例的监督，也使景区的保护管理有法可依、有规可循。西湖文化景观实时监测管理中心和预警监测信息管理平台运用现代科技手段对景区实现了实时监控和预警，在特殊时期及时实施相应的措施，合理控制车流总量，保障游客出行的便利和品质。西湖风景区管理模式通过在体制、机制、理念和方式上的创新，加大西湖景区的管理力度，提升管理成效，成功应对了免费开放的管理压力，正确处理好了管理与服务的关系，实现了管理西湖与优化服务相结合的目标。西湖风景区开放式景区管理模式的经验可以总结如下。

### 5.1.1　正确处理政府与民众的关系

杭州市政府坚持以人为本、民生优先，出台利民政策措施，开展惠民行动，回馈社会，造福于民。同时，杭州市政府加快转变经济发展方式，着力优化产业结构，大力发展税源经济、文创经济、楼宇经济和电子商务，创新选商引税，挖掘新的经济增长点，培育出了一条“租金加税金”的新路子，不断完善“免票 + 周边消费”的西湖经营模式。

西湖风景区的免费开放，虽减少了景区门票收入，但通过树立大旅游

---

① 陈志华．杭州西湖：美丽的世界文化遗产［J］．今日中国，2018（11）：93－95.

的观念，带动了周围餐饮、住宿、交通等行业的良好发展，为杭州市创造了高综合回报效益，盘活了全市旅游发展，避免了由于景区门票涨价导致游客消费负担增加、旅游时间缩短、无法促进本地旅游经济可持续发展的状况发生。

### 5.1.2 创新社会管理，全面提升景区管理软实力

以“管理转型升级”带动“高效益综合发展”。

一是创新了执政、执法、队伍建设、服务和宣传“五大理念”，以游客的舒适度、安全度、信任度、满意度和认知度作为景区管理工作的指挥棒。

二是创新了长效巡查、联防联动、基层服务、监督考核和旅游警务“五项机制”，以管理的规范化、标准化、精细化、人性化和科学化作为景区管理工作的评价标准。

三是别具特色地开展了景区卫生环境、游览环境、旅游秩序、旅游服务和安全防控提升“五大专项行动”，以景区的最清洁、最美丽、最有序、最文明和最安全作为景区管理工作的最终目标，打造良好口碑的国际旅游景区。

### 5.1.3 不断完善西湖风景区管理模式

面对繁重的日常管理任务，西湖风景区辖内各个单位和街道在“景中村”管理、山林防火、门票管理、规范经营、优质服务、环境保护等方面还有不少需要完善的地方。例如，取消门票和实施 24 小时开放带来的日常维护、清卫保洁、安全管理等方面的费用，给西湖风景区每年增加了几千万元的经济负担，而景区免费策略必须建立在一系列城市景区总体布局、具体实施的基础上。

近几年，杭州市通过对西湖风景区开放模式的不断探索和西湖综合保护工程的实施，西湖周围建筑物整治已见成效，景区周边人口减少，新增公共绿地多达 100 余公顷。同时，西湖水由一年换一次改为一个月换一次，水质获得极大改善，保障了景区环境污染减少，维护了生态可持续发展。

杭州市西湖风景区以秀美的自然文化景观和高效优质的开放式管理服务静待八方来客，打造了景区卓越的品牌知名度，带动了杭州市旅游产业

快速发展。

## 5.2 宁波市：创建“全国示范数字档案馆”

基础设施体现着一个城市的硬实力。宁波市委、市政府高度重视宁波市数字档案馆建设，将数字档案馆项目纳入宁波市六大政务系统之一统筹建设；宁波市档案局（馆）将“创建全国示范数字档案馆”列为《宁波市档案事业发展“十三五”规划》目标。目前，宁波市数字档案馆已基本具备“全国示范数字档案馆”的条件，并列入全国网站网页资源归档 4 家试点单位之一。

2018 年 12 月，宁波市档案馆顺利通过“全国示范数字档案馆”专家测试。专家组认为，宁波市数字档案馆系统基础设施完备、系统建设规范、整体水平先进，构建了局域网馆藏基础平台、政务网数据接收和共享平台、因特网公众服务平台，建成了档案馆环境监控管理系统，建立了较为完备的数字档案资源体系，启动了“最多跑一次”行政审批事项电子文件归档工作，实现了档案资源数字化、管理规范化、利用便捷化。

一直以来，宁波市委、市政府高度重视宁波市数字档案馆建设。四套领导班子多次到档案馆视察工作，听取汇报，对数字档案馆建设等工作作出指示，协调解决实际问题，使宁波市数字档案馆建设的政策支持不断到位，经费投入大幅增加，工作保障有效改善。自 2016 年确定创建宁波市数字档案馆以来，宁波市档案局（馆）始终坚持高质量发展、高标准建设、高水平提升。创建“全国示范数字档案馆”被列入宁波市档案事业发展“十三五”规划目标。

### 5.2.1　推进设施争先，建强平台“硬实力”

根据宁波市数字档案馆网络架构、技术路线与设施配置要求，按照经济合理、安全高效、适度超前的原则，对信息化场所与设施设备进行全面升级改造，为满足数字档案馆各项功能需求夯实了基础。

### 5.2.2 推进系统争优，升级应用“多功能”

根据宁波市数字档案馆系统功能建设要求，对原有系统进行全新升级，建成满足“收、管、存、用”多功能要求的数字档案管理系统，并在建设过程中引入了智能馆库平台和档案馆环境监控管理系统建设，推进了档案管理各业务环节的网络化、可视化及自动化。

### 5.2.3 推进数据争量，构建数字“资源库”

以资源为核心，推进“存量数字化、增量电子化”，优化馆藏资源结构，加强数据组织管理，建立数字档案馆资源总库，构建量质并举的数字档案“资源库”。

### 5.2.4 推进安全争强，织密信息“安全网”

坚持档案安全的政治与业务、实体与信息、线上与线下、馆内与馆外、自身与对象“五并重”，构建人防物防技防“三位一体”档案安全体系，提升档案安全管理、风险防范与应急处置能力。近年来，宁波市数字档案馆未发生过安全事故。

### 5.2.5 推进服务争效，提升群众满意度

通过搭建数字档案系统各个利用平台与浙江政务服务网、浙江档案服务网等平台的综合应用，推进档案利用“网上办”“全城通办”“异地协办”，实现档案信息多跑路，群众少跑腿、跑零次①。数字档案利用比率大幅上升，用户满意度达到100%。

宁波市档案局（馆）将以测试为契机，高质量推进“智慧档案”建设，努力构建与宁波市经济社会发展相适应、与政府数字化转型相融合的宁波市数字档案馆，在浙江省乃至全国数字档案馆建设中发挥示范借鉴作用。宁波市始终以设施为基础、应用为关键、资源为核心、安全为保障、绩效为导向，加强统筹规划，强化创新驱动，深化互联应用，深入调研把脉、制定工作方案，严格对照标准，编制任务清单，强化工作落实、开展销号对账，全面推进档案管理数字化、网络化、智能化迈上新台阶，为推

---

① 詹锐．“五争共建”推进宁波市数字档案馆建设［J］．中国档案，2019（4）：60－61.

进档案工作转型升级和宁波市智慧城市建设打下了坚实基础。

## 5.3 嘉兴市：乌镇探索文化繁荣新模式

文化是一个地方的根与魂。一直以来，乌镇在推进文化发展，坚定文化自信上进行了诸多探索，丰富了当地百姓的精神文化生活。2018 年 9 月 21 日，“乌镇特色文化苑”授牌暨乌镇 IP 形象发布会在乌镇的适园·登瀛民宿举行，乌镇雅达书院、乌镇适园·登瀛、乌镇互联网国医馆、竹芸工房、谭家·栖巷自然人文村落共 5 家单位获得授牌。[①] “乌镇特色文化苑”是乌镇党委、镇政府为鼓励乌镇民间组织充分利用自己的资源、繁荣乌镇文化而设立的，是乌镇探索文化繁荣新模式的积极尝试。

### 5.3.1 深度挖掘富有乌镇特色的文化内涵

为弘扬优秀传统文化，实现文化让生活更美好的美丽愿景，推动乌镇文化多元化繁荣发展，乌镇党委、镇政府授予乌镇雅达书院、乌镇适园·登瀛、乌镇互联网国医馆、竹芸工房、谭家·栖巷自然人文村落这 5 家单位“乌镇特色文化苑”称号，以此鼓励这些单位充分利用自己的资源，繁荣乌镇文化，让更多乌镇人享受到丰富文化活动带来的获得感。

这五家“乌镇特色文化苑”各具文化特色。雅达书院着力举办高水平文化艺术活动，先后促成江左风华当代艺术邀请展、张光宇漫画展、首届夏季乌镇艺术沙龙等落地乌镇，同时，成功举办了 6 期乌镇文化讲堂，邀请白岩松、陈晓卿等文化名人在乌镇开展文化讲座，为乌镇文化走向高端植入了新元素。乌镇适园·登瀛是一家颇具文化情怀的民宿，曾组织过多场昆曲演出。民宿内的小戏台，如今已成了文人雅士的聚集之地。乌镇互联网国医馆是全国首家互联网国医馆。这里不仅有知名中医坐诊，为桐

---

① 张芬娟．乌镇探索建立推动文化繁荣新模式［EB/OL］．2018－10－08．http：//jx．wenming．cn/whsy/201810/t20181008_5474761．html．

乡百姓提供中医诊疗、中药汤剂、膏方与中医养生等服务，还能通过华佗云平台，实现远程中医诊疗。[①] 在这里，传统中医药文化得到传承和发扬。竹芸工房是乌镇竹编的传承基地。2010 年时，乌镇竹编就被列入了第四批嘉兴市非物质文化遗产名录。2018 年 6 月，竹芸工房从桐乡市搬回乌镇，为技艺的传承做着自己的努力。谭家·栖巷自然人文村落是乌镇西栅景区外首个融合精品设计酒店、艺术设计展览、社交和社区化的开放型自然人文集合村落，集休闲、时尚与文化于一体。未来，这里将定期举办各类艺术研修课程、诗歌戏剧等文化活动。

乌镇深度挖掘富有自身特色的文化内涵，并通过授牌，极大地鼓励了这些单位更好、更多地开展文化活动，从而进一步带动更多的文化企业和民间文艺团队参与乌镇文化建设，为乌镇文化发展注入新活力。

### 5.3.2 打造“互联网＋文化”的形象代言人

乌镇走过了文化旅游发展的十多年，秉承千年传统文化，又融入新兴互联网发展的现代活力，从世界文化古镇中脱颖而出。为了更生动地诠释互联网时代的新乌镇，更有效地表达乌镇创新共融的特点，由乌镇镇人民政府授权，乌镇文化创意股份有限公司开发运营的乌镇 IP 形象（2 个卡通形象）——亮相。这两个卡通形象被亲切的唤做“乌镇宝宝”。在形象定位过程中，设计师选取乌镇要素作为形象的某个特征，主体造型偏好年轻人的审美，力求通过乌镇宝宝传达乌镇的年轻化和国际化。

青团猫的乌黑色代表了乌镇的黛瓦，黑猫又象征着勇敢无畏力求创新的乌镇精神。青团猫脖子上配带的青团铃铛，设计灵感来自乌镇特色小吃青团。青团猫的性格定位是好奇、勇敢和热爱挑战。未来，青团猫的形象也被赋予更多的搭配和故事，以帮助推广乌镇的特色产品。水文化是乌镇的重要特点之一，选择鸭子作为乌镇 IP 形象的设计基础，不仅因为鸭子在江南居民生活中非常普遍，更重要的是让人联想到鸭子的活动状态，走路的昂首信步，游水时的悠然自在。聪明鸭的定位就是活泼好学、热爱艺术、懂得生活。

---

① 王方琪．探访乌镇互联网医疗［EB/OL］．2018－11－14. http：//shh. sinoins. com/2018－11/14/content_276265. html.

### 5.3.3　打造能进能退的授牌单位考核机制

“乌镇特色文化苑”需为乌镇的老百姓提供更多样、更丰富的精神文化活动，满足不同层次人群的精神文化需求。因此，“乌镇特色文化苑”需要具备自己的活动场地和人、财、物等基础资源。对被授牌单位而言，加入“乌镇特色文化苑”是一种荣誉。此外，加入“乌镇特色文化苑”的民间组织将更多地得到乌镇党委、镇政府提供的指导和参与其组织活动的机会，并在活动导向上为这些民间组织把好关。乌镇党委、镇政府也打造了“进退机制”，通过考核对做得不够好的被授牌单位摘牌摘帽。

乌镇第一批被授牌单位都具有不同的文化特色。例如，乌镇雅达书院先后促成了江左风华当代艺术邀请展、张光宇漫画展、首届夏季乌镇艺术沙龙等活动，并成功举办了 6 期乌镇文化讲堂，邀请白岩松、陈晓卿等文化名人在乌镇开展文化讲座，为乌镇文化走向高端植入了新元素。又如，乌镇适园·登瀛根据自身建筑特色（内有一个小戏台）形成文人雅士的聚集之地，昆曲、诗歌、民谣等表演吸引了很多乌镇群众前往观看。

在乌镇创业的凤岐茶社总经理傅骞特别喜欢“乌镇特色文化苑”的营商氛围。他表示，“没想到，乌镇不仅有高品质的展览，也有各类文化名人莅临，更妙的是，还有包括竹编之类的非遗文化可以时时去体验，我们在这里创业，生活特别充实”①。

① 张芬娟．乌镇探索建立推动文化繁荣新模式［EB/OL］．2018 - 10 - 08. http：//jx. wenming. cn/whsy/201810/t20181008_5474761. html.

# 第 6 章

# 打造人与自然和谐共生的美丽浙江

## 6.1

## 杭州市桐庐县：农村生活垃圾分类处理和资源化利用

富春江畔，桐庐县因地制宜地推进垃圾资源化利用，通过市场化运作机制，不仅使垃圾变成有机肥产生经济效益，引领绿色生活、改善人居环境，而且提高了当地生态文明建设水平。在此过程中，垃圾处理终端、垃圾智能回收系统、垃圾清运等资源化产业率先“绿色化”。

垃圾，是放错位置的资源。推进垃圾资源化，化腐朽为神奇，是现代社会追逐的尖端科技，更是绿色发展蕴含的生活艺术。从世界范围看，资源回收利用已成为一些国家的支柱产业。瑞典向邻国买垃圾，低成本获取资源。德国的垃圾管理每年创造数百亿欧元营业额，提供近 20 万个就业机会。垃圾资源化，在产生巨大社会效益和经济效益的同时，更成为一个国家可持续发展的内在动力。桐庐县是浙江省农村生活垃圾分类处置的探路者和先行者之一。目前，11 万户共 32.3 万桐庐农村居民全部参与垃圾分类，183 个行政村共建 145 个资源化处置设施，在国内率先实现农村垃圾分类和资源化处置全覆盖。垃圾处理后生成的有机肥被统一收购并被注册了商标“世外桃源”，已走进浙江省 110 余家超市，预计能创造 200 万元经济效益。在桐庐，绿色产业由理想走进现实。①

### 6.1.1　通过资源化利用突破垃圾处理的瓶颈

近年来，浙江省城乡对垃圾的收集运输作出了很大努力，对美化洁化城市和农村发挥了显著作用。但是，收集运输只是中间环节，它只是改变了垃圾的位置，并没有最终消除垃圾。垃圾的最终出路还是焚烧、填埋和堆肥。随着城镇人口和旅游人口的持续增长，旅游、休闲、餐饮等行业蓬勃发展，消费水平不断提高，生活垃圾猛增，垃圾河治理和城乡大规模拆违也迅速增加了垃圾处理量。垃圾焚烧和填埋能力不足的问题日益凸显，增加焚烧和填埋能力的公共设施建设又普遍遭遇邻避困境，垃圾的减量化和资源化已经刻不容缓。

桐庐县把垃圾减量化和资源化的重点放在堆肥这个容易被忽视的出路上，实行就近处置，并且按照这个目标进行垃圾分类，将垃圾分为可腐烂和不可腐烂 2 类。前者主要是厨余垃圾和农业生产垃圾，用与“烂”谐音的蓝色垃圾桶收集，减少垃圾袋的使用，就近堆肥。后者在普遍经过废品收购后，将剩下的不可回收利用物集中焚烧。同时，将秸秆、散养畜禽粪便等纳入垃圾资源化处置体系，促进了秸秆资源化利用和农业面源污染整治。桐庐县 183 个行政村已实现垃圾资源化处置设施全覆盖，新建设施多数建在镇级垃圾中转站及分散式农村生活污水处理工程周边，最大程度地发挥集聚效应，实现人力资源共享。将城市试点社区的可腐烂垃圾通过密封运输车辆运到邻近行政村资源化处置，也解决了城市垃圾分类处理的难题，分类处置效应从农村延伸到城市，从而大大减少了垃圾的运输、焚烧和填埋量以及衍生的二次污染。

桐庐县的这一做法不仅适合在小城市、城镇和还保留着较多农田的大中城市城区普遍推广，而且启示我们，堆肥是垃圾处理的一个不应忽视的途径。杭州市天子岭垃圾填埋场的经济效益就主要来自可腐烂垃圾产生的

---

① 许雅文，施银燕，钱凌芸．一袋垃圾的资源化之旅［EB/OL］. 2017－09－05. https：//zj.zjo.com.cn/news/743747.html.

沼气发电。因此，垃圾最好统一按“可腐烂”和“不可腐烂”这种最便于老百姓区分的标准分类。前者分散堆肥或集中填埋产生沼气发电，后者焚烧。可回收资源应进入废品回收渠道而不是垃圾桶。目前，大部分可回收资源实际上也是走这个渠道，只需要进一步完善废品回收系统和相关的管理制度，增加回收品种即可。

### 6.1.2 用垃圾资源化利用助推经济转型升级

桐庐县充分考虑人口密度、可堆肥垃圾量、有机肥需求量、交通运输成本等因素，主推可腐烂垃圾的微生物发酵资源化处置和太阳能普通堆肥处置 2 种模式。[①] 微生物发酵资源化设备已由桐庐县与中国科学院共同申请、获得国家专利，并自行研发、生产，具备出肥快，肥力好等特点，适用于人口密度高、可堆肥垃圾量多、有机肥需求量大的农村地区。太阳能普通堆肥设备利用太阳光促进堆肥加快腐烂，工艺简单，成本低，适用于人口密度低、交通运输成本较高的偏远农村地区。这两种模式的适用范围基本上可以覆盖浙江省农村地区。

为了严把垃圾有机肥原料关，桐庐县由县级统一收集、统一处置各个行政村生活垃圾，并对发酵后的垃圾进行监测，避免有毒有害物质渗入。为保障垃圾有机肥肥力，桐庐县依靠中国科学院、浙江大学等科研机构分析化验，并经过试验田试验，寻求畜禽粪便等最佳配兑比例，为打开垃圾有机肥市场提供了有力的科学依据。为提升垃圾有机肥附加值，增加经济收益，探索引入企业管理方式，桐庐欧鹏生态环境科技有限公司和英利畜禽粪便处置中心已试点生产垃圾有机肥并完成商标注册，年生产“世外桃源”牌垃圾有机肥约 5000 吨，经济效益达 600 万元以上。垃圾有机肥的施用推广，减少了施用化肥造成的水环境污染。目前，垃圾有机肥主要用于农业基地土壤改良，它的规模化生产为发展生态农业、培育绿色食品品牌提供了有力支撑。

桐庐县还立足于机械制造业传统优势，致力于建设垃圾资源化处置设备生产基地。目前，桐庐欧鹏生态环境科技有限公司与杭州恒春机械有限公司合作生产的垃圾资源化处置设备已取得多个国家专利，并已向桐庐县

---

① 马茜，殷培红，耿润哲等．关于农村垃圾治理中政府、村民、市场的多元共治探索——以桐庐县为例［J］．环境与可持续发展，2017，42（2）：28－30.

外销售30台，每台提取专利费5000元。出售设备和垃圾有机肥产生的收益，足以弥补垃圾分类处置长效运行资金投入。

生活垃圾堆肥还田是历史最悠久的循环经济。但是，目前一些循环经济园区并没有"循环"起来，也没有形成产业链。桐庐县正在打造的"环保设备研发制造——垃圾资源化处置——绿色生态品牌农业"产业链可以在浙江省多个地区推广。这一产业链还可以向可回收资源加工利用进一步延伸。

### 6.1.3　垃圾源头分类助推社会治理转型升级

垃圾资源化处置有赖于严格的源头分类。一些地方由于垃圾源头分类流于形式，使先进的分类集运装备未能充分发挥优势，甚至倒退到混装混运。桐庐县不仅采取传统的宣传教育、组织落实措施，使垃圾源头分类工作成为生态文明教育的载体，取得了"人改变环境、环境改变人"的双重效果，而且贯彻多元共治理念，探索出一条政府主导公共服务促动村民自治的垃圾治理新路径，使治理垃圾成为村民自治的重要内容，依靠自治发挥村民的主体作用，形成了全民参与的生态保护格局和治理垃圾的长效机制。

一是建立定岗定责制度，明确镇村责任主体，建立"联村领导——驻村干部——村干部——村级收集员、管理员、巡查员和统管员"网格化四级管理责任人体系，着重强化村级"四员"岗位职责①：村级收集员统计每户正确投放率，管理员负责设备运行和垃圾量统计，巡查员不定期巡查制度落实及收集员、管理员履职情况，统管员由村干部兼任，定期组织工作例会，及时掌握工作薄弱环节，真正做到日常管理无死角。

二是建立分类投放可追溯和登记、积分、奖惩、公示制度，每日检查登记家家户户垃圾分类情况，现场打分，定期张榜公示检查结果，并制定"积分换物""积分换钱"等奖励制度，充分发挥农村熟人社会和村规民约的作用，形成"星级评比""积分制"、张贴"红黑板"等诸多富有农村特色的"草根经验"，提高垃圾收集率和分类正确率。

三是建立帮扶制度，通过邻里帮扶、党员帮扶和邻里带动、村级带动、镇级带动等示范引领模式，形成比学赶超、竞相争先的良好氛围②。

---

① 马茜，殷培红，耿润哲等．关于农村垃圾治理中政府、村民、市场的多元共治探索——以桐庐县为例［J］．环境与可持续发展，2017，42（2）：28－30.

② 任丹萍，周兆木．激活居民环境治理主动权［N/OL］．中国环境报，2015－08－25（08）．http：//epaper.cenews.com.cn/html/2015－08/25/content_32986.htm.

四是建立督查考核和资金保障制度，对源头分类情况每月巡查、每季暗访[①]，把垃圾分类和资源化处置工作作为乡镇（街道）综合考评内容，实行绩效考评，并根据考评结果由县财政实行差别奖补。

五是组建村级环保志愿者服务管理队伍进行日常巡管，对分类不到位的群众进行帮扶，引入公益资金和社会慈善组织。一些工作基础较好的村已经先行先试网格化收集模式，成为无保洁员村，由居民把垃圾送到网格内分类大垃圾桶，节约了垃圾袋的成本，减少了破袋促腐的麻烦。

## 6.2 衢州市柯城区：一江清水送下游

自2016年起，作为钱塘江的上游地区，衢州市柯城区勇担“一江清水送下游”的源头责任，积极探索绿色发展的体制机制，创新谋划实施了庙源溪、石梁溪全流域统筹开发“一张图、一盘棋、一条心、一本账”的“四个一”治理模式，推动了“两溪”实现黑臭河、垃圾河向“最美溪流”化蛹成蝶的华丽蜕变，走出了一条具有柯城特色的“绿水青山就是金山银山”的新路。全流域整治、全辖区生猪禁养、全方位保护生态，使环境质量明显提升，开发机制更加完善，治水理念深入民心。

据《浙江日报》报道，2018年初，衢州市柯城区在园林村举行了一场别开生面的柑橘擂台赛暨现场拍卖会，宇发农场一个大棚的柑橘就拍出了17.1万元的高价。截至2019年初，柯城区已创建市级柑橘精品园13个，推广优良品种2258亩，培育柑橘家庭农场210个，淘汰“三低”橘园2.2万亩，流转橘园1.8万亩。随着乡村休闲旅游业的发展，衢州市柯城区围绕石梁溪、庙源溪片区柑橘产业发展布局，建立柑橘文创园、绿道等，建设浙江省首个橘海森林公园，推进农业产业与美丽乡村建设深度

---

① 谢盼盼．桐庐县以垃圾分类创新绿色产业链［J］．中国乡村发现，2017（1）：139－143.

融合。①

作为浙江省西部重要生态屏障，良好的生态环境一直是柯城区最引以为豪的一张“金名片”。作为钱塘江的上游地区，水既是柯城区最为灵动的韵脚，更是柯城人民必须不懈守护的对象。然而，在加快发展的过程中，衢州市柯城区的生态环境也曾遭受一些“低、小、散”产业的影响，庙源溪和石梁溪在衢州市被称为“两溪”，是柯城区的两条主要溪流，两岸小造纸厂、小加工作坊、养猪场等曾将污水直排溪中，使原本清澈的溪水不堪重负，最终变成了人人避之不及的黑臭河、垃圾河，老百姓反应强烈，要求治水治污的呼声很大。柯城区迅速行动，紧紧围绕浙江省决策部署，以“水美、转型、富民”为主题，深入谋划河道整治规划，创新“四个一”全流域统筹开发机制，坚持每年重点整治两条河流，全流域推进造景美村，全方位推动转型发展，力争将庙源溪、石梁溪等主要河流打造成“最美溪流”。

### 6.2.1　“四规合一”

柯城区坚持规划先行，提高规划的科学水平。坚持“规划在先、规划超前、规划有效”的原则，按照“上下结合、内外结合、点面结合”的要求，对多个规划进行套编，促进全流域治水规划、产业布局规划、生态旅游规划、城市绿道规划“四规合一”，在市区一体、城乡一体的大背景下，将柯城区置于全域旅游发展大格局中，加强与衢州市现代田园城市和信安湖旅游开发等规划蓝图的衔接，进一步明确“三轴四区七节点”的总体框架结构，统筹推进流域内的连片开发。

### 6.2.2　“四同共治”

柯城区在浙江省率先提出并实施水岸同治、上下游同步、“五四三”同推、流域和道路共进的“四同共治”全流域治理模式。主要分为以下三步走：

第一步，全流域整治。坚定以生猪禁养作为源头治污的第一突破口，落实生猪退养生态补偿机制，全流域消灭“两溪”水质最大污染源头，

---

① 邵倩，胡芸，周洲．衢州柑橘产业加快转型促增收［EB/OL］．2018－01－05．http：//zjnews.zjol.com.cn/zjnews/qznews/201801/t20180105_6256057.shtml.

累计退养生猪 53 万余头。同时，通过打好全流域河道清淤，禁止采砂及农村“双治”等组合拳，率先消灭垃圾河、黑臭河，庙源溪、石梁溪水质合格率分别从治理前的 20.3% 和 59.3% 提升到治理后的 84.7% 和 92.4%。

第二步，全流域原生田改造。以拆促景、以改促景、以建促景，坚持不砍树、不截弯取直、不破坏自然湿地和植被资源，在保持河道原生态基础上，结合“三改一拆”“四边三化”等整治行动，通过退堤形成生态缓破断面、湿地原生植被修复等措施，同步开展岸上岸下生态改造，配套自行车骑行绿道、游步道，提升河道“两翼”生态化景观系数。

第三步，全流域系统提升。更加注重“盆景”向“风景”的转化，依托河道自然流失及蓄洪、生产需要，实施堰坝等节点工程景观化改造，充分融入当地立春祭、女儿节等非物质文化遗产及农耕文化元素，与周边田园景观及人文风情有机融合，一堰一坝，有效提升河道韵味。

### 6.2.3 “四责联动”

通过明责、履责、督责、追责“四责”联动，建立工作责任闭环。在纵向上，自上而下构建区乡村三级跨区域的上下游、全方位、无死角的联动联责机制，由柯城区主要领导分别担任庙源溪、石梁溪总河长和工程总指挥，全面负责全流域统筹开发工作。在横向上，创新了“锋领擂台”“赛水赛歌”文化治水等互看互学机制，发扬“四干”精神，再创“柯城速度”，形成了三级联动、各级各个部门比学赶超的浓厚氛围，引领带动“两新”组织企事业单位及“保护母亲河”等草根联盟认领治水“微心愿”百余条，筹集资金数百万元。同时，坚持将全流域统筹开发工作纳入问责范围，加大对不作为、慢作为干部的问责力度，打破“等待、观望”的怪圈，倒逼柯城区上下积极投身流域保护工作。

### 6.2.4 “四措增收”

创新常态化富民机制的做法在于认真算好生态富民增收经济账，发挥政府财政的主导作用，创新出台转产转业“十大扶持政策”“柑橘产业转型升级”等政策，统筹推进“三环一改”“三位一体”农合联信用合作、柑橘转型提升、低收入农户增收“五个一百工程”等四大专项行动。坚持“溪、岸、村”并举，“农、文、旅”齐进，依“两溪”自然人文景观，围绕休闲旅游、养生养老、文体创意等主题，明确各个重要轴线、区块、节点、村落产业布局和功能分区，构建全流域完整乡村产业发展体系，彻底打通群众持续增收致富的项目通道、资金通道和政策通道。

## 6.3
## 金华市：农村垃圾分类治理的金华经验

在近几年的实践中，金华市农村垃圾分类减量工作逐步形成了适宜的处理方法、简便的分类办法、全域的试点推进、系统的整体配套、强力的行政推动、长效的制度管理、广泛的社会参与 7 个方面的主要特点。实行农村垃圾分类后，金华市农村地区全面建立了长效保洁制度，有效治理垃圾河，农村整体环境得到很大改善。金华市从本地实际出发走出了一条符合金华市实际的农村垃圾污染治理新路子。

为巩固提高金华市农村生活垃圾分类成果，进一步改善农村人居环境，经深入调研、广泛征求意见，金华市人民代表大会常务委员会于 2017 年 12 月审议通过了《金华市农村生活垃圾分类管理条例》，代表着金华市农村生活垃圾分类从实践层面走向了制度化、规范化、法治化。2018 年 6 月，《金华市农村生活垃圾分类管理条例》正式实施。金华市浦江县开出了金华市首张农村垃圾分类罚单。

近年来，随着农村城镇化进程的快速推进，垃圾围村围城现象日益突出，农村垃圾污染治理成为各个地区政府亟待破解的难题。随着农民生活消费水平的提高和农业生产方式的改变，一方面，农村生活垃圾产生量越来越大，另一方面，原有的“户集、村收、乡转运、县处理”模式不适应性日益凸显。金华市迫切需要变革农村垃圾处理模式。自 2014 年起，金华市在 3 个有代表性的乡镇展开垃圾分类试点。3 年多过去了，农村垃圾分类处理已覆盖金华市 100% 的乡镇和 98% 的行政村，垃圾减量 80% 以上。金华市从实际出发，探索出了“两次四分法”的分类方法、“垃圾不落地”的转运方法、阳光堆肥房就地资源化的利用方法以及动员群众、依靠群众的工作方法，形成了财政可承受、农民可接受、面上可推广、长期可持续的农村垃圾分类和资源化利用模式，解决了垃圾减量无害化处理难题，破解了“垃圾围村”的困局，产生了显著的生态、经济和社会效益，走出了一条符合金华市实际的农村垃圾污染治理新路子。

### 6.3.1 建立一个终端

对于分拣出的可腐烂（有机）垃圾，金华市农村主导采用太阳能辅助堆肥房（以下简称“阳光堆肥房”）这一终端设施进行处理，各个村普遍单独或与邻村联建阳光堆肥房。截至 2018 年，金华市已建成阳光堆肥房 1937 座，为可腐烂垃圾提供去处。另外，金华市还在城镇等居民集中区建立微生物发酵器 64 座，用于对周边村居分拣出的可腐烂垃圾的快速处理。①

### 6.3.2 推行“二次四分法”

农户按能否腐烂将垃圾分成“会烂”和“不会烂”2 类。村保洁员（分拣员）在分类收集各户垃圾的基础上，再进行二次分类。一方面，这样做有利于纠正农户分类中的错误；另一方面，这样做也可以对不会烂垃圾以可否回收为标准分为“好卖”与“不好卖”2 类。会烂垃圾就地进入阳光堆肥房，好卖垃圾就地由可再生资源公司回收，不好卖垃圾按原模式经乡镇转运后由县市区统一处理。这种分类方法易学易用、易记易分，很接地气，适合农民特点，切合农村实际②。

### 6.3.3 主抓三支队伍

一抓农村妇女培训，充分发挥其在农村生活垃圾分类工作中的主力军作用，保证源头分类效果；二抓村保洁员（分拣员）队伍的建立与规范，充分调动其工作积极性和责任心，保障二次分类效果，实现长效管理；三抓再生资源回收队伍建设，确定统一回收再生资源公司，明确职责，对分检出的可回收物品进行“上门、定时、兜底”回收，探索解决市场上不予回收的废旧塑料等的出路问题，实现垃圾减量和资源利用的最大化。

---

① 何贤君．明年底，金华将实现垃圾分类全覆盖［EB/OL］．2015 - 11 - 20. http：//zj. people. com. cn/n/2015/1120/c187189 - 27139422. html.

② 严光轶，何婕．探索适合农村实际的垃圾污染治理模式［J］．新农村，2019（7）：10 - 11.

### 6.3.4　坚持“四可”原则

按照“农户可接受、财力可承受、面上可推广、长期可持续”原则，对垃圾分类减量工作的整体方案进行系统设计。例如，可腐烂垃圾处理方式的选择、垃圾分类方法的确定、各项长效管理制度的制定、推进举措的实施，都严格贯彻“四可”原则。从实际运行情况看，也产生了“四可”的效果：垃圾分类没有触及农民利益、没有增加农民负担，只是行为习惯的改变，农民可接受；垃圾分类政府投入并不大，财力可承受；垃圾分类方法简便、做法和体制适应农村特点，可复制性强，面上可推广；垃圾分类符合老百姓利益，随着一整套长效管理制度的施行，长期可持续。

### 6.3.5　实行“五级联动”

在推进垃圾分类减量工作时，金华市高度重视统一全市上下的思想认识，广泛开展宣传发动，积极动员全民参与，力求做到市、县、乡、村、户五级联动，上下合力，全域推进，促进了垃圾分类减量的快速广泛推行。①

### 6.3.6　实施“六项制度”

垃圾分类需改变农民的行为习惯，且只有持久才能有效。金华市各级普遍注重相关制度的制定和实施，从制度上保障垃圾分类工作的长效运行。主要有以下 6 项制度：县级垃圾分类工作分级考核制度，可再生资源回收制度，乡级保洁员（分拣员）评优制度，村级卫生费收缴制度，环境卫生荣辱榜制度，党员干部网格化管理制度。这些制度的施行，调动了各方积极性，促进了全民参与。

---

① 严光铁，何婕．探索适合农村实际的垃圾污染治理模式［J］．新农村，2019（7）：10－11.

# 第7章

# 建设人民满意的服务型政府

## 7.1
## 宁波市：城乡社区治理创新——“村民说事”

近年来，宁波市深入贯彻《中共中央 国务院关于加强和完善城乡社区治理的意见》精神，认真落实习近平总书记提出的“社会治理的核心是人、重心在城乡社区、关键是体制创新”要求，坚持以社区党建为引领、以政府治理为主导、以居民需求为导向、以群众满意为标准，健全体制、完善机制、整合资源、增强能力，打造了“81890”“俞复玲365社区服务工作法”“小马拉大车”“村级小微权力清单制度”“村民说事制度”等一批全国闻名的基层治理服务工作品牌，走出了一条具有宁波特色的城乡社区治理新路子。[①]

① 周忠贤．探索城乡社区治理“宁波样本”打造共建共治共享新格局［J］．中国民政，2018（11）：41－43.

### 7.1.1　党建引领，统筹发展，构建共建共治共享新格局

始终坚持把加强基层党的建设、巩固党的执政基础作为贯穿社会治理和基层建设的一条红线，凝聚社区发展合力，形成区域统筹、多方联动、共建共治共享的基层治理新格局。

#### 7.1.1.1　持续强化党建统筹领导能力

一是加强顶层设计。自 2014 年下半年起，宁波市委将“创新社会治理全面加强基层基础建设”作为 1 号课题开展重点研究，相继出台了《关于创新社会治理全面加强基层基础建设的决定》《深化乡镇（街道）行政体制改革指导意见（试行）》《关于加强城乡社区治理的若干意见》等“1 +9”政策，从整体上规划基层社会治理的制度构架和路径安排，全力推进基层社会治理创新。2017 年，制定的《关于全面加强新时代城市基层党建工作的意见》《关于加强社区专职工作者队伍建设的若干意见》等城市基层党建“1 +3”政策意见，推进了基层党建引领基层社会治理创新。

二是推行“党建 + 治理”工作方式。深入实施“整乡推进、整县提升”三年行动计划，全面推行“党建 + 治理”工作方式，开展组建农村区域党建联合体试点，推行社区“大党委制”，探索“网格建党”，统一调配、集约利用区域内党建资源和公共服务资源，充分发挥区域党建在基层社会治理中的核心引领作用。

三是建立新型城乡社区治理服务新机制。在原有城乡社区“一委一居（村）一中心”体制上，拓展以村（社区）党组织为核心的区域化党建、以村（居）委会为主导的协商共治、以村（社区）服务中心为平台的综合服务管理“三位一体”的新型城乡社区治理机制，统筹各类社会组织、驻区单位的力量和资源，构建多元参与、共同治理的新格局。①

#### 7.1.1.2　不断增强村（居）民自治能力

一是完善村（居）委会民主选举。全面推行社区居委会直接选举制

① 周忠贤．探索城乡社区治理“宁波样本”打造共建共治共享新格局［J］．中国民政，2018（11）：41 –43.

度，在浙江省率先制定了《社区居民委员会直接选举规程》，成为全国首个城市社区全部实行直选的城市。2017 年，宁波市村（居）委会换届选举一次选举成功率、直选率、参选率均创历史新高。

二是加强城乡社区民主协商。在农村，全面推行“村民说事”制度，建立“一图三表五清单”保障制度，提高村民意见集中率、矛盾化解率，形成民事民议、民事民办、民事民管的多层次基层协商格局。“村民说事”制度得到浙江省委主要领导多次批示肯定，相关做法被中央全面深化改革委员会办公室、中央农村工作领导小组、新华社、人民日报、光明日报、浙江日报等广泛宣传。出台了《关于加强社区协商的实施意见》，提出城市社区协商“三步走”“五个有”[①] 的工作目标，确立 10 个社区协商观察示范点，广泛开展多元主体参与、多种形式的社区协商，较好地解决了“三改一拆”“停车位改造”“五水共治”等社区治理中的热点难点问题。

三是不断深化村（居）务公开和民主管理。在全国首创“36 条村级小微权力清单制度”，通过科学确权、规范用权、严格控权，将村干部权力放在村民和公众的监督下阳光运行，标本兼治地推进农村基层依法治理，被写入 2018 年中央一号文件在全国推广。

#### 7.1.1.3 充分发挥社会力量协同能力

一是大力培育社区社会组织。在宁波市、县两级和有条件的街道建立枢纽型社会组织服务中心，通过政府购买服务、直接资助、以奖代补、公益创投等方式，加大服务性、公益性、互助性社区社会组织的培育力度。宁波市登记备案的城乡社区社会组织达 1.9 万个。这些城乡社区社会组织已成为推动社区自治、促进社区服务、活跃社区文化、维护社区和谐的重要力量。

二是拓展城乡社区志愿服务队伍。建立招募注册、教育培训、服务记录、星级认定、激励嘉许、评价回馈、保险、党团员带头等制度体系，志愿服务队伍不断得到充实，20 余万名社区志愿者以各种方式活跃在城乡

① “五个有”即有一个主体多元、常态议事的协商议事组织，有一份符合实际、应商必商的协商议事目录，有一个形式多样、阵地固定的协商议事平台，有一张环节完整、衔接有序的协商流程图，有一套健全完善、运行规范的协商议事制度。

社区治理服务中，成为一道亮丽的港城文明风景线。

三是激活驻区单位参与社区治理。大力开展结对共建活动，推行驻区单位与社区党建工作共促、思想工作共做、公益事业共办、社区管理共治、精神文明共创等“五共”模式，共同打造社区生活共同体。

### 7.1.2　改革创新，资源下沉，完善城乡社区治理体制机制

坚持职权下放、重心下移、力量下沉、资源下聚，不断完善城乡社区治理体制机制，持续推进城乡社区治理创新发展。

#### 7.1.2.1　改革街道体制优职能

一是明确街道职责定位。明确街道履行加强党的建设、服务经济发展、组织公共服务、实施综合管理、指导基层自治、统筹社区建设、动员社会参与、维护社区平安等 8 项职能，推动街道工作重心转移到公共管理、公共服务和公共安全等社会治理上来。按照“精简、统一、效能”的原则和“6 + X”（或“5 + X”）模式设置、调整、优化街道内设机构。

二是推动条块融合。建立分类考评机制和权责对等机制，理顺街道（乡镇）与区县（市）部门关系，赋予街道（乡镇）人事考核权、规划参与权、综合管理权、重大决策（项目）参与权。对直接面向基层、量大面广、由街道（乡镇）管理更方便有效的各类事项，依法下放到街道（乡镇），推动基层治理由条块分割、单打独斗向街道统筹领导、相互协同转变。

三是深化“基层治理四平台”建设。统筹条块力量配置，推动县乡力量下沉，在宁波市所有乡镇（街道）统一建立综合治理、市场监管、综合执法、便民服务等 4 个平台，及时回应群众诉求，第一时间协调联动和有效处置各类事件。

#### 7.1.2.2　推动社区减负增效能

一是全面建立社区工作准入制度。对党政部门将组织机构、工作任务、统计调查等延伸到社区的，实行准入报批，编制部门工作进社区准入目录，未经准入的部门工作不得进入社区。

二是清理规范社区盖章和社区创建项目。宁波市相继开展社区盖章项目、社区创建项目及社区“五多”清理等专项规范活动。社区盖章项目

从原来的 62 项减少到 21 项，社区创建项目从原来的 53 项减少到 3 项，保留社区党组织、居委会、居务监督委员会和服务中心四块牌子，进一步减轻了社区负担。

三是健全社区工作评价体系。以群众满意为价值导向，在全国率先建立起群众评议社区、社区评议部门的“双评议”制度。先后 5 次委托第三方机构就居民对社区服务、社区管理、社区民主等方面进行群众满意度评估，入户访问居民家庭 4 万余户，有效推动社区工作从“重行政事务”向“重为民服务”转变；连续 6 年组织宁波市社区对党政机关各个部门在社区布置工作任务、开展创建评比、落实费随事转、服务工作作风等方面进行满意度评议，评议结果纳入对各个部门年度目标管理考核内容，增强部门服务社区的责任意识，推进政府治理与社区自治良性互动①。

### 7.1.3 需求导向，精准服务，打造城乡社区服务新高地

始终把增强社区服务功能、提升社区居民生活品质作为社区建设和发展的“航标灯”，推动社区服务平衡充分发展，让社区更有温度，让生活更有品质。

#### 7.1.3.1 创新社区服务机制

一是建立项目化服务机制，注重运用微民生、微服务等项目化服务形式，推动社区服务与群众需求精准对接。健全自下而上的服务需求收集机制，按需设置特色服务项目、培育专业服务团队、制订菜单式服务项目清单，规范服务项目办理、评议制度，拓展资金投入渠道，开展精细化服务。

二是建立政府购买社区服务机制，满足社区居民个性化需求。建立公益项目创投机制，搭建资源对接平台，推动公益需求者、公益资助者、公益服务者三方有效对接，引导公益资本进入社区服务领域。2013—2016 年，已有 297 个公益项目被认领，募集款物 1500 余万元，帮助群众实现微心愿 6 万多个，受益群众达到 20 万人次②。

---

① 宁波市民政局办公室．市民政局对市十五届人大四次会议第 032 号建议的答复［EB/OL］．2019 - 08 - 09. http：//nbmz. ningbo. gov. cn/art/2019/8/9/art_10709_3983980. html.

② 浙江省宁波市民政部．“浙江省宁波市立足需求导向 促进多元参与 构建群众满意的社区服务体系［EB/OL］．2016 - 12 - 27. http：//www. mca. gov. cn/article/wh/whbq/jsmlsq/cssqzl/201812/20181200013855. shtml.

三是全面推行“三社联动”机制。通过“项目依托、平台依托、信息依托”推动社区、社会组织、社会工作互联互动，逐步实现居民群众提出需求，社区组织开发设计项目，社会组织承接项目，专业社会工作团队执行实施的服务新模式。为推动专业社会工作嵌入社区服务，宁波市出台了《宁波市社区社会工作项目资助办法（试行)》，每年投入 30 万—50 万元，组织开展社区社会工作项目资助活动，支持和引导专业社会工作服务机构参与社区治理。

#### 7.1.3.2　规范社区专职工作者服务联系群众机制

一是全面实行社区专职工作者包片联户制度，规范包片联户的片区规模、工作职责、考核办法和保障措施，要求每名社工联系 250 户居民家庭，每月走访居民家庭不少于 30 户。

二是建立“345”社区服务管理工作制度。“345”社区服务管理工作制度包括：做到包片内的居民家庭基本情况清、重点管理服务对象清、重点工作依靠对象清等“三个清”；居民有意见时要及时回访、居民有急难事时要及时相帮、邻里有纠纷时要及时化解、包片内有重大事件发生时要第一时间到达现场并及时上报等“四及时”；新迁入居民必访、有重大变故居民家庭必访、特殊困难居民家庭必访、下岗失业人员必访、归正人员必访等“五必访”。

三是按照“最多跑一次”要求，优化服务流程，推行“全能社工”和“一门受理、后台协同办理”运行模式，释放更多的专职社工“主动问需、主动服务”，为居民群众提供更加便捷高效的服务。宁波市涌现出了社区四点钟学校、和谐促进会等有影响力的社区服务品牌，党的十八大代表俞复玲的“365 社区服务工作法”由中国共产党中央委员会组织部向全国推广，北仑区大港社区 6S 社区标准化服务体系上了《人民日报》头版头条，新老宁波人共建共享社区服务模式获得首届中国社会创新奖和第六届中国地方政府创新奖。

### 7.1.4　建强队伍，专业支撑，提升城乡社区治理能力

立足社工队伍社会化、职业化、专业化的发展目标，以薪酬体系为基础，建立职业化发展体系，打造一支高素质专业化社工队伍。

#### 7.1.4.1 打造专职化服务型社工队伍

全面建立以区县（市）为单位统一面向社会“公开招考、择优录用”的职业准入制度、组织考评和群众评议相结合的绩效考核制度、分级分类定期教育培训制度、统一规范的三级十二档薪酬体系等社工职业发展制度体系。构建多层次的激励机制，对连续任职满三届（含）以上的社区党组织书记，经考核优秀的，在岗期间薪酬可参照街道（乡镇）相应事业人员收入水平。探索建立“社会工作人才特殊津贴”“头雁津贴”等特殊荣誉津贴制度，提高社工的社会认同度和职业荣誉感，营造全社会重视、关心社区专职工作者的良好氛围。截至 2017 年底，宁波市社区专职工作者共有 5202 名，473 名优秀社工当选为各级党代表、人大代表、政协委员，社工平均年收入达 6.52 万元。其中，中共党员占比为 69.1%，大专以上学历人员占比为 93.6%，平均年龄为 36 岁。全部按规定享受“五险一金”保障。2016—2018 年，先后共有 148 名社区专职工作者考录为公务员、事业编制人员或享受事业待遇。

#### 7.1.4.2 推进专业发展

建立社会工作职业资格津贴制度，加快推动社区专职工作者向专业社会工作者转型。目前，宁波市 60% 的社区专职工作者获得国家社会工作者职业水平资格证书。宁波市在每个社区均设立了社区社会工作室，在中心城区设置了 149 个示范性社区社会工作岗位，开展社会救助、青少年教育、老年帮扶、社区矫正、婚姻家庭、新老居民融合等领域的社会工作，不断满足居民个性化、精细化、专业化服务需求。宁波市积极开展社会工作示范基地创建活动，设立“俞复玲”名师社会工作室和社会工作实践基地，建立了一支由 50 人组成的社区工作领军人才队伍，带动宁波市社区专职工作者提升专业化服务能力。2014—2018 年，宁波市涌现出了 2500 多个有质量、有成效的社区社会工作案例。

### 7.1.5 强化保障，加大支持，夯实城乡社区治理基础

始终贯彻“执政重在基层、工作倾斜基层、关爱传给基层”的工作理念，为基层治理创造良好的工作条件和发展环境，推动城乡社区有序发展。

#### 7.1.5.1　强化基础设施保障

宁波市编制了全国首个地市级社区布局规划——《宁波市城市社区布局规划（2007—2020）》，并以该规划为引领推动完善社区基础设施，确保公共资源优先服务居民群众。目前，宁波市社区规模控制在 2500 户左右，按照不低于每百户 40 平方米标准落实社区服务配套用房，建成城市社区服务中心 574 个，平均面积为 1050 平方米；以“一村一中心”为主建成农村社区服务中心 2224 个，平均面积近 850 平方米，全面实现城乡社区服务中心全覆盖。统筹推进社区养老、教育、卫生、残疾人康复等服务设施建设，建成居家养老服务中心（站）2853 个，覆盖 90% 以上的城乡社区。宁波市不断拓展社区商业服务网点。家政服务、食品配送、再生资源回收等便民服务项目以及超市、菜场、早餐供应点等民生服务网点逐步深入社区。宁波市还积极创造条件，通过开设便民服务一条街、为民服务特色街、党员志愿服务街区等形式，整合社区便民利民和志愿互助服务资源，取得了良好的成效。

#### 7.1.5.2　强化财政投入保障

建立健全社区工作经费保障机制和动态自然增长机制，社区工作经费财政拨付标准由 2001 年的每千户 9 万元逐步提高到 2018 年的每千户 35.7 万元，市、区、街道三级按 10∶10∶8 比例配套拨付，每年递增 5%。村级组织运转经费每村每年不少于 30 万元；社区党组织服务群众专项经费，每个社区每年不少于 20 万元。此外，社区党建、社区劳动保障、卫生计生、居家养老等工作也均有专门的配套经费，形成了多渠道的社区建设财政投入机制。

#### 7.1.5.3　强化信息支持保障

建立街道（乡镇）统一的信息收集分办系统，负责信息收集、分析研判、分流交办、调度指挥、反馈督办等，实现基层治理信息“一个口子进、一个口子出”。建立宁波市统一的基层社会服务管理综合信息系统建设，大力推进基层信息“数据一次采集、资源多方共享”，破解基层信息碎片化问题。创建“政府搭台、市场运作、社会参与”的市、县（市）区两级“81890”求助服务中心，无偿为群众提供全天候、全方位、全程式的需求信息服务，运作15年来已拓展了691项信息服务，加盟企业866家，为市民解决求助事项930多万件。依托“81890”求助服务中心建立的老年应急求助呼叫系统、志愿服务中心、“小巷法官”服务中心等信息平台，较好地实现居民服务需求与供给的无缝对接。全面推广“甬·志愿”手机APP，涵盖志愿服务、公益众筹、活动发布等9大功能，打造“指尖上的志愿服务”。

## 7.2 平安金华：廉洁创新“后陈经验”

2004年，浙江省武义县后陈村首创了村务监督委员会制度，这是继“枫桥经验”之后浙江人民在基层治理领域创造的又一项全国性重要经验，人们习惯地称之为“后陈经验”。习近平总书记高度关注这一创新，多次批示“对从源头上遏制农民群众身边的不正之风和腐败问题，促进农村和谐稳定有重要作用。”2017年12月，中共中央办公厅、国务院办公厅印发《关于建立健全村务监督委员会的指导意见》，对进一步建立健全村务监督委员会作出了部署、提供了指导。

### 7.2.1 乱则思变，被“逼”出来的“村务监督委员会”

后陈村的大事记中，2004年是绕不开的时间点。因地利之便，后陈村在2000年前后陆续有1200多亩土地被政府征用，1900余万元的征地款如何使用引发了矛盾和纷争。村中国共产党员支部委员会和村民自治委员会（以下简称“村两委”）想壮大集体经济，用这些钱来谋发展。但由于当时村里财务不透明，村民对村干部不信任，村民们主张将这些钱全都分掉。[①]

---

① 佚名．肩扛使命砥砺奋进 生态武义绿色崛起——改革开放40年 武川大地旧貌换新颜[N/OL]．金华日报，2018-12-26（11）．http://epaper.jhnews.com.cn/jhrb/jhrbpaper/pc/con/201812/26/content_70834.html.

用什么钥匙打开这重重“心门”？激烈讨论了将近 1 个月，全村达成了一致，成立一个村民财务村务监督小组，作为第三方独立行使村务监督权。2004 年 6 月 18 日，后陈村的村民代表聚集在村委会会议室，选出了全国第一个村务监督委员会。这次会议上，经村民代表表决，通过了《后陈村村务管理制度》和《后陈村村务监督制度》。

时任后陈村村委会主任的陈忠武回忆，“当时挂牌的时候感觉很荣幸，也感到压力，因为村务监督委员会有史以来是没有的，各方面的压力都有，特别是其他村的一些村两委干部，对我们看法特别多。他们认为自己当得好好的，为什么搞出个第三方来监督？”“当时，后陈村的做法引起了很大的争议，大家心里都没有底。”

2005 年 6 月 17 日，这是一个特别的日子，时任浙江省省委书记的习近平来到后陈村调研。陈忠武清晰地记得，习近平一下车就来到村委会门口的公开栏前，一项一项仔细地查看村务公开事项。在随后的座谈会上，习近平听取了 10 位村民代表发言。陈忠武回忆，“他说他始终在关注这件事，他认为这是农村基层民主的有益探索，方向肯定是正确的。”习近平的话无疑给这些探路者们吃了颗定心丸，安抚了他们有些迟疑的心，也平息了其他的声音。后陈村党务、村务、财务全部公开，村务监督形成一环扣一环之势。

### 7.2.2 立竿见影，14 年为村里省下千万元开支

村务监督到底怎样发挥作用呢？2006 年，村里的厂房盖好后需要购买电线，村里的 3 位村干部立即到每家销售电线的店里询问价格，得出方案。在村两委会议上，与村务监督委员会对市场摸底调查后提交的方案进行对比，经村两委讨论，选择最优方案。方案实施时，经办人与村务监督委员会主任一起前往采购。这几年，仅电线采购一项就为村里省下了几百万元。陈忠武说：“以前村里修水沟，每年要支出上万元，现在只要 4000 元，质量还比以前好。”

村务监督委员会制度推出后，小到购买一瓶墨水，大到池塘维修，村里的每笔开支都要受到群众的监督。靠着这份监督，后陈村用 800 万元盖好了 47000 平方米的厂房，还获得了群众对村干部的信任。曾经棘手的征地款，村民们放心地交到了村干部手中。2004 年，在第一批厂房建设中，后陈村遇到了水泥采购的问题。按照往年市场行情，水泥的价格下半年比

上半年高出一截，经村党员大会同意，村里在上半年支付了订金。可没想到，当年下半年，水泥价格一反常态每吨比上半年便宜了 40 元。陈忠武说："要是在以往，这样的事，村里肯定会有很多闲话。但是在那一年，事情出来后，从村干部到村民都很理解。"正是村务监督，让百姓拥有了知情权，也让百姓更了解干部的难处。曾有村民代表这样说，"建立村务监督委员会后，村民心里有底了。"这个"底"，就是村民对村里的大事有了底细，对全村资产有了底数，对参与民主监督更有了底气。

陈忠武说："误解少了，闲话少了，当干部比以前轻松多了，干事不再有心理压力。"村民的信任换来的是村干部干事的激情。实干精神在后陈村这 14 年里无处不在。14 年里，后陈村全面落实精品村规划，推进美丽后陈建设，带头创建无违建村，实现了整村面貌的改变。村里厂房出租和现代农业开发、旅游开发、电商等多元发展，村集体经济收入由 2003 年的 10 余万元提升到 2017 年的 410 余万元。陈忠武说："事实证明，村务监督委员会是很好的，我们在阳光下开展村务大小事务，村干部的脊梁骨都是挺直的。"

### 7.2.3 推陈出新，"后陈经验"深化发展有后劲

在村务监督委员会制度下运行的后陈村，虽历经 6 届村班子、20 余名村干部的更替以及涉及 2000 余万元的村庄建设投入，但创造了连续 10 余年村干部行使公权力"零违纪"、村务事项"零上访"、工程建设"零投诉"、不合规支出"零入账"的"四零"记录，完成了"从乱到治"的华丽转身。

"监督看得见，权力管得住，村民作得主，发展好又快"的"后陈经验"，从后陈村村务监督委员会成立之初就写进了后陈村的灵魂。新形势下，应如何让"监督看得见，权力管得住，村民作得主，发展好又快"的"后陈经验"进一步提升呢？

2017 年，后陈村推出了"双述职两反馈"制度，让村民更广泛参与基层自治。在每月主题党日活动上，村务监督委员会向全体党员逐条、逐项通报前一个月村务财务事项以及其他监督内容，并接受党员监督询问。村务监督委员会每年不少于两次向村民代表大会汇报村务监督履行情况，并接受履职评议。村务监督委员会述职后，党员按照关系户制度，将村务监督述职事项向村民反馈，并把村民意见向党员大众反馈。"双述职两反

馈”制度让村务报表更加公开透明，让群众看得懂。

后陈村村民何春梅在家中打开电视，就能看到村里收支的数据，一应明细俱全。她告诉记者，“村里做什么事，我们能看到一条条公开信息，都很放心。”考虑到有部分老年村民不会使用无线电视机，后陈村还创办了自己的《后陈月报》，刊登村内大事和村务日常。每月 15 日，党员们都会入户走访，将《后陈月报》发给村民，让老人们也能及时了解村务村情。时任村务监督委员会主任的陈玉球笑着说：“《后陈月报》在村里可受欢迎了，村民们每月 15 日都会在家坐等发月报呢!”后陈村村民陈连江极为关注月报。他曾就村内买一样东西有两张票据的情况向陈玉球反映。陈玉球当场就对该问题详细向陈连江说明了情况。陈玉球说：“村监委成立这么多年以来，一直奉行公平、公正、公开的原则，全村人都看着我们呢，我们得对村民负责，他们提出的问题我们都必须认真对待。”

### 7.2.4　星火燎原，村务监督制度成国策

截至 2005 年底，村务监督委员会制度已覆盖武义县所有行政村。2009 年，浙江省 3 万多个建制村建立了村务监督委员会。2010 年，村务监督委员会制度被写入《中华人民共和国村民委员会组织法》。2013 年和 2015 年，“后陈经验”两次写入中央一号文件。2017 年，中央全面深化改革领导小组第三十八次会议审议通过了《关于建立健全村务监督委员会的指导意见》。2018 年，“后陈经验”荣获首届中国廉洁创新奖。

星火燎原，以村务监督委员会制度为核心的“后陈经验”曾深深地影响了农村基层民主自治的进程，如今也依然在不断探索、完善、发展的路上。

2012 年 3 月 6 日，习近平来到十一届全国人大五次会议浙江代表团看望与会代表并作了重要讲话。武义县全国人大代表俞学文汇报了后陈村的情况，习近平与俞学文握手时说：“后陈村的村务公开工作搞得很好，一定要始终坚持基层民主建设，解决农村治理稳定发展中存在的问题，推动社会主义小康建设。”

## 7.3
## 台州市：基层民主协商的台州经验

台州市一直是中国基层民主创新最活跃的地区之一，其构建的统战性“1+X”基层协商模式以统战部门为主导、以乡镇（街道）民主协商会为主渠道，将代表人士、社区、企事业单位等多元主体纳入协商平台，有效破解了“谁具体抓协商、在哪里协商、与谁协商、协商什么、怎么协商、协商以后怎么办”等问题，打通了统一战线“协商、民主、包容、共赢”理念贯穿到基层社会领域的通道，畅通了基层各界人士代表有序政治参与的制度化渠道，[①] 推动了基层协商民主广泛多层制度化发展，激活了基层协商善治的“细胞核”，促进了基层治理体系和治理能力现代化。

2017年8月，台州市主城区海拔最高的西部乡镇——黄岩区富山乡——召开协商民主议事委员会成立大会暨协商民主议事工作会。来自各行各业的30余名乡贤围绕如何建设家乡、发展西部旅游各抒己见。据富山乡领导介绍，这次乡里召开协商民主议事工作会是为了充分发挥人民群众参与基层公共管理的基础作用，支持基层群众更加广泛、直接、有序地参加基层事务的决策、管理和监督，共同谋求富山乡更好、更快发展。

党的十八届三中全会指出，发挥统一战线在协商民主中的重要作用。习近平总书记强调，“要按照协商于民、协商为民的要求，大力发展基层协商民主，重点在基层群众中开展协商”。[②] 近年来，台州市围绕“谁具体抓协商、在哪里协商、与谁协商、协商什么、怎么协商、协商以后怎么办”等问题，积极探索构建基层民主协商“1+X”平台，即以统战部门为主导、以乡镇（街道）民主协商会为主渠道、以多样化、多层次的

---

① 中共浙江省台州市委统战部．构建统战性“1+X+4”协商模式 推进基层协商民主建设［EB/OL］．2016-12-30. http://theory.people.com.cn/n1/2016/1230/c401815-28990267.html.

② 习近平总书记在庆祝中国人民政治协商会议成立65周年大会上的讲话。

"X"支渠道为拓展、以"四个三"为运行程序，形成了多层次、制度化且富有效率的基层协商民主"台州模式"。

运用统战理论理念、价值取向、渠道平台、方式方法、程序规则等引领和推进基层协商民主，更有利于推动自发、散乱、低效的多渠道协商民主实践形式向规范化、制度化发展，推动基层治理体系和治理能力现代化。

### 7.3.1　试点运行 + 顶层设计：完善"1 + X"协商平台运行的制度环境

台州市按照"先试先行、总结完善、可复制、可推广"的原则，在临海市、天台县等地试点统战部门主导的、以吸纳社会各界代表人士参与基层公共事务为主要内容的协商民主平台及运行机制建设，共同建立乡、村两级民主协商会组织 1000 多家。同时，台州市委以贯彻落实中央、省委统战工作会议精神为契机，市加强顶层设计，及时将统战部门推动协商民主工作写入《中国共产党台州市委员会统一战线工作实施办法（试行）》，建立市、县、乡三级由同级党委书记担任组长的党委统一战线工作领导小组，配齐乡镇（街道）党（工）委统战委员，出台《台州市关于统一战线推进基层协商民主的指导意见》等基层协商民主建设规章，为开展统战部门主导的基层协商民主工作提供了政策依据和组织保障。①

### 7.3.2　主渠道 + 支渠道 + 第三方：搭建"1 + X"协商平台的运行体系

"1"即主渠道，建立经社会各界协商推选并由同级党组织聘任的各界代表人士为协商员的乡镇民主协商会，重点围绕基层"四公一热"（即重大公共决策、公共事务、公共利益、公共事业和民生热点难点等）开展协商，让基层群众切身体会到了民主参与的"存在感"。

"X"即支渠道，不断探索议事会民主协商的新形式和新载体，挖掘多样化的草根协商支渠道，包括"请进来"民主恳谈、"走出去"圆桌会商、议事员联系村（社区）制度、随时性书面协商、网络问政等多种形式。形式多样的"X"支渠道，便利基层群众广泛、多层次参与民主协商。

---

① 中共浙江省台州市委统战部．构建统战性"1 + X + 4"协商模式　推进基层协商民主建设［EB/OL］．2016 - 12 - 30. http：// theory. people. com. cn/n1/2016/1230/c401815 - 28990267. html.

台州市通过引入第三方，推进公正协商。民主协商会组织视情况邀请相关专家学者、乡土人才组成民主协商评议团，以客观中立的第三方身份对议题涉及的法律、政策、专业性等问题作出解读并接受协商主体咨询，对协商结果作出客观公正评价。

### 7.3.3 提事+议事+理事+评事："四个三"，打造协商平台的规范运行机制

民主提事"一梳理、二提交、三确定"。在年初根据同级党组织年度工作计划和工作报告，梳理出年度协商议题。再研究确定年度协商计划提交同级党组织审定。最后同级党组织会商民主协商会组织确定并公开年度协商计划。

民主议事"一制定、二准备、三组织"。根据年度民主协商计划或专题议题，制定具体民主协商会组织确定并公开年度协商计划。再根据审定的民主协商方案，做好协商人员通知、协商知情等准备工作，然后按照拟订的协商议事方案，精心组织协商议事活动，事后形成协商纪要或建议文案。

民主理事"一报送、二办理、三反馈"。将一线协商成果的协商纪要或建议案在规定时限内报送同级党委政府和相关部门。随后相关单位将采纳的协商成果纳入重点督办范围，制定具体落实方案。最后各个承办单位在规定时限内反馈办理结果，未落实的需作出说明。

民主评事"一通报、二评议、三办结"。协商成果办理落实情况及时向协商员和利益相关方代表通报，接受监督，协商成果落实情况可接受协商员评议，进行满意度测评。评议结果为基本满意的，要及时办结并做好整理归档工作；评议结果为不满意的可经有关程序提请复办后办结①。

① 中共浙江省台州市委统战部．构建统战性"1+X+4"协商模式 推进基层协商民主建设［EB/OL］．2016-12-30．http：// theory. people. com. cn/n1/2016/1230/c401815-28990267. html.

# 第二篇

# 公共政策创新典型案例

# 第 8 章

# 基于社会治理的公共政策创新

## 8.1 美丽浙江建设的“千万工程”经验*

2003 年，时任浙江省委书记的习近平同志亲自调研、亲自部署、亲自推动“千村示范、万村整治”工程，揭开了美丽浙江建设的宏伟篇章。浙江省沿着习近平总书记“八八战略”指引的路子，把“千万工程”作为推动农村全面小康建设的基础工程、统筹城乡发展的龙头工程、优化农村环境的生态工程、造福农民群众的民心工程来抓，造就了万千个富裕、文明、宜居的美丽乡村。

### 8.1.1 抓好农村“垃圾革命”

一是农村生活垃圾集中收集处理。形成“户集、村收、镇运、县处

* 本部分作者系浙江省千村示范万村整治工作协调小组。

理”的运行体系，作到保洁队伍、环卫设施、经费保障、工作制度“四到位”。

二是农村生活垃圾减量化、资源化、无害化分类处理。全面推行农村生活垃圾分类投放、分类收集、分类运输、分类处理和定时上门、定人收集、定车清运、定位处置，形成政府推动、全民参与、城乡统筹、因地制宜的垃圾分类制度。

### 8.1.2 推进农村“污水革命”

推行县级政府为责任主体、乡镇政府为管理主体、村级组织为落实主体、农户为受益主体、第三方专业服务机构为服务主体的长效管护制度，全面推行河长制、湖长制、滩长制，确保一次建设、长久使用、持续发挥效用，让水活起来、清起来、净起来、美起来。

### 8.1.3 深化农村“厕所革命”

将农村改厕项目作为“千万工程”5个重点项目之一，每年在3000个建制村建造40万户厕所，成千上万的普通农户家庭用上了冲水马桶。按照“卫生实用、环保美观、管理规范”要求，大力推进农村公共厕所建设，全省农村公共卫生厕所基本实现全覆盖。

### 8.1.4 完善村庄环境整治

以垃圾处理、污水治理、卫生改厕、村庄绿化、村道硬化等为重点，大力实施“四边三化”，在公路边、铁路边、河边、山边等区域开展洁化、绿化、美化行动。改变单点式的整治方法，深入开展全域性整乡整镇环境整治，把一个个“盆景”连成一道道“风景”，全域推进美丽乡村建设。

### 8.1.5 严格农村生态保护

完善生态保护补偿机制，率先实施与污染物排放总量挂钩的财政收费制度、与出境水质和森林覆盖率挂钩的财政奖惩制度。落实最严格的水资源管理制度，推进自然保护区、森林公园和湿地公园建设，加强农田水利基本建设、山区小流域治理和水土保持生态建设。

### 8.1.6 建设现代美丽田园

实施打造整洁田园、建设美丽农业行动，完善绿色农业发展制度体系。建立健全耕地保护补偿机制，推进化肥农药减量增效行动，实施畜牧业转型升级攻坚战，落实“611”耕地保护工程和千万亩标准农田质量提升工程，推进农业“两区”土壤污染防治，实施海上“一打三整治”行动。

### 8.1.7 加强农房风貌引导

开展“无违建县、乡、村”创建工程，清除农村违法建筑。因地制宜地加强农村建房管控，建设具有乡土气息、江南味道、浙江气派的“浙派民居”，实现农村风貌、乡土建筑与自然山水相协调。

### 8.1.8 护好历史文化村落

启动历史文化村落保护利用行动，坚持“保护建筑、保持肌理、保存风貌、保全文化、保有生活”原则，开展历史文化村落保护利用行动。建设农村文化礼堂，深度挖掘农耕文明、乡村传统和民族风情。持续提升农民文明素质，加强非物质文化遗产保护，提炼体现地域特色的产业文化、民间技艺，努力留住乡愁记忆。

### 8.1.9 推进城乡公共服务均等化

实施城乡基本公共服务均等化行动计划，形成以县城为龙头、中心镇为节点、中心村为基础的公共服务体系。推动教育培训、劳动就业、医疗卫生、社会保障、文化娱乐、商贸金融等服务在服务中心延伸集成，基本形成农村 30 分钟公共服务圈、20 分钟医疗卫生服务圈。实现等级公路、客运班车、邮站、电话、宽带等“村村通”，广播电视“村村响”和农村用电“户户通”。

### 8.1.10 守住农村安全底线

把安全理念和防灾减灾要求全面融入农村人居环境建设，强化各类安全隐患点排查和治理。全力开展地质灾害隐患综合治理“除险安居”行动，深入开展城乡危旧房治理专项行动。完善农村消防、防汛防台、应急救援、气象为农服务等安全体系，加强小流域山洪灾害防范，推进标准渔港、避风锚地、避灾安置点建设。

## 8.2 新时代乡村治理的“余村经验”*

湖州市安吉余村是习近平总书记“两山”理念发源地，也是习近平法治思想的重要践行地。余村围绕建设“民主余村、法治余村、平安余村、幸福余村”的目标，走出了一条民主法治、生态文明与美丽乡村建设互促共进的路子，形成了“两山”引领、党建为核、自治固本、法治健体、德治润心的基层依法治理“余村经验”。

### 8.2.1 坚持“两山”引领

按照争当践行“两山”理念样板地“模范生”的要求，将生态文明理念贯穿美丽乡村建设各个方面、民主法治建设各个环节、村务民主决策全过程。

一是将生态文明理念贯穿于美丽乡村建设各个方面。优化“一环一带、两园三区”村域空间布局，不断拓展“两山”转化通道。

二是将生态文明理念贯穿于民主法治建设各个环节。将生态文明作为一级指标，成为考核硬要求，使美丽乡村建设有标可依、有据可考、有章可循。

三是将生态文明理念贯穿于村务民主决策全过程。完善“党员群众建议、村党组织提议、村务联席会议商议、党员大会审议、村民代表会议决议”的村务决策“五议法”。

### 8.2.2 坚持“党建为核”

突出党建领航，建立党员民主议事清单、党员责任落实清单、党员党性体检清单，全面实施以“学、议、做、评、带”为内容的主题党日

* 本部分作者系中共湖州市委、湖州市人民政府。

“五步法”，让广大党员得到经常性党性锤炼，真正实现了“党建强、发展强”的目标。

一是建立党员民主议事清单，对重大党务、重大决策、重大财务等事项进行民主讨论商议。

二是建立党员责任落实清单，细化工作分工，明确工作职责。

三是建立党员党性体检清单，对照党章党规，对照系列讲话，结合主题党日，对党员参训受训情况、生态实践情况、作用发挥情况等进行评议。

### 8.2.3　坚持“自治固本”

坚持把村级事务管理权力运行过程纳入标准化目标责任体系，使权责相一致、权责相适应、权责相统一，村民的民主选举、民主协商、民主决策、民主管理和民主监督的权利得到有效落实。

一是规范小微权力，建立村级小微权力清单。

二是规范民主协商，成立民主议事决策常态化协商机制“两山议事会”。

三是规范村务监督，推进法律顾问法律监督、村监委专业监督和村民群众监督为一体的“三元监督”网络体系建设。

### 8.2.4　坚持“法治健体”

健全乡村公共法律服务体系，推动乡村形成办事依法、遇事找法、解决问题用法、化解矛盾靠法的良好法治氛围。

一是法治宣传凝共识。以全国民主法治示范村建设为契机，全面打造高标准的法治文化公园、法治文化广场、法治文化街区、法治文化长廊、法治文化墙等。

二是法律顾问助发展。聘请法律顾问融入村级事务管理，为村集体重大决策、重要合同“诊脉把关”，帮助基层群众、困难群体“依法维权”。

三是“三调联动”促和谐。积极构建人民调解、行政调解、司法调解衔接联动巡诊制，确保“小事不出村、大事不出镇”。

### 8.2.5　坚持“德治润心”

坚持把村级事务管理权力运行过程纳入标准化目标责任体系，使权责相一致、权责相适应、权责相统一，村民的民主选举、民主协商、民主决策、民主管理和民主监督的权利得到有效落实。

一是借助乡贤群体的力量。实现群众办事、矛盾调解、法律服务、信息咨询、致富求助“五不出村”。

二是发挥民间团体的作用。强化红白理事会、道德评议会、禁毒禁赌会等民间团体的作用，采用道德教化、情理结合的方法不断推动乡风文明进步。

三是体现家规家训的功能。开展“立家规、传家训、树家风”活动，谨守家规家训，弘扬美好家风。

## 8.3 “村民说事”制度*

象山县不断深化完善“村民说事”制度，探索形成了以“说”“商”“办”“评”为核心内容的制度体系，把“协商于民、协商为民”具体化、规范化、制度化，把群众的知情权、参与权、管理权落到实处。通过构筑村务管理、决策、治理、监督的全闭环，实现了“小事不出村、大事不出镇、矛盾不上交”，走出了一条共商共信、共建共享的治村理事新路子，形成了治村理事的“象山样板”。

### 8.3.1 遇事好好“说”

通过固定日子集中说、党员联户上门说、创新方式灵活说等方式，积极拓宽渠道，广泛听取群众各类诉求。

一是固定日子集中说。每村设立说事室，每月确定 1 个以上说事日，并依托村干部坐班制度统一梳理收集群众各类诉求。

二是党员联户上门说。依托村干部包片、队组长联组、党员联户制度，村级党员干部主动上门，面对面宣传政策，点对点倾听意见。

三是创新方式灵活说。鼓励各村根据群众需求创新手段，随时赶赴田头地角、村庄庭院、新区园区、街道商店及纠纷现场等一线，涌现出

* 本部分作者系中共象山县委、象山县人民政府。

“网格说”“线上智慧说”“现场支部会说”等新形式、新载体。

### 8.3.2　有事好好“商”

通过常事急事联席会议商、大事要事代表会议商、难事特事提交上级商等方式，共同商量办法，作出决定或提出建议。

一是民情会“议”。对一些简单的问题当场进行答复解释，对一些具体复杂的村民诉求，由村四套班子共同商议解决方案。

二是决策会商。对农村小微权力清单的日常管理类事项，由村四套班子集体讨论决策；对重大决策类事项，经村四套班子讨论后，再按“五议两公开”程序会商决定。

三是财务会签。通报资金使用情况，明确每笔收支日期、来源和用途等，由村四套班子进行联合审签。

### 8.3.3　实事好好“办”

通过结合“最多跑一次”改革，依托“一中心四平台”，落实县镇村三级联动办理机制，实行村级事务管理多员合一、专职代办，实现村民办事不出村，村事大家共同办。

一是全程代办。对农村小微权力清单上的便民服务类事项及群众生活琐事、日常家事等，由民事代办员全程代办。

二是领衔包办。村级矛盾纠纷、应急事件和涉及村庄发展的重点民事诉求，由村干部或联系党员包办。

三是组团联办。村级难以处理或处理不了的重大民事诉求，由乡镇（街道）村干部组团联办，必要时由联片领导或县级有关部门联动办理。

### 8.3.4　完事好好“评”

通过说事村民专项评、村民代表综合评、镇乡绩效评等，对每件办结事项进行满意度测评，把“村民说事”与集体经济、村庄环境、社会稳定、干部廉洁“四张报表”考评相结合，与涉农政策资金补助挂钩。

一是常态式评价。对村内各类办结事项，可由联村干部、“民间评价团”或村民等提出，按照“一事一评”或“多事一评”方式开展评价。

二是主题式评价。围绕村内重大事项、重点工程、中心工作、舆论焦点等，选择几个专项工作开展评价。

三是综合式评价。年底结合“双述双评”活动，对全年度各项工作开展综合性评价。

## 8.4 “大搬快治”治理地质灾害*

丽水市为全面提高地质灾害综合治理水平，最大限度地降低地质灾害隐患风险，在浙江省率先启动实施地质灾害综合治理“大搬快治”行动。由此总结出了高度统一的思想认识是“大搬快治”的最大定力，干部群众的大力支持是“大搬快治”的最大动力，惠民为本的政策措施是“大搬快治”的最大保障，完备高效的运行机制是“大搬快治”的最大助力，立体高效的督查制度是“大搬快治”的最大推力等创新启示，形成了地质灾害综合治理“丽水样板”，为各地深化地质灾害综合治理工作提供了可参考、可操作的执行蓝本。

### 8.4.1 全力推进隐患点受威胁群众避让搬迁

一是推行最优补助政策，确保隐患点群众“搬得出”。在省级补助15000元/人的基础上，市级再安排专项补助资金3000元/人，各县（市、区）在省、市两级搬迁补助政策基础上，制定最优补助政策。

二是推行最快安置建设，确保受威胁群众“住得下”。实施“委托代建”模式，按照“统一规划、统一设计、统一管理”的方式，推进安置小区建设；实施PPP项目模式，按照“利益共享、风险共担、全程合作”的原则，鼓励社会资本参与安置小区建设运营。

三是推行最优安置保障，确保受威胁群众“富得起”。因地制宜，做好与农、工、旅结合文章，切实解决搬迁群众生活来源。

### 8.4.2 切实加大地质灾害隐患点工程治理

一是并联审批，创新项目组织机制。按照“便民、优质、高效”的

* 本部分作者系中共丽水市委、丽水市人民政府。

审批原则，进一步优化审批流程、简化审批手续，高标准、高质量、快速推进工程治理项目。

二是中介候选，创新项目实施机制。创新中介服务候选制度，建立健全地质灾害危险性评估、治理工程施工、治理工程监理 3 个中介候选人库，通过设置准入条件、规范实施程序、明确收费依据、约定服务承诺等措施，确保治理工程质量。

三是检验评优，创新项目监管机制。探索治理工程质量监督检验制度，将地质灾害治理工程治理监督检验工作纳入现有的建设工程治理监督检验体系。

### 8.4.3　不断提升地质灾害隐患监测水平

一是“网格责任 + 立体监测”。横向落实市、县有关部门点对点防治责任；纵向完善市、县、乡、村四级防灾责任体系，层层签订防治责任书，建立网格化责任清单，形成一级抓一级、层层抓落实的工作格局。

二是“全域排查 + 全员撤离”。汛前出动地质灾害及防汛检查人员，对丽水市所有地质灾害隐患点进行“拉网式”排查，确保不留死角。对新发现的地质灾害隐患点及时落实防治责任和具体措施，做到即查即治。

三是“体系覆盖 + 全面警示”。按照“一点一预案，一点一演练”要求，完善县、乡两级及各个隐患点地质灾害应急预案；建立健全地质灾害应急中心，实现市、县两级全覆盖。

## 8.5
## 社会治理智慧化“四个一”工作体系*

杭州市余杭区依托“互联网 +”创新基层社会治理，打造社会矛盾智慧治理“四个一”工作体系。运用人工智能、大数据分析等手段，预防在先、调解前置，在实现“一站式管理，一条龙服务”的同时，把纠

* 本部分作者系中共杭州市余杭区委、余杭区人民政府。

纷化解服务移到网上、连到掌上，实现“一次不用跑，一键就化解”。依托“社会治理·矛调在线”平台，对处置全流程留痕管理、节点可控，倒逼提升处置成效，给当事人看得见的公平正义，提高了矛盾纠纷化解的公信力。

### 8.5.1 建立“社会治理·矛调在线”平台，实现一张网整合

依托“余杭城市大脑”，开发“社会治理·矛调在线”平台，实现余杭区社会矛盾各类信息资源“一张网打尽”。

一是整合信息系统。与社会矛盾相关系统进行对接，打通各类系统间数据传输、功能互通的壁垒。

二是汇总矛盾数据。将网格排查、部门排查、调解受理、信访受理、仲裁受理、诉讼受理以及群众反映等原本碎片化、分散化的矛盾相关数据统一汇集至余杭区“社会治理·矛调在线”平台，实现全区矛盾纠纷“一个口子进、一套流程走”。

三是汇集人力资源。成立余杭区社会矛盾预防和化解中心，将全区网格员、人民调解员、行政工作人员、仲裁员、法官、律师、社会组织成员、群团组织成员、行业专家等统一纳入社会矛盾预防和化解信息平台，提高化解处置效率。

### 8.5.2 再造社会矛盾化解处置流程，打造一体化协同

横向打破部门之间的资源和信息壁垒，纵向无缝衔接社会矛盾源头预防、排查预警、多元化解、善后处置各个环节，实现一键上报、智能化解。设置覆盖网格、村社、镇街（或部门）、区四级的社会矛盾化解处置体系，建立“首问负责、按责转办、限时办结、统一督办”的工作闭环。对于网格（或部门）排查到的一般矛盾纠纷，按照层级进行化解或逐级上报，对排查到的重大纠纷或属地镇街、单一部门难以处置的矛盾纠纷，可一键上报至“社会治理·矛调在线”平台。对于当事人自行报送的矛盾纠纷，平台受理后可对纠纷信息进行提取分析，自动智能分案至适宜的机构进行化解。对调解失败，当事人要求提起仲裁或诉讼的纠纷，可一键申请法律援助，一键转仲裁或诉讼。

### 8.5.3　建设专业领域一体化处理平台，提供一站式服务

依托道交纠纷网上数据一体化处理、网络交易纠纷在线调解、欠薪纠纷网络一体化处理三大核心平台，提供一站式、标准化“互联网 +”智能化司法服务。

一是建立道交纠纷网上数据一体化处理平台。联通参与交通事故处理的公安、司法行政、法院、行业协会、保险公司、鉴定机构等，实现在线司法确认、在线视频庭审、在线鉴定、一键理赔等功能。

二是搭建网络交易纠纷在线调解平台。设立余杭区网络交易纠纷调解中心，建立全国首个全程在线投诉处理平台——网络交易纠纷在线调解平台。

三是探索欠薪纠纷网络一体化快速处理机制。实行数据互通、联合处置、司法保障、考核跟进的欠薪纠纷化解新模式，面向劳动者提供企业信用查询、在线纠纷调解、一键仲裁诉讼、在线申请援助等全流程、一站式欠薪纠纷化解服务。

### 8.5.4　创新矛盾风险源头预防体系，生成一系列预警

对历史数据、实时信息进行智能计算，建立风险预测模型，将矛盾治理重心从事后化解前移至源头预防，增强矛盾治理的预见性、精准性、高效性。

一是生成规律预警。监测预测区域性、类型性、时段性纠纷高峰，掌握季节性、阶段性的社会矛盾规律和特点，提前发布纠纷预警。

二是生成关联预警。自动提取纠纷共性信息，实现关联预警。分析关联企业、项目、行业矛盾风险情况，提高属地镇街、职能部门的关注程度。

三是生成个案预警。将涉死亡纠纷、扬言采取个人极端行为纠纷、群体性纠纷等存在涉稳风险的个案纠纷列入重点关注纠纷列表，在“社会治理·矛调在线”平台首页进行滚动提醒，并设置纠纷类别、人员结构等异动指标，在纠纷上报的同时通过关键字识别第一时间作出风险预警。

# 第9章

# 基于经济改革的公共政策创新

## 9.1

## 小微金融改革*

台州市小微企业金融服务改革创新试验区坚持以服务实体经济、服务小微企业为改革创新的出发点和落脚点，充分发挥“有为政府”和“有效市场”作用，有效缓解了小微企业融资难、融资贵问题。通过深化“两平台一基金”改革，台州市有效提升小微企业融资获得率；通过推进“两创新一机构”改革，台州市有效提升小微金融服务精准化水平；通过加强“两互动一防控”改革，台州市有效提升小微金融服务广度和深度。

### 9.1.1 深化“两平台一基金”，有效提升小微企业融资获得率

一是以金融服务信用信息共享平台为抓手，破解银企之间信息不对称

* 本部分作者系中共台州市委、台州市人民政府。

问题。构建信用信息共享平台，将市场监管、国土、房管、劳动保障、建设、环保、外经贸、公安、国税、地税、物价、银行、电力、燃气、水务等部门的信用信息进行整合汇集。平台信息自动采集、实时更新，提供基础信息、综合信息、信用立方和正负面信息等 4 类查询服务。

二是以商标专用权质押融资平台为抓手，破解小微企业抵押物不足问题。率先开通国家工商行政管理总局商标局（现更名为国家知识产权局商标局，以下简称“国家商标局”）与台州市受理点的数据专线，理顺登记、评估等关键环节，确保商标质权登记受理“最多跑一次”。

三是以小微企业信用保证基金为抓手，破解小微企业融资担保难问题。采取“政府出资为主、银行捐资为辅”的方式，设立了中国大陆地区首个小微企业信用保证基金，以省、市共建方式开展信保基金的扩容。

### 9.1.2　推进“两创新一机构”，有效提升小微金融服务精准化水平

一是创新互联网技术运用，提高小微金融服务效率。推动传统软信息获取及处理方式与互联网技术融合，推动银行与互联网企业跨界合作，利用互联网技术提升服务体验。

二是创新产品和服务流程，满足特色差异金融服务需求。建立和完善小微企业信贷产品信息查询平台，大力推进还款方式创新，深化银税互动平台建设，有效缓解小微企业转贷难题。

三是大力发展小微金融专营机构，扩大小微金融服务覆盖面。引导金融机构下沉服务重心，大力发展各类小微企业专营机构和特色银行，提高小微金融服务覆盖面和专业化水平。

### 9.1.3　加强“两互动一防控”，有效提升小微金融服务广度和深度

一是政企互动，引导企业主动对接多层次资本市场。出台了《关于扶持企业直接融资发展的若干政策意见》，指导和推动更多企业利用境内外资本市场、债券市场、场外市场等开展直接融资。

二是政学互动，充分发挥小微金融指数风向标作用。由中国社会科学院和地方政府、地方院校三方共建浙江（台州）小微金融研究院，开展小微金融运行规律、发展趋势等方向的理论研究与实践总结。

三是共生共赢，全流程防控“两链”风险。积极创建金融安全示范区，积极开展推改革促实体、强监管优环境、防风险严整治等三大专项行

动。建立了信用联合奖惩机制，推进红黑名单建设，形成了信用好、易贷款、重信用的良性循环。

## 9.2 养殖用海“三权分置”改革*

苍南县借鉴农村土地“三权分置”改革的做法，以养殖用海所有权、经营权、承包权“三权分置”为基本架构，实施养殖用海二级发包制度，在全国范围内首创养殖用海“三权分置”管理体制。通过“三权分置”改革重构养殖用海分配、流转秩序，使政府、村集体、养殖户分别拥有所有权、经营权、承包权，实现了农村土地“三权分置”改革在海域管理上的创新和延续。

### 9.2.1 以“三权分置”确立体制框架

政府当裁判员，村集体当领队，养殖户当运动员，三权分置、各司其职。苍南县海洋与渔业局下属国有公司代表县政府管理养殖用海，代理行使养殖用海所有权，并以海域使用权证或水域滩涂养殖证的形式赋予村集体养殖用海经营权，养殖户享有承包权，并以制度的形式明确“三权”承载主体、权力边界、责任范围。通过这种体制框架，使养殖用海的所有者（政府）、使用者（养殖户）依据规则行使权力、履行义务，村集体行使经营权连接二者，成为关键纽带。

### 9.2.2 用“二级发包”实施养殖用海有序分配

在养殖用海分配流转过程中，采取二级发包的办法，即国有公司作为一级发包主体，将养殖用海按面积发包到村集体；村集体成为二级发包主体行使经营权，通过村民代表大会审议的方式再发包给本村养殖户；养殖户按每排（1.6—1.7 亩）200 元的标准缴纳租金。租金的 50% 归属村集

* 本部分作者系中共苍南县委、苍南县人民政府。

体作为经营性收入，30% 由镇政府统筹，20% 由国有公司统筹。政府和国有公司统筹的租金收入将投入到产业发展、养殖保险等方面，反哺渔区。

### 9.2.3　以“一证到底”落实政策保障

首创“养殖户证”制度，在养殖户签署协议并缴纳租金后，发放“养殖户证”确认承包资格、面积、缴费记录等信息，提高养殖户积极性。以“养殖户证”为日常管理的主要依据，对养殖户今后的承包、缴费、养殖船年审管理、生产成本补贴申报实行“一证到底”。通过航拍和 GPS 技术建立养殖用海电子“户口册”，解决海上无地理标识的难题和飞地、三角地、交叉地等特殊情况，为养殖用海依法有序分配、流转提供基础数据支撑。

## 9.3
## 国际贸易预警平台模式*

义乌市积极构建义乌国际贸易综合服务及经济案事件预警平台，形成了经济犯罪线索采集、经济犯罪预警、市场贸易风险预警、市场贸易信用评价、国际贸易综合服务等五大版块，并相继推出了预警平台手机 APP、微信公众号、微博，形成经济犯罪防控打击警种联动、部门联动、警民互动、社会公众互动的格局，成为经济案件防范利器、市场信用维护者、国际贸易安全的保护神。

### 9.3.1　核查研判可疑信息

开设可疑采购信息填报栏目，市场经营户发现合作方存在可疑情况、存在交易风险或者首单贸易，均可通过预警平台填报。经侦部门将依据收到的填报信息迅速开展研判、核查工作，减少被侵害人的经济损失，最大限度扼制犯罪的发生，使不法分子想骗而不敢骗、想骗而来不及骗。

---

* 本部分作者系义乌市公安局。

### 9.3.2 发布贸易预警信息

通过平台发布核查研判中发现的诈骗、拖欠货款逃匿嫌疑信息，提醒商户注意交易风险，及时催讨货款或中止交易，防止诈骗。同时，平台还发布与国际贸易安全相关的世界政治、经济局势变化、经济热点、境外投资风险、境外“两反一保”预警、小商品技术性贸易壁垒、产业损害等信息，为企业、商户提供帮助，减少贸易风险。

### 9.3.3 开展经济犯罪预警防范

以防为主、以防促打、打防结合，变被动打击为主动防范。全面收集经济犯罪线索，实现警民零距离、打击零起点、防范零损失。预警平台开设了“经济犯罪案件预警”“经济犯罪举报”栏目，向社会公众公开收集社会经济运行领域违法犯罪线索。拓展案件、经济领域涉稳信息来源渠道，及时开展分析、研判、核查、上报，在犯罪分子准备作案、正在作案过程中实施提前打击、准确打击、快速打击，改变了原来经侦坐堂受案的被动打击局面，最大限度地扼制犯罪的发生。

### 9.3.4 打造市场信用评价体系

建立已核查登记的1万余家外贸采购主体、7万余户市场经营主体数据库，开通了外贸公司（或代表处）信用评价及查询栏目、供货商（或生产厂家）信用评价及查询栏目、货运代理公司信用评价及查询栏目、市场采购人员信用评价及查询栏目。开通了相关投诉举报栏目，任何个人均可以通过预警平台进行信用评价和信用查询，构建起行之有效的市场信用体系。

### 9.3.5 及时曝光失信行为

建立市场失信行为采集、曝光、惩戒工作机制，依托市场商会、行业协会、同业公会，广泛收集国际贸易失信行为信息。预警平台有效整合涉外被执行人信息、市场监管部门处罚信息，通过预警平台网站、手机APP、微信公众号予以曝光，供用户浏览关注。对失信的境外人员，预警平台通报出入境管理部门，由出入境管理部门采取拒绝签证、缩短居留期限、对其本人或家属不予签发居留证件等措施，提高失信成本。

### 9.3.6　建立联动工作机制

成立专门运行机构，整合市场监管、法院行政处罚和被执行人信息、中国人民银行征信中心个人信用信息、进出口企业黑名单信息等资源，为企业和个人经商提供信息服务。建立内部联动工作机制，依托预警平台、12315 消费者申诉举报指挥中心，开展信息互通共享、线索实时传递、职能联动协作，提升经济违法犯罪的发现、处置、打击能力。

## 9.4 “先租后让”的供地创新*

温岭市为破解企业工业用地难、用地贵、用地慢等问题，在深化“亩均论英雄”改革的基础上，借势全域土地综合整治行动，积极探索了工业用地“先租后让”模式，实现了土地节约集约利用及其效益最大化。通过创新工业用地模式，低质低效项目过多问题得到有效破解，项目运行效能不断提升；企业用地成本过高问题得到有效破解，企业发展活力不断增强；企业投机囤地问题得到有效破解，资源配置效率不断提高。

### 9.4.1　制定专项实施办法，强化协作机制

制定了《关于工业用地先租后让促进土地节约集约利用的实施意见》，明确出让程序，厘清细化部门、镇（街道）职责，确保无缝衔接。其中，国土资源部门负责工业用地“先租后让”管理工作，编制年度土地出让供应计划及出让方案，办理报批手续，组织实施具体地块拍卖挂牌出让工作；镇（街道）、管委会负责“净地”出让的前期工作，拟定投资开发协议书，待租赁期满后对地块投资开发情况进行验收；经信部门负责提出年度各个产业用地安排建议意见和拟出让地块的产业准入条件，对项目租赁期满后的投资强度、亩均产出等指标进行认定；财政税务部门重点

---

* 本部分作者系中共温岭市委、温岭市人民政府。

对项目租赁期满后的亩均税收情况进行认定；监察部门负责监督相关部门在国有建设用地使用权拍卖挂牌出让工作的履职情况。

### 9.4.2 设置项目准入门槛，开展综合评估

遵循高质量和生态化发展理念，严格设置投资项目生产技术条件，引进企业需符合节能降耗、环境保护、消防安全和各类强制性指标要求，对环境污染严重的企业均限制引进。着力引入对地方综合贡献大的优质项目，对引进的工业项目在产业类型、投入产出、生产技术、控制指标、资源消耗等方面设置严格的准入条件，让项目本身以实际经营业绩证明符合准入政策。如果租赁期满无法满足准入条件，直接淘汰。

### 9.4.3 实施土地先期租赁，优化后期出让

探索“先租后让、租让结合”模式，积极破解工业用地租赁出让和分类管理难题。将工业用地出让分成前期租赁和后期出让两个阶段。一方面，规范租金及出让金计缴。年租金按总成交价除以总年限收缴，租赁期间的租金在租赁成交后一次性收缴。租赁期满后符合合同约定转出让条件的，受让人与国土资源部门签订国有建设用地使用权出让合同，出让金按总成交价扣除租金后的金额计缴。另一方面，强化后期出让动态管理，待竞得企业在技术、投产等方面逐渐稳定后，按照原先招引设置的条件对企业经营状况进行评估。根据企业评估结果实施分类处置，最大化留住优质项目。

# 第 10 章

# 基于改善民生的公共政策创新

## 10.1
## 传统村落保护的“拯救老屋”模式*

松阳县“拯救老屋行动”项目是以习近平总书记关于“留住乡愁、保护传统村落”的重要讲话精神为指导，按照国家 7 个部委关于保护传统村落的工作部署，通过基金会的有限投入，带动民间资金投入传统村落保护，突破传统村落中私人产权文物建筑存量大而修缮资金严重短缺的瓶颈，构建了以财政资助为推动、房屋产权人为主体、社会力量广泛参与的传统村落保护新模式。

### 10.1.1　提供项目保障

一是强化组织领导。整合建设、文化、农办、旅游等部门工作资源组建领导小组办公室，具体负责协调松阳县的传统村落保护利用工作，确保

* 本部分作者系中共松阳县委、松阳县人民政府。

试点工作有人抓、有人管。

二是加强技术保障。由浙江省古建筑设计研究院负责项目的技术支撑，为科学有效地设计修缮方案和开展概算的审查、施工现场技术指导、工匠队伍建设等提供了有力的技术支撑。

三是完善制定规范。制定出台了《松阳县“拯救老屋行动”实施方案》和《松阳县“拯救老屋行动”项目与资金管理办法》（松委办发〔2016〕34 号），把“拯救老屋行动”纳入各乡镇（街道）年度目标责任制考核。

四是整合政策资金。在基金会资助资金基础上，积极整合民宿经济发展、传统民居改造、传统村落保护项目等相关资金。

### 10.1.2 夯实工作基础

一是开展调查摸底。对松阳县传统村落内的挂牌建筑开展全面的调查，梳理出一批符合条件确需修缮的老屋，同时对老百姓的修缮意愿开展细致的调查摸底。

二是做好宣传发动。通过政府网发布“拯救老屋行动”项目公告，印发“拯救老屋行动”项目宣传提纲，与群众面对面交流，上门做思想工作。同时，在项目实施的各个节点举办“乡村复兴”论坛、“薪火相传—传统村落守护者颁奖仪式”等大型活动，提高“拯救老屋行动”的知晓度。

三是做好项目跟进。从项目申报到编制方案概算再到签订合同以及后续开工修缮的每一个环节，都实时跟进，确保项目扎实推进。

### 10.1.3 培育人才队伍

一是注重工匠队伍建设。会同浙江省古建建筑设计研究院开展集中培训和现场指导，加强本土工匠队伍的建设。集中培训 900 余人次，分散现场培训时时进行。

二是注重专业技术人才培养。积极引进清华大学、香港大学等院校及浙江省古建筑设计研究院等技术团队，全程参与重点示范项目的建设。通过手把手“传、帮、带”，培养了一支能够深入指导文物修缮及乡村建设的专业队伍。

### 10.1.4 强化督查检查

建立了日常巡查、专项督查、社会监督与严格自查等多位一体的监督机制，全力保障工作快速规范推进。定期或不定期对已开工项目开展施工巡查和专项督查，对检查过程中发现的进度慢和工程质量等问题，第一时间进行全县通报或下发巡查整改通知书。同时，在修缮方案和概算定稿后，均在村公开栏进行公示，接受村级组织和村民的监督。下拨资助资金时也及时在松阳政府网站公示，财政、审计等部门也建立常态化指导与监管制度，确保每一分钱都不折不扣花在刀刃上。

## 10.2 “斑马线礼让”行动*

杭州市城市建设投资集团有限公司（以下简称“杭州城投”）所属杭州市公共交通集团有限公司开展以“文明礼让，安全行车”为主题的专项活动，坚持将公交车辆“人行横道礼让”作为提升公交社会形象和提高司机安全文明行车意识的重要抓手。经过多年坚持不懈的努力，杭州市“车让人、人快行”的文明交通习惯已蔚然成风，而“排队上车”等文明习惯也因为杭州市民素质的提高而逐渐养成。“斑马线礼让”以当之无愧的“金名片”形象成为杭州市的最美现象。

### 10.2.1　理念更新

杭州公交集团全体驾驶员从长期以来单一的交通参与者，积极向遵纪守法的引领者、安全行车的示范者和文明出行的倡导者转变，为市民提供更亲切、更文明、更安全、更环保的一流乘车体验。

一是杭州公交通过先行先试，在全国率先实现“文明公交”体系——2007 年全国首创“斑马线礼让”。

二是杭州公交集团是全国唯一一个全部车辆实行“车让人”的公交企业，杭州市是全国唯一一个基本实现“车让人”的城市。

三是“斑马线礼让”从无到有，从企业到社会，从道德标准内化为

---

* 本部分作者系杭州市城市建设投资集团有限公司。

城市品质，使杭州市多次被评为中国最美丽城市、最幸福城市和全球最美丽城市。

### 10.2.2 管理创新

杭州公交集团坚持“融入中心、服务大局、参与管理、发挥作用”的党建工作新理念，坚持“两手抓、两手硬”的工作方针，积极开展以“人行横道礼让”为载体的安全服务文化建设的实践与创新。杭州公交集团一改过去以奖惩为主的简单管理模式，从社会监督、行业规范、媒体引导、企业考核、技术辅助、员工自律等方面多管齐下，并联合杭州市精神文明建设工作委员会办公室和志愿组织，为社会营造“双向礼让”的和谐氛围，持续加大“文明公交”的推行力度、广度和深度。

### 10.2.3 模式创新

杭州公交集团一改政府主导、企业助力的传统推进模式。贯彻“企业先行，政府加推”的模式，以企业行为形成社会影响，逐渐带动全社会共同推进“斑马线礼让”，营造杭州市公交车辆、社会车辆共同礼让的良好氛围。在各界合力推进下，“礼让”从杭州公交集团扩展至整个杭州城投系统企事业单位，从公交车扩展到公务车、出租车，带动全社会车辆一同践行。“斑马线礼让”增进城市文明的示范效应不断放大，成为了享誉全国的杭州“金名片”。

## 10.3 杭州市治堵的数字化、智能化变革*

经过多年的努力探索，杭州市在交通治堵领域的应用试点已经取得成效，验证了采用大数据技术治理交通的可行性。大数据背景下的城市交通治堵模式，通过数据融合、计算、挖掘，调整优化信号配时、车道分布、

* 本部分作者系杭州市数据资源局、杭州市公安局。

路权分配等交通管理时空资源，提升了城市交通治堵能力；通过监控视频技术的应用，解决了人力无法 24 小时监控巡查全覆盖的问题；通过“机器换人”，提升了警务实战效能和快速反应处置能力；通过组建信号配时中心，让系统学习模仿人工配时经验，并以大数据算法结果为衡量找到最佳配时方案，应用成效成倍提升。

### 10.3.1　创新理念思路，推动交通治堵模式取得重大突破

杭州市立足“城市数据大脑”，依托大数据、云计算、物联网等技术，通过人工智能自主学习、研究、掌握、遵循规律，使机器具备了判断、分析、预警等行为，有效避免了治堵手段与实际交通特性、趋势变化出现不匹配的问题，并在深耕道路资源、智能交通利用率上取得了明显进展。在具体建设过程中，通过整合政务数据、公共数据、企业数据、互联网数据，利用云计算、大数据及人工智能的方法对城市管理的各个方面进行统一指挥和调度，让城市数据通过“城市数据大脑”进行深度挖掘、整合，提升了城市管理智能化水平。

### 10.3.2　创新技术应用，实现内部资源整合最大化

一是需求引领技术突破。实现了“球机视频监控事件自动报警、交通实时状态判定和预警算法、人工智能反哺信号控制系统”3 项技术突破，展现了交通视频领域人工智能最新成果。

二是首创公安网混合云模式。在公安专网环境下，搭建起以“混合云”为基础的网络架构，成功解决了公安网与互联网数据交换问题。

三是实现球机视频“机器换人”。通过攻克球机视频检测技术，以机器智能、“机器换人”实现事件自动报警，解决了人工查看无法全覆盖，发现被动、迟缓的问题，并最大化释放了现有警力资源。

### 10.3.3　创新共享机制，促进交通治堵的系统性和科学性

“城市数据大脑”改变了各个部门“数据己用”的观念，有效收集、整合数据资源，打破了信息“孤岛”和数据“烟囱”，形成了“用数据说话、用数据决策、用数据管理、用数据创新”的治理模式，为未来以数据为纽带，促进部门协同治理“城市病”探索了路径。

## 10.4 富民安民的生态搬迁工程*

温州市泰顺县将生态搬迁作为统筹乡村振兴、区域协调发展、扶贫攻坚的“牛鼻子”，全力打好机构整合、区域突破、政策优化、配套创新、建管升级、要素保障六大改革“组合拳”，加快推进无区域生态移民区、抗震安居小区、异地避灾小区三大平台建设，实现了避灾安置、生态保护、山区城镇化三大创新。通过生态搬迁民安工程，彻底拔除群众居住安全的隐患，有效减轻生态环境压力，将共享理念融入山区城镇化和实施乡村振兴战略中，让更多人享受到改革创新带来的红利。

### 10.4.1 整合机构“八合一”，变政出多门、多头管理为“一件事”一个部门管到底

按照职能相近部门合并和打破条条对口的部门设置原则，将原先涉及10多个部门的“三改一拆”行动、“无违建县”创建、“大拆大整”专项行动、“三边三化”“两路两侧”、小城镇环境综合整治、地震灾后重建、台风地质灾害灾后重建等8项重点工程整合，专门成立生态搬迁建设工程指挥部统筹推进，通过机构虚拟化、运作实体化，改变政出多门状况，实现“政策一个部门定、资金一个口子出”。

### 10.4.2 变逐级多次搬迁为“最多搬一次”，农民可在县域内跨区域自主安置

打破城乡区划，改变以往由行政村到乡镇再到县城的逐级安置模式，破除过去下山移民“点多分散、重复搬迁”和“点对点”的限制，在中心镇、县城择优选取黄金地块，统一规划建设高品质搬迁安置小区，实现有组织规划、一步到位、集中搬迁安置，确保生态搬迁群众搬得下、住得

* 本部分作者系中共泰顺县委、泰顺县人民政府。

安、富得起。

### 10.4.3　算好民安民生大账，把资源投入转化成群众切实感受得到的政策红利

制定出台了灾后重建、宅基地复垦、农民建房、地质灾害避让搬迁、抗震安居等系列搬迁安置政策，将原先分散投入偏远山区的各类资金最大限度集中奖补到搬迁群众身上，配套提供贷款贴息政策和水、电、通信、电视等费用减免政策，根据拆除危旧房的类型、建筑面积、拆除时间节点实行“早拆早补、快拆快补”的梯度奖励，全面提升群众政策获得感、安居幸福感。

### 10.4.4　首创农民共有产权房和廉租房机制，有效破解低收入边缘户搬迁难题

将共享理念充分融入山区城镇化推进全过程，出台了《泰顺县生态大搬迁建设住房困难家庭申请公共租赁住房实施细则（试行)》和《泰顺县生态大搬迁建设共有产权住房管理暂行办法（试行)》，在建生态搬迁小区预留部分房源用作廉租房、共有产权房，同步建立健全公共租赁住房年审管理、变更管理、使用管理和监督管理等机制，重点为需要搬迁且唯一原房拆除或者无房困难群众提供住房保障，帮助困难群体“应搬尽搬”。

### 10.4.5　探索“权随人走”“村民下山、产业上山”机制，打通城乡要素资源双向流动通道

创新“权随人走”农民权益保障机制，搬迁下山群众土地、山林权益不收回，仍归村民所有，通过土地流转、山林权流转、产权租赁等盘活资产，构建“农民下山、产业上山”“搬家不搬田”的可持续发展模式，打消村民下山无田可种的后顾之忧。

### 10.4.6　村民自治与现代小区管理结合，提升进城入镇群众融入度，加速农民向市民转变

紧抓保民安的根本，把握好山区基层治理“治什么”的关键，依托生态大搬迁工程，拔除威胁群众生产生活安全的最大隐患，破解发展与保护的突出矛盾，实现地质灾害隐患区、生态保护核心区等区域内群众进城

入镇、除险安居、集聚发展。以“最多搬一次”助力“最多跑一次”，创新下山村民自治与物业公司管理相结合的治理模式，建立健全“楼长制”、全科网格员代办制等，加大政府向社会购买服务力度，集聚专业化社会组织、群团组织、志愿服务团队等参与社会治理的合力，实现乡村治理从单一管理向多元服务转变，帮助下山群众更好、更快融入城镇生活和广泛参与城镇社会治理。

### 10.4.7 以要素生态化配置综合改革调动积极性，实现资源向生态搬迁等重点领域倾斜

建立生态搬迁优先，要素集中供给、差异化分配机制，实现资源要素向生态搬迁等生态建设重点区域倾斜。搭建城镇建设投融资平台，对生态搬迁建设用地实行国有划拨，引入农村宅基地复垦 EPC 模式，创新实施城乡建设用地增减挂钩等，全面破解建设资金和用地指标难题。创新推出“双百返还”机制，将经常性收入超收部分和土地出让金净收益 100% 返还给乡镇，促进人口、产业、资源等向中心镇集聚。

## 10.5 “常山阿姨”：保姆业转型发展品牌*

衢州市常山县创新实施“常山阿姨”品牌建设工程，引领保姆行业转型升级、全面促进农民就业增收。“常山阿姨”品牌建设工程突出“政府性主导、学院式培训、市场化开拓、AB 岗派遣、标准化评价”，出台产业扶持专项政策，在全国首先制定保姆从业人员“品牌认定标准”，浙江省首个成立行业专门服务机构，形成“问需建档、分类培训、提标颁证、定向就业、跟踪服务”的农民培训就业精准服务体系。

---

* 本部分作者系中共常山县委、常山县人民政府。

### 10.5.1　政府性主导

坚持先行一步，由政府站台提供可靠保障，全面规范、引导和培育，助推家政服务产业转型高点起步。

一是专班领导牵动。把"常山阿姨"品牌建设作为一项县委中心工作，成立由县委书记挂帅的行动领导小组，18 个部门单位"一把手"领办责任，乡镇（街道）、行政村同频共振，形成县委领导、部门协作、各级联动的工作格局。

二是专门机构推动。增设全国首个专管保姆产业发展的县级事业单位——"常山阿姨"事业发展服务中心，全面负责"常山阿姨"的培育培训、市场对接、管理服务等工作，实现专业机构专业指导、专业人员专业落实。

三是专业政策促动。出台了《常山县"常山阿姨"家政服务品牌管理规范》《关于推动"常山阿姨"产业发展的若干政策》等政策措施，优化发展环境，聚合扶持力量，鼓励多方力量参与"常山阿姨"品牌建设和推广中。

四是专项基金撬动。有效整合农办的万名农民素质培训工程专项资金、人力资源和社会保障部门的等级职业资格补助、民政部门的养老服务产业资金，专门用于"常山阿姨"培训工作。设立"常山阿姨"发展专项基金，用于保障"常山阿姨"事业发展服务中心日常运营、市场开拓、政策奖励扶持等。

### 10.5.2　精准化培训

坚持市场需求和群众需要相结合，瞄准高端市场，塑造"放心"内涵，确保阿姨质量有保证。

一是政企合作办学院。联合浙江省家政龙头企业巾帼西丽市政集团、浙江树人大学共建常山阿姨学院，全力打造浙江省规模最大、办学最专、师资最强的培训基地，涵盖中西式烹饪、家居保洁护理、绿植园艺、衣物洗涤、居家养老护理、母婴护理等教学方向，形成了招生、培训、就业一条龙的管理模式。

二是细分类别定专业。创新"岗前就业指导制"，对每一个家政服务从业人员进行职业定位，再采用"积分制""选课制"让她们在育婴师、月嫂、家务师、老人陪护师、金牌管家等专业中明确 1—2 个主攻方向，有专业性、针对性的培训每一位家政服务从业人员。

三是突出特色优课程。在培训课程中融合常山特色元素，制定《常山阿姨应知应会》教材，增设“好人之城”“孝善常山”特色文化、“常山三宝”“常山贡面”特色美食等课程，让每个“常山阿姨”都能讲好常山故事，弘扬常山特色文化。

### 10.5.3 流程化管理

突出源头把关、过程管控、跟踪服务，把组织管理贯穿到培训、就业等各个环节，全面提高“常山阿姨”组织化程度。

一是建立“五类档案”。联合妇联、公安、人力社保、卫生等部门，从家庭、品行、技能、健康、从业等 5 个方面入手，对家政服务从业人员实行“一人一档”，严把入职关口。

二是开展“阿姨认证”。对经过培训和已从事保姆行业的人员开展“常山阿姨”认证，设置个人申报、资格初审、部门联查、综合会考、专项体检 5 项流程，全部通过后颁发《常山阿姨资格证书》，以此认证“常山阿姨”。对经认证并实际就业的，政府给予奖励并赠送人身意外保险。实行证书年审制度，年审不合格或在工作中查实有不适宜从业情形的，则吊销其证书。

三是创新 AB 岗派遣。保姆因长年在外等工作特殊性，往往难以照顾自身家庭，甚至影响家庭关系。为此，常山县与企业联合探索 AB 岗派遣制，即 4 个阿姨服务 3 个家庭，3 个阿姨为 A 岗，1 个阿姨为 B 岗。该制度既保障家政服务人员每月都有一周时间自由安排，又确保 3 个家庭天天都有人服务。

### 10.5.4 标准化评价

把标准化评价作为规范和改进工作的重要手段。针对家政人员和企业两大主体谋划实施“终身评价制”，实施动态考评，并将结果加以运用，让“放心保姆”成为最明智的选择。

一是建立客户评价反馈机制。依托第三方信息公司打造“常山阿姨”数据库、微信平台、网站“三位一体”的“常山阿姨”大数据服务平台，联合企业建立客户反馈渠道，对服务满意度进行调查了解，记录到“常山阿姨”五类档案中，纳入“星级阿姨”评定，直接挂钩薪酬待遇、专项金融贷款等。

二是建立家政企业考评机制。根据品牌授予、企业规模、“常山阿姨”派遣量等实际情况实施星级家政企业评定。企业星级越高，贷款额度越高，受政府扶持力度越大。为“常山阿姨”事业发展作出重大贡献的企业和个人，还能享受到国内顶尖大学培训、出国考察等待遇，激励企业创业热情。

三是建立事业管理规范机制。发挥“常山阿姨”事业发展服务中心作用，围绕“常山阿姨”品牌授予、日常管理、“阿姨集中村”“阿姨之乡”创建、行业协会组建等，建立系列规范制度，全面保障事业健康有序发展。例如，在“阿姨集中村”创建方面，探索成立“三位一体”的村级劳务公司，鼓励村集体、培训学校和家政公司三方合作，实施整村培训、菜单培养、定向输出，培训学校和家政公司分别支付一定的组织管理费给村集体，实现村集体和百姓共同增收。

# 第三篇

# 公共政策创新理论与对策研究

# 第 11 章

# 促进经济高质量发展

## 11.1

## 后追赶时代浙江省制造企业海外并购整合提升创新能力路径与对策*

伴随生产要素成本的提升以及全球产业竞争格局的调整，浙江省制造业已进入后追赶时代。后追赶时代的浙江省制造业需突破原有内源式创新模式和渐进式技术积累框架，产业结构的扩展和升级需要快速提高制造业技术创新能力。实施海外并购整合全球资源和市场，是推动浙江省制造业技术创新能力跃升的重要途径。

---

* 本部分作者系浙江大学教授陈菲琼。本部分系教育部哲学社会科学研究重大课题攻关项目《中国制造业海外并购整合与产业技术创新》（项目编号：16JZD020）和浙江省高校重大人文社科攻关计划项目《后追赶时代浙江制造企业海外并购整合提升创新能力路径与对策研究》（项目编号：2016ZB002）的阶段性成果。

### 11.1.1 浙江省制造企业海外并购整合的现状

近年来，海外并购涌起“浙江潮”。《2016 浙江全球化发展报告》① 显示，2016 年浙商海外并购项目 166 笔，并购总额达 82.4 亿美元，同比增长 61.28%，占对外投资总额的 49%。《2016 中国浙江投资报告》② 显示，浙江省海外并购集中于高端医疗、装备制造、机器人制造等与当地产业升级密切相关的热点领域，高端制造业和科技行业的跨国并购增长迅速，高端制造业并购占比从 2014 年的 10.6% 提高至 2016 年的 39.4%，科技行业并购占比从 2014 年的 1.29% 提高至 2016 年的 29.1%。浙江省海外并购较为活跃的行业均为技术密集型行业，依次为：汽车制造业，占比为 38%；设备制造业占比为 28%；金属加工业，占比为 10%；生物医药，占比为 7%。东道国主要指向美国（占比为 29%）、德国（占比为 23%）、意大利（占比为 8%）等发达国家（见图 11-1）。

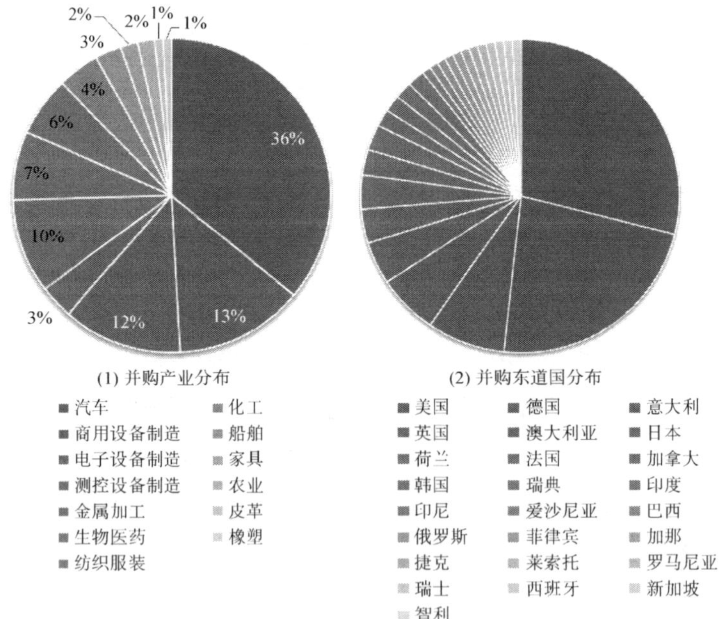


**图11-1 2000—2016 年浙江省制造企业海外并购产业分布与东道国分布**

数据来源：由 BVD-Zephyr、SDC 跨国并购数据库等整理得到。

---

① 由浙江大学管理学院和浙江大学全球浙商研究院科研团队编写。

② 第十八届中国浙江投资贸易洽谈会主题论坛发布。

海外并购整合是决定并购成功与否的关键环节。《2016 年企业海外财务风险管理报告》① 指出，中资企业海外并购成功率不足 20%。德勤发布的《并购活跃，整合滞后——中国企业海外并购及并购后整合现状调查》指出，并购后整合计划不周、执行不力是未实现预期目标的主要原因，约 50% 的企业认为整合不成功。浙江省的企业缺乏海外并购经验与专业人才，如何应对挑战、制定整合策略，如何把握机遇实现全球资源利用、业务流程再造、产业链创新能力提升，都是值得研究的重大问题。

### 11.1.2　后追赶时代浙江省制造企业海外并购整合存在的问题

#### 11.1.2.1　核心技术资源识别能力不高

海外核心技术企业形成技术垄断，占据关键模块和特定零部件技术优势。浙江省制造企业对核心技术识别能力有限，导致整合成本较高，海外并购集中于产业链中下游应用领域。以机器人制造产业为例，受制于发展基础薄弱，浙江省海外并购多关注中下游集成系统及应用领域。例如，浙江万丰科技开发股份有限公司并购美国机器人应用系统服务商帕斯林公司获取焊接机器人应用系统，卧龙集团股份有限公司收购意大利 SIR 机器人应用公司获取工业生产自动化解决方案等。对产业链上游核心技术（例如，驱动器、减速机、控制器、伺服电机等）资源识别整合能力有限，无法打破核心技术受制于人的局面。

#### 11.1.2.2　海外并购整合与创新网络嵌入能力不强

浙江省企业在海外并购时倾向于借助目标方的先进技术、供应链和销售渠道跻身高端价值链。在技术差距大的情况下，部分收购方吸收与应用先进技术能力弱，难以提升自身全球创新网络地位，较低的声誉会增加利用海外研发资源的障碍，降低先进技术向本土溢出的效率。例如，华立集团股份有限公司 2001 年收购飞利浦 CDMA 业务后，由于并购业务跨度大，研发实力弱，未能消化核心的芯片技术。受高通与飞利浦协议限制，技术研发频频遇阻，长期落后于行业先进水平。

① “迈过海外风险——2016 中国企业国际化财务风险管理”论坛发布的行业评估报告。

#### 11.1.2.3 海外并购整合技术逆向溢出不畅

浙江省制造业产品多为低附加值中间环节产品，未形成差异化、个性化的产业链。配套产业低端化，基础工艺、材料、元器件研发和系统集成水平缺失或未形成统一技术标准，使并购获取的先进技术溢出不畅，技术无法顺利对接，制约了产业升级进程。例如，2011 年浙江盾安人工环境股份有限公司并购美国 Microstaq 公司获取了 MEMS 传感器技术，但由于工艺不配套导致长期未实现投产，延缓了产业优化进程。

#### 11.1.2.4 海外并购整合“抱团出海”不足

“抱团出海”是优势互补、分散投资风险的新模式。虽然浙江省已组建了浙江省投资并购联盟，但“抱团出海”的典型案例尚未出现。目前，浙江省海外并购多处于单打独斗的局面，需承担较高的信息搜寻成本、资金压力与整合风险。浙商网络是信息传递、信誉背书、创新资源获取、产业链整合的重要载体，以产业链抱团方式出海，能加快技术水平整体升级。

### 11.1.3 后追赶时代浙江省制造企业海外并购整合提升创新能力的对策建议

#### 11.1.3.1 及时发布国别指导、环境评估及产业导向目录，引进有丰富国际投资经验的咨询机构，构建全方位的信息和咨询服务平台

建议参考国际先进经验。例如，韩国提供配套资源服务与风险预警报告，设置“海外投资企业支援团”，提供咨询服务；德国每年举办汉诺威工业博览会，展出前沿产品、技术和解决方案，提供技术前沿信息。浙江省应当加快完善海外并购信息服务系统，加强与国外机构在信息咨询、技术法规和认证方面的沟通，提供优质咨询服务。

#### 11.1.3.2 建立海外并购整合专业分析智库

一是建立专业的并购整合分析指导智库。聘请技术分析及并购整合领域专家建设智库，为浙江省企业海外并购整合提供专业咨询。

二是建立并购整合案例库，树立整合模式的成功典范。全面收录海外并购整合案例的关键信息，组织设立论坛、高端交流会推广整合经验，提

高海外并购成功率。参考韩国的经验，韩国政府建立 OIS 系统，汇总海外投资信息与成功失败案例形成专业智库，为企业免费提供海外投资信息支持及与专家在线沟通的服务。

#### 11.1.3.3　发挥政府资源优势与信用附加作用

一是政府提供人才保障，可派遣具有国际谈判经验的人员或接洽有并购整合经验的专家加入海外并购小组，提供专业指导。

二是政府邀请境外专业力量来华洽谈业务或带队去国外考察，提升企业投资协议谈判地位，提供全球网络信息支持。参考美国经验，美国驻外国使馆设立经济商业情报中心，及时提供东道国文化及市场信息，提高本国企业全球网络治理能力并向国会下设机构——美国海外私人投资公司（OPIC）拨款，由政府信用提供担保促进对外投资。

#### 11.1.3.4　设立海外并购基金，推动“抱团出海”

政府可为“抱团出海”提供财税支持。发挥财政资金杠杆作用，以“多家企业抱团＋产业海外并购基金”形式，推动“抱团出海”形成蜂群效应，支持产业链走出去。参考日本经验，日本设立海外投资调查辅助制度，为海外投资企业组团海外调查提供资助。目前，菲达环保与水晶光电、双环传动、晶盛机电等浙江省企业已经在美国组建投资基金“联利资本”为海外并购谋篇布局，其经验值得借鉴。

#### 11.1.3.5　开通关键技术海外并购，整合“绿色通道”

鼓励浙江省企业对共性技术、专利瓶颈技术的海外并购整合，破除专利壁垒，打通产业链。重点扶持垄断性关键技术的并购，组建由商务部、外管局、出口信保、进出口银行等部门形成小分队，提供“一对一”精准信息、政策服务，给予财税支持，引导商业银行量身定制“内保外贷”等配套金融产品，简化审查流程，开通海外并购，整合“绿色通道”。参考日本经验，日本设立海外技术者研修制度，提供资金培训海外员工，将机构指导和发展援助相结合。

# 11.2 完善互联网平台监管治理和相关立法的建议*

## 11.2.1 互联网平台监管的必要性

### 11.2.1.1 互联网催生以平台为中心的新型经济组织模式

随着互联网技术和电子商务的迅速发展，商业组织方式正发生重大变革，电子商务正在冲击和取代传统的经济模式和结构。越来越多的商业组织朝平台化发展，平台成为互联网时代消费、就业、创业、创新的重要基础。在互联网经济下，经济组织模式逐渐转变为“平台 + 企业或个人”，平台成为重要的商业组织形式。

### 11.2.1.2 互联网平台具有多重社会价值

互联网平台如同无限蔓延的“线上市场”，具有不同于公司、工厂和传统市场的多重社会价值：促进“互联网 +”的发展，开辟就业渠道和新岗位，推动大众创业、万众创新，衍生大数据资源和大数据产业，分担政府监管职能，改善政府决策和公共服务，带动产业结构调整，提升国家经济竞争力等。概括地说，互联网平台成为社会发展的重要推动者，可以成为政府决策的合作者和执行者。

### 11.2.1.3 现行企业法律制度未能回应互联网平台监管治理的特殊性

与现代企业制度相匹配的相关法律法规体系并不完全适用于互联网平台这种新型组织。现行法律法规体系和互联网平台监管目标之间存在错位和偏差，急需补充修正。近年来，互联网平台相关事件频发。此类事件因缺乏对互联网平台的法律责任判定依据和相应处罚措施演变成全国性舆情事件，暴露了政府监管滞后和平台治理的困惑，亟须立法完善和措施

* 本部分作者系杭州师范大学阿里巴巴商学院教授、民进会员、杭州市政协委员王淑翠。

创新。

##### 11.2.1.4　法律中涉及平台条款的概念不统一，导致执法困惑

就互联网平台概念而言，中国现有法律中表述不一。例如，《中华人民共和国侵权责任法》第三十六条使用“网络服务提供者”将平台包含在内；《中华人民共和国网络安全法》第七十六条使用“网络运营者”将平台在内的“网络服务提供者”包含在内；《中华人民共和国消费者权益保护法》第四十四条使用了“网络交易平台”的概念；《中华人民共和国食品安全法》第六十二条使用了“网络食品交易第三方平台”。从现有立法来看，由于立法分散、概念不一，对平台这种不同于公司的新型组织形式立法重视不够，没有赋予相称的法律主体地位，导致互联网平台纠纷存在“无法可依”的认知困惑和执法困境。

#### 11.2.2　进一步完善互联网平台监管治理相关立法的建议

##### 11.2.2.1　以社会治理理念作为总体指导思想

社会治理强调的是调动平台中各类商业业态、消费者和其他利益相关者，使其为维持自身利益和平台生态系统的可持续发展，共同参与到治理过程中来。社会治理应该包括自上而下的法律监管和自下而上的协商监督，是关于政府权力和社会力量的合作模式和治理机制。法律监管作为社会治理的重要组成部分，在规则制定和运行适用中应当充分考虑平台治理中各方参与力量的利益和诉求，以促进互联网平台的有序发展。

##### 11.2.2.2　完善政府和互联网平台各自的监管权限

一是可以遵循部门规章、行政法规、法律的位阶次序分阶段施行，最后通过中华人民共和国全国人民代表大会确立其法律地位。

二是互联网平台立法的目标是“政府管平台、平台管个体”，把平台作为政府和个体之间的监管代理和第三方独立机构，从而提高政府行政管理的效率。通过给平台立法，明确政府直接监管与授权平台监管的界限和内容，确立政府对平台的监管内容、要求、原则和手段等，并将对平台创业者、商家、用户等各类主体监管的权力授权给平台，由平台设定各类主体具体准入条件和管理细则。

#### 11.2.2.3 保障互联网平台上各类群体的话语权，优化平台生态环境

规定平台必须设立代表中小微商家群体利益的网商组织和创业者协会，促进与平台对话沟通，避免平台单方面的“霸王条款”；要成立代表消费者和用户利益的各类社群组织，就产品和服务质量对平台商家投诉和追责；要引入平台上的仲裁机构，建立解决用户和商家纠纷的绿色通道；要授予平台执行严格的注册登记管理及监管各类平台主体的必要权力，同时承担商家和用户网络行为数据安全使用的必要责任；要建立平台上个体创业者的社保分担制度，协助政府解决创业者后顾之忧；要保持开放竞争，平台不得以任何方式限制任何商家在竞争平台中作出自主选择；要随时保持交易数据的真实性和完整性，为政府决策提供必要的大数据支撑；要通过汉德公式和多方商谈等方式，确定平台与商家之间的管理服务与损害赔偿权责的范围和比例。目前，浙江省要求平台设立消费者权益保障金就是此类措施之一。

#### 11.2.2.4 调整相关部门的配套制度和职责

在对互联网平台的监管上，工商部门应当专门开设“平台”性质的营业执照，将其与一般企业的营业执照相区别，兼顾宏观调控和市场竞争，规划好平台数量和类别，有效避免平台的垄断效应和恶性竞争，处理好政府监管和市场放活的关系。在平台参与社会管理上，税务部门可授权平台根据商家和用户交易数据定期代扣代缴税费；社保部门可通过平台协助承担部分社保费用，实现对平台个体创业者的社保覆盖；平台提供的中小微企业信用和个人信用作为社会信用体系的重要组成部分，可用于金融、政府等机构。

#### 11.2.2.5 以《浙江省电子商务条例（草案）》为主完善互联网平台法律法规相关条款

《浙江省电子商务条例（草案）》对“电子商务平台经营者”进行界定，已于2017年12月进行了第一次审议，应以此作为法律适用性的主体判断依据和主要执法依据。规范和促进平台发展也是上述立法的重点内容，要处理好平台与消费者、平台与商家、平台与监管者以及平台之间的关系。立法部门应以这部条例的修改制定为契机，继续丰富和完善上述条

款，作为地方实践中平台监管和治理的主要法律依据来源，辅以其他相关法律法规。

## 11.3 促进浙江省科技服务业与中小企业创新发展的若干建议*

提高中小企业创新能力是推进浙江省“大众创新、万众创业”的重要内容，也是国家经济转型进入“新常态”的必要举措。科技服务业能够弥补中小企业在资金、技术方面的短板，对促进中小企业创新的发展具有重要意义。

近年来，浙江省科技服务业发展势头良好，国家级重点实验室、众创空间、科技企业孵化器数据不断增加。截至 2015 年底，浙江省共建有国家级重点实验室 15 家、省级重点实验室 226 家、省级重点企业研究院 209 家、工程技术研究中心 81 家、科技企业孵化器 44 家、众创空间 100 多家。截至 2016 年底，各类众创空间增长至 129 家，科技企业孵化器增长至 111 家，浙江省科技服务业处于快速发展阶段。然而，从浙江省中小企业升级转型的实际情况来看，创新服务机构的扶持效果仍不明显。2017 年前三季度，浙江省规模以下工业企业问卷调查显示，第三季度将投资用于新产品开发的企业仅占调查总数的 8.22%，环比增加 0.25 个百分点，将投资用于设备升级改造的企业仅占调查总数的 4.45%，环比增长 0.29 个百分点，低端产业、传统手工业等传统行业在转型升级中仍处于落后地位。

总体来看，浙江省中小企业转型投资意愿有所增强，但转型过程中大多存在转型瓶颈，创新成本高、技术创新难仍是广大中小企业（尤其是非科技型中小企业）面临的主要问题。

---

* 本部分由浙江大学统一战线智库供稿。作者系华中生（民建浙江大学委员会副主委、浙江大学管理学院教授、国家杰出青年基金获得者、教育部长江学者特聘教授、新世纪百千万人才工程国家级人选）和俞鸿涛（浙江大学管理学院博士）。

### 11.3.1 科技服务业在提高中小企业创新能力方面存在的问题

第一，数目庞大的非科技型中小企业市场没有得到重视，科技服务业对高新技术项目具有明显的偏向性。第二，现阶段科技服务业的服务模式以技术创新为主，无法满足其他形式的创新需求。

浙江省中小企业创新发展的政策资源明显向科技型中小企业倾斜。《浙江省人民政府办公厅关于促进小型微型企业再创新优势的若干意见》（浙政办发〔2012〕47号）、《浙江省人民政府办公厅关于促进小微企业转型升级为规模以上企业的意见》（浙政办发〔2013〕118号）、《浙江省"小微企业三年成长计划"（2015—2017）》等政策从科技孵化器等配套设施的建设、降低所得税率、海外高层次人才引进、技术成果转化等方面对科技型中小企业给予政策支持。相比之下，非科技型中小企业得到的多为融资支持和税收补贴以及一定程度上的政策、法律咨询服务。

提高广大非科技型中小企业创新能力应是科技服务业的重要服务内容。据统计，截至2016年底，浙江省注册资本在500万元以下的中小企业共计139.7万家，而浙江省科技型中小企业累计数量仅为3.2万家。2017年前三季度，浙江省规模以下工业企业前十大行业中，纺织业、纺织服装及服饰业、橡胶和塑料制品业以及皮革、毛皮制品业等传统行业主营业务收入占比达到41.7%。其他设备制造业、金属制品业、器材制造业中也存在大量非科技型中小企业。目前，技术研发对传统行业中小企业成长性的影响仍有待商榷，知识水平较低的中小企业面对种类繁多的技术专利往往踌躇不前。例如，桐乡濮院是全国最大的羊毛衫生产基地，在羊毛加工方面具有丰富的技术经验，但在自创品牌建设中望而却步。又如，丽水龙泉古越剑铺纯手工制造宝剑技术一流，但在产品创新上找不到思路。对于非科技型中小企业来讲，其创新优势不在研发在服务，以技术创新为主要服务模式的科技服务业对企业产品创新、服务创新、商业模式创新方面的作用十分有限。

### 11.3.2 进一步推进中小企业创新与科技服务业发展的相关建议

#### 11.3.2.1 改善现有的资源分配格局，引导科技服务业关注更多非科技型中小企业

一是加强资源流动。创新创意园、创业基地等各类园区对企业的遴选

机制，结合众创空间等新模式，将更多具有创新精神的非科技型中小企业纳入其中。

二是促进交流合作，鼓励大学生创业中心等机构的创新人才进行创新实践，参照“大学生村官”的政策模式，加强与创新型企业的相互联系，实现人才的双向流动。

三是转变固有观念，从思想层面改变当前科技服务业对传统行业的看法，准确把握非科技型中小企业的市场潜力，针对非科技型中小企业的创新特点进行行业改革和服务创新。

#### 11.3.2.2　鼓励非科技型中小企业进行创新活动，完善相应的配套设施建设

一是调整政策扶持重点，给予非科技型中小企业更多政策优惠和创新支持。积极开展各类创新方案的评选项目，建立良好的行业创新氛围。

二是引进成熟模式，建立全面的企业创新案例中心，增强成功企业的示范效应，激发管理者的创新思维。

三是针对非科技型中小企业对产品创新、服务创新的需求，提供更多关于行业知识、技术信息方面的创新服务。继续完善浙江省中小企业公共服务平台建设，着力打造优质的科技情报网络与科技共享平台，为非科技型中小企业的创新活动提供信息支持。

#### 11.3.2.3　推动非科技型中小企业“专精特新”的发展，为供给侧结构性改革助力

推进供给侧改革应从数目更多的非科技型中小企业入手，引导中小企业从低价格、数量型的发展模式向“专、精、特、新”过渡。提倡非科技型中小企业产品创新、服务创新或“产品 + 服务”的商业模式创新，提供更多高附加值的产品和服务。重视流程再造、模仿创新和反求工程，提高柔性，更好地满足顾客的各类需求。非科技型中小企业的发展不在于大在于精，相关部门应调整指导思路，积极探索更多提高传统行业创新能力的服务项目，为浙江省创新经济的发展增添活力。

## 11.4 寻求乡村振兴战略实施中生态建设、农民增收与工商资本的“三赢”*

党的十九大报告提出了乡村振兴战略，并要求通过“建立健全城乡融合发展体制机制和政策体系”来予以落实。2018 年中央一号文件指出，“鼓励引导工商资本参与乡村振兴”“撬动金融和社会资本更多投入乡村振兴”，加强城乡要素的双向流动。浙江省省委书记车俊在论述乡村振兴战略时强调：“促进城市的资本、资金、技术、人才等要素与农村丰富的资源和劳动力相结合”“鼓励工商资本下乡，支持返乡农民创业，使之成为推动乡村振兴和农业农村现代化的强大动能。”上述文件和重要讲话告诉我们，乡村振兴战略不仅局限于乡村，而是要把乡村和城镇视作一个整体，走城乡融合发展之路。

浙江省作为习近平总书记新时代“三农”思想的重要萌发地、中国美丽乡村建设的重要发源地，在统筹城乡发展、新农村建设和新型城镇化建设中走在了全国前列。截至 2017 年底，浙江省城市化水平已达 68%，呈现出劳动力、资金等要素的城乡双向流动和融合发展。浙江省有基础、有条件、有责任、有能力在鼓励和引导资本下乡、促进农民增收和生态建设方面先行先试，为实施乡村振兴战略提供有益经验。

绍兴市柯桥区稽东镇龙东村原本是封闭落后的山区，由于地理环境限制，改革开放数十年后仍是一个贫困山村。龙东村的经济作物以茶叶、毛竹等为主，村民以外出打工为主。2004 年，龙东村年人均纯收入仅为 5194 元，远低于浙江省人均年收入水平，很多家庭靠吃“低保”维持生计。这一状况自 2006 年开始才得到扭转。龙东村的山地资源吸引了在外

---

* 本部分作者系郁建兴（教育部长江学者特聘教授、浙江大学公共管理学院院长）、徐越倩（浙江工商大学公共管理学院副院长）、任杰（浙江大学公共管理学院研究生）和严国萍（中共浙江省委党校教授）。

致富的工商业主沈建斌回乡创业。他承包了山地种植红豆杉，将整理、改造出的荒山土坡变成万亩红豆杉基地，实现了“生态美”。土地的流转不仅实现了乡村自然资源就地增值，还带动了加工业、旅游业等产业的融合发展，为龙东村农民提供了大量创业和就业机会，拓宽了农民增收渠道，实现了“农民富”。下乡的工商资本通过规模化、多样化经营获得了资产增值，工商企业在乡村振兴中做大做强，实现了“产业旺”。龙东村实现生态建设、农民增收与工商资本“三赢”的实践经验总结如下。

### 11.4.1　树立和践行“绿水青山就是金山银山”理念，以绿色发展引领乡村振兴，实现生态建设之“赢”

龙东村的发展模式不同于以往以工反哺、以工促农的农村发展模式，在实现产业发展和农民增收的同时不仅没有破坏乡村，反而改善了生态环境，走出了一条以农补农、就地增值、工农互促、共同繁荣的道路。龙东村发现土壤、气候、水源等条件适合红豆杉生存，村委会和企业一拍即合引进了红豆杉项目。在企业资本支持下，龙东村修葺完善了风光迤逦的盘山公路和休闲游步道、观光石亭、游客接待中心等旅游硬件设施，把原来的闭塞小村带出了“深闺”。此外，红豆杉园区内还引入了配套的樱花、紫薇、红梅等观赏性花木，将以往的荒山、坡地、枯草的村容村貌变成了现在四季常青、便利整洁的风景胜地。红豆杉果实成熟季节，一万多亩的红豆杉基地更是让游人流连忘返，推动了城市人口与乡村要素的交融，加速了乡村自然资本的增值。

目前，红豆杉园区已通过国家 AAA 级仙霞风景旅游区评审，实现了荒山坡地“变废为宝”的转换。红豆杉项目的引进，恰好是龙东村因地制宜，做足特色文章、优势文章的体现。伴随着吃、住、行、游等配套设施的完善，红豆杉园区正朝着国家森林公园、国家 5A 级旅游胜地的目标迈进。

### 11.4.2　以红豆杉项目推动产业融合发展，支持和促进农民就近就业创业，实现农民增收之“赢”

以往农民收入主要来自务农和外出打工。随着我国经济发展进入新常态、农业发展进入新阶段，支撑农民持续增收的传统动能减弱。鼓励工商资本投资农业、农村，健全产业链利益联结机制等措施，是拓宽农民增收的新渠道。红豆杉项目带来的资金触发了龙东村发展的活力，推动了农业和旅游业的发展，实现了农民增收。首先，农户将闲置土地长期流转给红豆杉基地，一次性获得数万元至数十万元的经济补偿，从而具备了改善生活条件和创业的启动资金。从 2006 年开始，浙江裕团红豆杉科技有限公司陆续向 2000 多户村民转租荒山和茶竹山 1 万多亩，涉及龙东、高阳、营口、金山、俞谢骆 5 个行政村。土地、荒山和坡地按平均每年每亩 200—300 元、租期为 40—50 年流转，流转费用一次性付清，再加上土地整理、“面花”补偿，村民可一次性获得每亩 12000—17000 元不等的收入，有些流转面积较大的农户一次性能获得 30 多万元的收入。有的村民用这笔收入搬进了新房，有的村民用其创业。其次，红豆杉产业的发展可就近吸引农村剩余劳动力转移就业，为农民增收。目前，红豆杉基地雇用长期工 80 余人，农业工人多达四五百人，除日工资外，还提供免费午餐，让农村留住农民，让农民成为农业工人。预计当红豆杉基地实现种植面积 1 万亩、总量 100 万株的规模时，可解决就业人口 1000 人左右。最后，依靠红豆杉基地这个“点”带动了封闭山村的旅游资源“面”。农民盘活闲置农房、山货等农村闲置资产资源，发展民宿、餐饮等服务，拓宽了增收渠道。

### 11.4.3 企业通过土地流转、规模化、多样化经营提升了农业效益，获得可观的预期收益，实现工商资本增值之“赢”

农业效益低下问题是我国农业农村现代化的重要制约因素。效益决定投入，效益决定收入，效益决定竞争力。龙东村产业融合发展着力于农业的规模化、现代化、产业化，以农业带动第二产业和第三产业的综合效应。

首先，企业通过绿色兴农、质量兴农，在提升农业附加值时实现公司资产增值。企业前期投入约 1.5 亿元整顿、改进村容村貌和道路交通等基础设施和一次性付清流转费用的示范效应，赢得了村民的信任，使村民愿意主动将更多的土地流转给企业，让企业实现规模化经营，实现了公司资产的第一次增值。在 2017 年 10 月开展的资产评估中，浙江裕田红豆杉科技有限公司总资产已超过 14.2 亿元，远远超过其投入成本。

其次，龙东村综合发展红豆杉盆景、幼苗培育，红豆果初加工等产业，发挥红豆杉的观赏价值和药用价值。目前，红豆杉园区红豆果产量已经突破 2500 千克，并实现了红豆杉果实的分级、包装、营销，为吸引旅游业和药业的发展打下了扎实基础。此外，公司还与绍兴市柯桥区林业局、浙江省林业科学研究院等开展合作研发，不断缩短红豆杉幼苗繁育周期，实现红豆杉速生丰产栽培技术体系的研发与推广，使公司产品周期更短、产量更高，提高了公司在同业中的竞争力。目前，部分红豆杉幼苗和盆景已实现市场化营销，实现了公司产品转化和产业增值。

最后，红豆杉项目真正的经济价值体现在其预期收益之中。未来，公司还会实现红豆杉产品的初加工、精深加工和综合利用的协调发展，实现产品的就地就近加工转化增值，发挥和提升红豆杉的观赏价值、药用价值和红豆杉木材的使用价值，使红豆杉产业链、价值链、利益链不断延伸，使公司资产更稳定、更可观的多轮增值。浙江省林业科学研究院出具的报告显示，南方红豆杉基地造林面积 1 万亩，前 10 年可以生产红豆杉盆景 75 万盆，移栽出售优质绿化苗木 130 万株，采收红豆杉枝叶 1800 万吨（用于提炼珍稀抗癌药物紫杉醇），20 年后可获得珍贵木材 8 万立方米，经济效益不可估量。可以想象，在不久的将来，万亩红豆杉基地将不是简单的经济林，更将成为发挥第一产业、第二产业、第三产业综合效应的“富民林”和“聚宝盆”。

龙东村红豆杉项目的案例显示，工商资本是推动乡村振兴的重要力量。工商资本下乡带动了技术、人才等要素流向农村，培育了新型农业经营主体，通过合理分工让农民能通过土地等资源获得收益，把“老板”与“老乡”的优势结合起来，这是一条以生态建设为引领、工商资本为载体、农民增收为根本的城乡融合发展之路。

当前，类似龙东村红豆杉项目的案例在浙江省还有很多。托尔斯泰说过，幸福的家庭总是相似的，而不幸的家庭各有各的不幸。这句话反过来说也是成立的，那就是，成功的案例各有各的经验，而失败的案例却大同小异。浙江省为全国乡村振兴提供的经验，正如车俊书记所强调的，在于“促进城市的资本、资金、技术、人才等要素与农村丰富的资源和劳动力相结合”。而在这一城乡融合发展过程中，各地要因地制宜，做好特色文章、优势文章。走这样的道路，真正践行了习近平总书记“绿水青山就是金山银山”的科学论断，实现了生态建设、农民增收与工商资本的“三赢”，让农业更强、农村更美、农民更富。

值得注意的是，工商资本下乡也存在一定风险。已有多项研究指出，工商资本下乡会冲击农民的生产经营，容易与当地农民发生利益冲突，圈占土地可能导致耕地的“非粮化”和“非农化”。作者认为工商资本下乡最大的风险可能在于，相比于工商资本增值而言，农民收入的增加比例仍然偏低。建议的应对策略为：①让足够多的工商资本下乡，形成市场、形成竞争，就能够保护农民权益；②建立长期的利益分享机制，让农民分享资本增值的收益，就能实现激励企业和保障农民实质受益的可持续发展。这样的制度安排将为完善土地流转制度，甚至为进一步的土地制度改革创造条件。

## 11.5 继续推动基金小镇发展　构筑区域金融生态圈*

近年来，随着国家大力推行特色小镇建设，我国基金小镇也进入了快速发展期。2015 年初，浙江省就将特色小镇建设列入省重点工作，在特色小镇建设方面走在了全国前列并积累了丰富经验。“培育新动能，发展新经济”的背景也带动了浙江省经济蓬勃发展，大量创新创业项目落户浙江省，推动了创业投资、私募股权投资等新金融业态的发展。基金小镇作为连接资本和企业，对接实体经济的集聚平台，具有吸引高端金融人才和金融机构，进一步发展壮大新金融产业等明显优势。因此，继续推动基金小镇的发展建设，将有力促进浙江省经济转型升级和新型区域金融生态圈的形成，深化经济新常态下的供给侧结构性改革。

### 11.5.1 浙江省基金小镇的发展现状

2012 年，浙江省就诞生了第一个基金小镇——南湖基金小镇。截至 2017 年底，浙江省已经公布建设了 17 个基金小镇，占全国基金小镇总量的 38%，是全国基金小镇拥有基金小镇最多的省份。从省内基金小镇分

* 本部分作者系财通证券研究所副所长、浙江省公共政策研究院兼职研究员金赟。

布来看，17 个基金小镇中，有 6 个位于杭州市，4 个位于温州市，3 个位于宁波市。另外，嘉兴市、绍兴市、金华市、义乌市和台州市各有 1 个基金小镇。从开发模式来看，浙江省由政府主导开发建设的基金小镇，共有 13 个，占浙江省基金总数的 76.47%；浙江省由政企合作开发建设的基金小镇有 3 个，分别为华融黄公望金融小镇、梅山海洋金融小镇和温岭基金小镇；浙江省由企业主导开发建设的基金小镇只有 1 个，即温州文化金融小镇。从基金小镇的定位来看，各个基金小镇都结合当地发展情况和特色提出了差异化发展目标。例如，玉皇山南基金小镇主要打造私募基金和对冲基金聚集地，梅山海洋金融小镇重点发展海洋金融业务，白沙泉并购金融街区主要打造并购业务全产业链服务。但从引进的机构和项目来看，各个基金小镇基本都以引进私募基金为主，同时辅以各种类型的金融机构以丰富金融体系，在实际发展中有一定的重复性。

### 11.5.2　浙江省基金小镇存在的问题

#### 11.5.2.1　特色元素不够突出，同质化现象严重

目前，浙江省内基金小镇大多都以美国格林尼治小镇为发展学习对象，借助距离上海金融中心较近的区位优势，致力于打造与上海协同错位发展的金融财富中心。在制定发展目标时，虽然结合当地特色产业发展提出了相应的发展方向，但是各个基金小镇的引进对象大多数包含了私募股权投资基金、并购基金、对冲基金、量化投资基金等各类金融机构，没有体现出当地市场主要的金融需求。引进对象类型的重叠容易造成不同基金小镇间的恶性竞争。特别是在浙江省特色小镇年度考核的压力之下，各个基金小镇容易形成争相抢夺资源的局面。例如，嘉兴南湖基金小镇全力推进接轨上海，多次邀请上海投资基金和企业参与对接会，鄞州四明基金小镇也希望承接上海经济辐射，多次赴上海举办推介会。优质金融机构数量的紧缺和不断上升的招商计划可能导致基金小镇逐渐降低招商标准，让不合格机构和企业趁虚而入，极易引发招商危机。

#### 11.5.2.2　政府干预过于强势，运营主体错位

浙江省大部分基金小镇都是以“政府引导，企业主体”的模式发展，虽然强调了市场化，但在运营中仍然主要靠政府支持，一旦离开了地方政府的扶持，很多基金小镇将难以正常运营。而地方政府在发展建设基金小

镇时往往容易专注于上级的考核标准，忽视市场的真实需求，灌以过多的政策目标，导致资金资源的使用效率降低。地方政府在基金小镇建设中的作用不容置疑，格林尼治小镇的成功就主要得益于小镇所在的康涅狄格州税负远低于纽约州，且监管环境更加宽松。但是，市场的作用也不容忽视。对冲基金自发地聚集并拥有充足的市场需求，格林尼治小镇才能成为成功的对冲基金小镇。现阶段，浙江省大部分基金小镇还处于起步阶段，发展比较依赖地方政府的政策支持，但在基金小镇逐步发展成熟的过程中，地方政府需要遵从市场的选择，过多的政策干预反而会影响资金的有效配置。

#### 11.5.2.3 政策创新能力欠佳，后期吸引力不足

为了吸引各类金融机构和企业入驻，浙江省基金小镇都制定了相应的优惠政策，从服务质量、税收优惠、财政补贴、租金减免、环境优化等方面提升小镇的吸引力。但是，由于金融产业发展具有一定的特殊性，单纯的财政补助不一定能够保证其持续性发展。从美国较为成功的格林尼治小镇和硅谷沙丘路基金小镇的经验来看，成功运作的基金小镇或与上游资金端联系紧密，或与下游投资项目联系紧密。因此，地方政府在对基金小镇进行前期扶持时，更要从长远发展的角度进行统筹，通过整合资源平台、提供数据技术服务等，拉近基金小镇与上游资金端和下游投资项目的距离。同时，政府考核标准也忽视了引导基金小镇长远发展。2017 年，浙江省发布的《特色小镇评定规范》对金融特色小镇的考核主要从资产管理规模、金融机构进驻数量和产出效益进行衡量，没有考虑到长期金融业态的培育。

### 11.5.3 对进一步推动基金小镇发展的建议

#### 11.5.3.1 加强统筹规划，因地制宜地走特色化发展之路

目前，浙江省内有不少基金小镇的目标定位还不够明确。虽然这些基金小镇都希望吸引私募股权投资基金、对冲基金、量化投资基金等金融机构和相关产业链机构入驻，但是不同类型的金融机构对周边环境和设施服务的需求不同，要满足所有类型机构的要求显然并不现实。加之不同地区有着不同的产业基础，在金融服务实体经济的背景下，基金小镇需要契合当地经济发展需要，找准当地实体产业与金融产业有机结合的突破口，做

好连接上游资本与下游项目的桥梁，避免盲目的跟风学习，达到特色化发展、错位发展和高质量发展的目标。

#### 11.5.3.2　顺应市场规律，实现金融要素有效聚集

在运营模式上，进一步落实“政府引导，企业主体”的发展模式，重视市场对资源配置所起的决定性作用，让企业更多地参与基金小镇的建设。目前，浙江省八成左右基金小镇都是由政府主导开发建设的，企业在基金小镇管理和建设中的参与程度还比较低。由于我国特定的社会经济环境，在很多区域很难像美国一样自发的形成基金小镇，因此地方政府的引导显得格外重要。同时，也应当意识到政府干预可能带来资源低效配置等问题。一方面，要逐步推广政企合作和企业主导的开发模式，通过社会资本的参与加强市场的引导作用；另一方面，要在基金小镇发展后期逐渐减弱财政补贴，更多地从搭建平台和数据共享等方面提供支持，通过市场选择适宜生存的金融机构，推动金融要素的流动和聚集。

#### 11.5.3.3　完善政策体系，打造区域金融生态圈

基金小镇的发展离不开本土经济环境的支持。浙江省民营经济发达，民间资本雄厚，为金融产业发展奠定了良好的资金基础。但是，浙江省金融人才不足，会计、法律以及第三咨询机构等相关配套产业不足以支撑较大规模的基金小镇。浙江省各个基金小镇已经开始通过个人所得税补贴、人才奖励、租房购房补贴、生活福利等吸引金融人才，但居住环境、医疗条件、子女入学等都会影响人才的去留。发展基金小镇不能简单地将金融机构聚集在一起，而是使基金小镇既充当资源对接的平台，让入驻机构可以在小镇里得到项目所需的配套服务，又营造良好的区域生态系统，让小镇居民可以拥有高品质的生活。这需要进一步完善基金小镇政策体系，综合考虑基金小镇配套产业链发展和金融人才引进，构筑一个完整的区域金融生态圈。

## 11.6 孵化器出海　浙江省全球化创新的新征程*

海外创新孵化中心在浙江省悄然兴起，正在拉开浙江省在全球新视野下竞争的大幕。海外创新孵化中心以“离岸孵化、跨境加速”为特征，进行创新创业要素跨国、跨行业共享与整合。并在条件成熟时，将创新成果引入中国，对接产业转型升级的需求，继续进行本地化的加速，并适时获利退出。

### 11.6.1　浙江省海外创新孵化中心的运营模式

浙江省海外创新孵化中心相较于北京、深圳等地的海外创新中心，更强调“轻空间、重服务”，借助强大的全球浙商网络，在全球范围内的战略布局更加广泛，深入当地而不仅限于服务华裔，与当地主流创业团队、本土圈子的融合，在吸引人才与项目引进落地方面成果较为显著。

从孵化功能来看，海外创新孵化中心集聚了金融投资、空间孵化、生态平台、活动组织和加速落地5项主要功能。根据不同的功能组合和盈利模式可将海外创新孵化中心划分为不同的运营模式。比较有代表性的运营模式包括投资孵化模式、生态平台模式与联合空间模式。

#### 11.6.1.1　投资孵化模式

投资孵化模式的核心在于“金融投资+活动组织+落地加速”，侧重设立不同形式的种子基金，联合海外金融资本，实现海外项目的挖掘、筛选与实施投资和并购工作，并对投资项目进行孵化培育与加速回国落地。该模式通过提供种子基金及训练营等服务来换取初创企业的股份，在其上市或被其他企业并购时退出获利。该孵化模式的特点是以最快速、操作最

---

* 本部分作者系杜健（浙江大学管理学院副教授）、陈勇（浙江省科技厅国际合作处副处长）、周超（浙江大学管理学院博士）和郑秋霞（浙江大学管理学院博士）。

简易的方式撬开国际创业市场。例如，浙江省赛伯乐离岸人才科技孵化器。

#### 11.6.1.2 生态平台模式

生态平台模式的核心在于“金融投资 + 生态平台 + 活动组织 + 落地加速”，注重以不同形式的平台为桥梁，集技术转移、创业训练、企业服务、国际活动“四位一体”，实现国际高科技企业、风险投资机构、科研机构和政府的有效对接与交流，不仅致力于引进海外的创新创业资源，同时也帮助中国企业实现跨境资源互补、联姻与合作，促进国内外孵化器的双向融合。生态平台模式以中介服务收入为主。例如，杭州市高科技投资有限公司的科技金融创投模式。

#### 11.6.1.3 联合空间模式

联合空间模式的核心在于“空间孵化 + 金融投资 + 活动组织 + 落地加速”，主要从办公空间、数据中心、引进投资和商务培训等方面向企业提供创业资源，帮助初创企业成功创业，并实现迅速成长。联合空间模式的特点在于依托海外实体孵化空间，实现物业收入、中介服务、风险投资“三驾马车”并驾齐驱。例如，浙江清华长三角研究院下属的浙江海合科技服务有限公司创投模式。

在实际运作过程中，海外创新孵化中心因其发展程度不同和当地政策环境的差异，也产生了多种模式组合的发展态势。

### 11.6.2 浙江省海外创新孵化中心运行中存在问题

#### 11.6.2.1 政府引导作用发挥不够

一是孵化器天然的风险性，加之海外运作的外来者劣势，高风险让许多社会资本望而却步。面对市场缺位，政府需跨前一步，从宏观政策层面加大引导力度、分担风险，提供适当的金融扶持政策迫在眉睫。

二是海外创新孵化中心运营中人才、场所、资金、外汇等诸方面的问题，涉及多个政府相关部门的审批与管理，目前还缺乏系统性顶层设计，难以形成部门合力。

三是由于缺乏政府统筹和协调，造成一些热门区域的交叉重复布局和同质性竞争，需要进一步强化和协调“一带一路”的孵化器国际合作。

四是贯彻“八大万亿产业”计划、“智能制造 2025”战略，需要进一步规划在信息经济等若干战略必争领域集聚创新要素。

#### 11.6.2.2 运营机制有待进一步完善

一是尚未形成稳定的项目来源，造成海外创新孵化中心项目来源有限且性价比不高，缺乏相对可靠的获取海外优质项目和技术资讯的途径。

二是国际影响力不足，缺乏对优质项目的吸引力。目前，主要吸引的是有意向在中国市场运营的企业，而不是凭借孵化中心本身的优势吸引企业。

三是缺乏清晰的服务盈利模式，大多数孵化中心尚未形成稳定的盈利，不利于长期的可持续发展。

#### 11.6.2.3 示范和平台作用发挥不足

一是浙江省现有海外创新孵化中心尚未形成能够有效联结海外优质创新资源供给与浙江省产业发展需求的成熟机制，对接渠道有限，面向全省辐射作用不明显。

二是与浙江省新兴产业发展和传统产业转型升级结合不够密切，还未能在功能定位、产业配置上形成协同效应，在带动浙江省创新创业联动发展方面有待进一步加强。

### 11.6.3 加快建设浙江省海外创新孵化中心的对策建议

#### 11.6.3.1 总体思路

深入落实浙江省委、省政府建成“‘互联网+’世界科技创新高地，率先建成创新型省份”的总体战略，以集聚海外创新创业资源为宗旨，以引进海外高科技项目和高端人才、打造国际科技创新服务平台为目标，以合理布局和建设海外创新孵化中心为手段，实现从海外团队当地孵化到创新企业引进孵化、再到新兴产业落地孵化的全链条服务，坚持“市场主导，政府引导；跟踪前沿，精准孵化；内外联动，资源共享；多元共存，协同发展”方针，为浙江省产业结构升级和国际技术竞争力提升提供强劲原动力。

### 11.6.3.2　任务目标

（1）建设成为高端创新创业资源的集聚地。通过深耕海外科技创新高地，成为当地新兴技术、创业经验、风险资本、商业信息等高端要素的链接点，有效集聚和整合全球创新创业资源。这意味着未来参与全球竞争，浙江省将从参与成熟技术转移转向投资新兴技术培育，牢牢掌握住全球创新链的控制权。

（2）建设成为招才引智工作的桥头堡。浙江省不仅致力于打造全球高科技领军人才智库，而且通过“带土移植”方式，确保引进的海外高层次人才充分发挥其丰富知识、经验与人脉，进而带动一批国内人才的成长，充分发挥辐射效应。

（3）建设成为国际科技创新合作的长效平台。浙江省以“小空间、大平台”的理念推动海外创新孵化中心平台化发展，更好地把全球专业化的机构引入浙江省，让创业者、投资者、第三方服务机构充分互动，实现平台专业服务能力最大化，对国内孵化行业的提升与发展起到示范作用。

（4）建设成为产业创新生态系统的协同利器。努力将浙江省海外创新孵化中心建设成为全球创新生态链中的关键枢纽，有效解决跨区域、跨产业孵化的整合痛点，促成一流的创新、创业、创投、创客“四创联动”全球生态圈，引领产业的协同创新，并为浙江省的创新驱动发展注入新动能。

（5）建设成为浙江省对外交流往来的品牌窗口。建成浙江省在全球的窗口“名片”，不仅让海外创业者、海外留学人员基于此链接到浙江的创业土壤，而且依托其提升浙江省的海外影响力，让更多浙江企业以此为窗口，了解海外、走向国际，成为联系海内外各界人士的“连心桥”。

### 11.6.3.3　对策建议

（1）促进开放协同，加速生态发展。积极推进海外创新孵化中心与浙江省科技大市场、园区（开发区）、国际科技合作基地、孵化器、创投机构和企业等紧密合作，实现政府“搭台”、园区“铺路”、企业“唱戏”的生态建设模式。加强区域内和跨区域孵化器的交流合作，强化中心城市和高新区对周边县市区的辐射带动作用，推动形成区域内部协同、跨区域协调、海内外对接的联动发展格局，使海内外创新创业协同发展，精准孵化持续落地。

（2）扩大资金投入，创新资助方式。

一是加大财政资金投入力度，加强对海外创新孵化中心的宏观引导和公共服务产品供给。

二是创新财政支持方式，综合运用多种手段，采用先创建授牌、再绩效考评的方式，根据海外创新孵化中心上年度经费支出分等级予以运营补贴奖励。

三是综合利用各级财政专项资金、小微企业创业创新基地城市示范资金、“双创”示范基地资金等，发挥财政资金母基金杠杆作用，引导社会资金与民间资金参与海外创新孵化中心建设。

（3）加强组织领导，实现协调发展。充分发挥浙江省支持海外创新孵化中心建设工作联席会议制度作用，统筹推进组织实施工作。各个成员单位要密切配合、相互支持、形成合力，认真落实联席会议议定事项，协调解决重点、难点问题，形成高效运行的长效工作机制。尽快制定出台《浙江省海外创新孵化中心管理办法》《浙江省海外创新孵化中心绩效评价办法》，规范认定和管理流程，明确绩效评价标准，加强制度保障。

（4）健全管理机制，提高服务效能。

一是建立高层次、常态化的专家咨询机制，负责对海外创新孵化中心目标定位、建设模式、选址布局、产业领域等方面进行专业指导，对项目运作、承担单位孵化能力、运营团队等情况提出评定意见。

二是用互联网思维和信息技术手段健全对海外创新孵化中心发展情况的监测、统计和评价分析机制，持续开展年度审核和动态管理，强化对支持建设和培育单位的公示、淘汰机制，根据绩效评价结果对项目予以连续支持或取消资格。

三是鼓励各地、各类主体积极探索支持海外创新孵化中心发展的政策模式，及时总结和交流海外创新孵化中心建设的经验和有益做法，对模式新颖、绩效突出的案例进行宣传推广，树立品牌，扩大影响。

（5）完善政策保障，形成组合支持。

一是为海外创新孵化中心推荐的优秀人才和项目建立评审绿色通道，把海外创新孵化中心纳入浙江省与相关国家政府之间科技合作框架，优先推荐和倾斜支持申报国家及省级各类科技合作和人才计划项目及国家或国际科技合作基地等国家级平台。

二是积极落实符合条件的人才在出入境便利、落户、住房、子女就学、配偶就业、医疗、保险等方面的优惠政策，提高人才配套服务水平。

三是对海外创新孵化中心引进的符合条件的高科技项目和在浙江省省内配套的姊妹孵化器等予以优先支持，并积极提供工商注册、产业对接、科技中介和金融支持等配套服务，确保项目顺利落地浙江。

## 11.7 以杭州 eWTP 实验区为契机推进浙江省网上丝绸之路建设*

浙江省“十三五”规划指出，大力发展企业对企业跨境电商，打造“网上丝绸之路”战略枢纽。浙江省省委书记车俊和浙江省省长袁家军均强调构建全面开放新格局，全力打造“一带一路”重要枢纽，全面实施打造“一带一路”枢纽行动计划。杭州市政府自 2013 年与阿里巴巴集团不断深化合作，致力于打造全球第一个“eWTP 实验区”。围绕杭州市 eWTP 实验区建设，立足浙江省跨境电商实践经验，聚焦“一带一路”重要枢纽目标，打造浙江省“网上丝绸之路”，是浙江省面临的历史机遇和重大考验。

### 11.7.1　跨境电商、eWTP 和网上丝绸之路的关系

eWTP 是阿里巴巴集团董事会主席马云基于中国跨境电商实践提出的旨在促进全球普惠贸易的倡议和构想，是由私营部门引领、市场驱动、多利益攸关方参与的国际合作平台（机制）。通过开展公私对话和机制性合作，探讨和推广全球电子贸易的发展趋势、面临问题、商业实践和最佳范例，孵化全球电子贸易的规则和标准，能够为全球互联网经济和电子商务发展创造更加有效、分享和普惠的政策和商业环境。eWTP 建设包括规则

---

* 本部分作者系杭州师范大学阿里巴巴商学院教授、杭州市政协委员王淑翠。

层、商业层和技术层 3 个部分。

跨境电商是“互联网 + 国际贸易”的新型商业模式及产业链，eWTP 是应对全球跨境电商发展趋势、重塑国际贸易规则和标准体系的构想，网上丝绸之路是国家“一带一路”倡议在沿线国家的网络贸易实践。浙江省要充分整合好 2 个国家综试区和 1 个国家自贸区的资源优势，围绕政策沟通、设施联通、贸易畅通、资金融通、民心相通，利用 eWTP 试验区建设契机，率先总结出国家间网络贸易服务、监管和治理体系，进而助力国家“一带一路”倡议的实施。

### 11.7.2 浙江省网上丝绸之路建设中存在的问题

#### 11.7.2.1 规则层高度不足，尚未制定出全球可复制推广的国家层面的贸易政策和网络贸易服务体系

随着跨境零售业务的快速增长，中小企业在跨境出口业务方面成为主力军。但现有的由各国政府主导的 WTO、FTA、TPP/TIIP 等多边、双边及区域性协议（定）难以全面有效解决该类实践中的各种问题。eWTP 为跨境贸易提出了全球视野下的构想。目前，杭州市的“六体系、两平台”打造了较好的技术环境和数字服务，但仍需研究设计关于跨境电商的法规责权界定、申报运行规则、监管考核办法、信用评估体系和数据交换标准等，总结可复制推广的国家层面的网络贸易便利化经验，推动 eWTP 实验区建设向“一带一路”沿线国家延伸，形成以杭州市为圆心、连接全球市场和网络贸易资源的 eWTP 实现路径。

#### 11.7.2.2 技术层宽度不足，尚需完善覆盖平台及其新业态的服务体系和技术环境

经过阿里巴巴集团十几年的实践和探索，出现了以“一达通”为代表的聚焦于 B2B 跨境贸易的第三方对外贸易综合服务平台。但完全按照现有的 WTO 框架设计与运行的一站式外贸“交付服务”，使中小企业依然要面对 WTO 各种烦琐规则和不平等门槛，无法为 B2C、C2C 跨境零售提供相应服务。未来杭州市可以在“单一窗口”平台基础上继续完善网络贸易平台上的跨境贸易规则、商业生态系统和技术服务设施，丰富 eWTP 落地的服务设施、监管内容和治理体系。

#### 11.7.2.3　商业层力度不足，尚需促进跨境电商生态系统的模式创新和提升国际竞争力

跨境电商对传统贸易体系和全球价值链产生严重的冲击和颠覆。在贸易主体、贸易形态、商业模式、组织方式等方面都不同于传统国际贸易。在贸易主体方面，全球中小微企业和消费者正在成为全球化的新主体和驱动力量。在贸易形态方面，跨境电商（包括 B2B、B2C、C2C 等）在全球贸易中的比例快速提升。在商业模式方面，国际供应链通过电子商务的在线化、数据化和网络化，从工业时代的生产引导消费模式向消费者需求驱动生产的模式（C2M）转变。在组织方式方面，平台成为互联网时代消费、就业、创业、创新的重要基础。目前，浙江省虽然引进了全球知名的跨境电商平台和企业，但本土的中小微企业数量和竞争力明显不足，需重点关注扶持中国的平台公司发展，提高各类新业态、新商业的创新性和竞争力，包括商业模式、品牌全球化、跨境电商运营、全球价值链、产品和服务、进出口产业等。

#### 11.7.2.4　人才供应不足，需深化高校育人机制和新型人才供给改革

浙江省跨境电商的发展战略亟须大量的跨境电商人才。统计数据显示，浙江省有 4 万多家市场主体从事跨境电子商务，开设的网店超过 60 多万家，业务范围覆盖 150 多个国家（和地区）。浙江省区域经济发展与国际商务高级人才供应存在巨大缺口，“培养互联网时代的复合型国际商务高端人才”是跨境电商和 eWTP 发展的基本保障。互联网时代的大学教育应根据时代发展和社会需求，创办应用型专业，充分利用现代信息技术，创新教育教学方法，致力于提高大学生在互联网领域的创新创业能力。

### 11.7.3　促进浙江省网上丝绸之路建设的建议

#### 11.7.3.1　建立高端智库，研究 eWTP 全球网络贸易体系

eWTP 框架中涉及多国政府、多国平台、所有利益相关方利益和权责设计，需要开展广泛的多边谈判、公私对话、多方合作，需要政府、企业、商校、相关社会组织的共同努力。建议由政府牵头，在杭州师范大学等高校建立由政府、高校、跨境电商平台及企业、相关社会组织等多领域的专家构成的高端智库，围绕着中小微企业普惠贸易便利化需求，以建立

自由、开放的“世界电子贸易平台”为最终目标，研究设计具体的跨境贸易中法规责权界定、申报运行规则、监管考核办法、信用评估体系和数据交换标准等，促进 eWTP 在全球更快推广和应用。

#### 11.7.3.2 围绕“一带一路”，总结国际网络贸易区域经验

首先，杭州市要总结与马来西亚的 e－Hub 对接合作经验和措施，以推进普惠贸易和贸易便利化为目标，尽快形成可在其他“一带一路”沿线国家推广的样板，以网上丝绸之路促进“一带一路”倡议落实。未来重点突破国际合作的网络贸易流程、海关税收监管等规则体系和贸易便利化措施。其次，杭州市要通过全球速卖通、“义新欧”中欧班列、中国（宁波）跨境电子商务综合试验区、浙江舟山群岛新区等总结“一带一路”沿线国家传统贸易和跨境电商的流程规则，发现和解决网络贸易中的冲突、障碍和不足，提出措施促进贸易便利化程度和全球流通效率。最后，提炼各国普遍接受的贸易规则和服务体系，形成全球可复制、可推广的“中国方案”。

#### 11.7.3.3 优化浙江省营商环境，把“浙江模式”打造成国家标准

互联网平台型公司和生态型公司将是未来商业组织的发展趋势，需要“生态化”治理。平台相关的各类主体要共同参与治理过程，共担治理权力，共享治理成果。其中，平台和政府是关键主体。一方面，平台需加强自律，杜绝“店大欺客”“霸王条款”等不良行为，制定惠及商家和消费者、便于政府监管、促进经济繁荣的平台管理规则，维护平台信誉。另一方面，政府需抓紧制定平台相关法规条例，监管平台制度设计、各方权责边界、数据应用、信用管理等，利用互联网法院加强对平台上各方主体的监管和保护。政府联合平台，共同打造有利于双创的技术设施、商业政策和社会环境。基于“六体系、两平台”，继续深化数字口岸、数字认证、数据监管、数据应用、数字服务和数字金融等方面工作，提高跨境电商全业态、全业务、全链路的便利性。

未来，需进一步加强对相关行政人员的培训，由跨境电子商务综合试验区办公室牵头，定期组织各区、县（市）跨境电子商务领域分管负责人和相关人员培训学习，不断提升专业思维和知识技能。

#### 11.7.3.4　加强宣传培训，扩大新型专业人才供给

加大对跨境电商业务的宣传。从短期来看，通过集中的专业培训引导各类制造业、传统外贸企业和个人发展跨境电子商务，用“互联网 + 外贸”打开外贸转型发展新通道，巩固和拓展跨境 B2B、B2B2C、B2C、O2O 等业务，加快发展传统外贸企业的 B2B 线上经营，构建从企业到市场的自主品牌全链路运营通路，为中国制造业培育全球价值链和国际竞争力。设立专项跨境电商创业扶持基金，面向在校大学生提供开店资金支持，把大学生打造为跨境电商领域的新生力量和先锋部队，从而带动社会青年和传统企业开展跨境电商业务。从长期来看，重点扶持高校跨境电商专业的人才培养工作，鼓励平台企业和跨境电商企业参与高校育人过程，建立产学研长效合作机制。同时，通过和政府科研部门的合作，设立专项课题支持专业教师的跨境电商相关课题研究，鼓励高校积极参与研究国际规则和标准制定工作。

## 11.8
## 推进“人才强省”战略　完善高层次人才引进政策*

2017 年 11 月，浙江省委、省政府颁布《高水平建设人才强省行动纲要》（以下简称《纲要》），明确指出要紧紧抓住引进人才、培育人才、用好人才关键环节，推广人才主管部门制定的人才认定标准，深化人才领域“最多跑一次”改革。人才越来越成为推动浙江省经济社会发展的战略性资源。但是，在现实工作中一些职能部门的人才评聘政策存在一些与“人才强省”战略不协调之处。

### 11.8.1　浙江省高层次人才政策存在的问题

一是年龄限制。根据《浙江省 151 人才工程（2011—2020 年）实施

* 本部分作者系浙江财经大学教授戴卫东。

意见》的评选条件，重点资助培养人员要求年龄在50周岁以下，一般应是往年入选的第一层次培养人员；第一、二层次培养人员年龄一般在45周岁以下，且分别是往年第二、三层次培养人员入选者。

二是局限于本省人才称号。根据《浙江省教育厅关于省属高校向突出贡献人才和高层次人才实行绩效工资总量倾斜有关问题的通知》（浙教人〔2016〕34号）文件规定，省级层面的高层次人才范围包括省特级专家、省“千人计划”人选、省151人才工程重点资助人选、省宣传文化系统“五个一批”人选、省“钱江学者”特聘教授。

三是政策延续时间中断。根据浙江省教育厅网站公示，2014年度和2016年度“钱江学者”特聘教授申报的引进时间分别是2009年1月1日至2012年12月31日（2014年6月12日公示）、2014年9月30日至2016年10月31日（2018年5月22日公示）。显然，2013年1月1日至2014年9月29日引进的高层次人才不能参与“钱江学者”特聘教授的遴选。

### 11.8.2 高层次人才政策措施不当造成的不利影响

针对上述第一个问题，能够引进的高层次人才，尤其是人文社科类研究人员，有影响的研究成果大多产生于其45周岁之后。而浙江省151人才工程的第一层次培养人员要求年龄在45周岁以下，所以45—50周岁的研究人员就不符合申报条件；50周岁以上的高层次引进人员除了年龄限制外，也因为不是第一层次培养人员无缘申报重点资助培养对象。显然，设立的引进高层次人才申报浙江省151人才工程的通道范围较窄。

针对上述第二个问题，浙江省级层面的高层次人才范围限定于浙江省的五类人才称号获得者。据调研获悉，一般情况下能够被引进浙江省的高层次人才在外省获得相关人才称号者较多。这样一来，享有外省人才称号的高层次人才便不能受惠于绩效工资总量倾斜政策。

针对上述第三个问题，“钱江学者”特聘教授申报的时间限制使上一轮申报时间结束至下一轮政策规定的引进时间之间被引进的人才没有申报资格。这样的政策规定无法保障机会的公平性。

### 11.8.3 完善浙江省高层次人才引进政策的建议

第一，建议根据研究领域，适当放宽年龄限制，不搞“一刀切”。由于人文社科研究领域与理工农医领域不同，需要研究人员长期积累才能厚积薄发，所以一般有影响力的研究成果形成时间较晚。就浙江省 151 人才工程来说，建议引进的高层次人才，申报第一层次培养人员的年龄限制可以放宽为 45—50 周岁，且不需要一定是第二层次人员入选者；重点资助培养人员的年龄限制可以放宽为 51—55 周岁，且不一定是往年入选的第一层次培养人员。

第二，建议对外省的人才称号实行选择性认可。能够被引进浙江省的高层次人才，一般在原单位都是有突出成果的人才。鉴于目前我国各个省份各级、各类人才称号泛滥的现象，建议对全国各个省份的省级人民政府、省委组织部以及人力资源和社会保障厅授予的人才称号予以认定。

第三，建议人才遴选政策的时间保持连续性。公共政策最重要的就是保证政策的延续性。“钱江学者”特聘教授人才政策的时间“断层”，对部分引进的高层次人才不公平。

## 11.9
## 长三角地区高质量一体化发展背景下的浙江大湾区建设*

浙江省提出建设“大湾区、大都市、大花园、大通道”的四大战略。其中，大湾区建设具有核心意义。在习近平总书记的指示下，2018 年长三角地区主要领导座谈会召开。长三角地区更高质量一体化发展战略的提出，对浙江大湾区建设提出了新的要求。如何推进长三角地区更高质量一体化发展战略，亟待理论依据和发现新思路。

### 11.9.1　长三角地区一体化发展的新趋势

浙江大湾区建设的背景是近年来长三角地区一体化进程呈现出新的趋

* 本部分作者系陈建军（浙江大学公共管理学院教授）和陈怀锦（浙江省社会科学院产业经济研究所助理研究员）。

势，表现为城市群连接机制出现新变化，城市群发展同向多元的实现路径更具可操作性。

长江三角洲城市群一体化发展的空间格局演进大致可以分为以下3个阶段：第一阶段，域内若干中心城市的组合联系加强，城市发展呈现单点突破。这些城市包括上海、南京、杭州、苏州、宁波等；第二阶段，以轴带发展为导向的城市连绵带出现。《长江三角洲地区区域规划》描述了以上海为核心，沿沪宁和沪杭甬线、沿江、沿湾、沿海、沿宁湖杭线、沿湖、沿东陇海线、沿运河、沿温丽金衢线为发展带的“一核九带”空间格局就是在这一阶段背景下提出的；第三阶段，形成多圈多层、轴带连接为特征的城市空间网络结构，即《长江三角洲城市群发展规划》提出的“一核五圈四带”的空间格局。

可见，长三角地区一体化的网络化趋势日益明显，由“点—面”向“点—带—面”再向“点—圈—带—面”演变。这一空间结构变化的趋势是顺应长江三角洲城市群的层次体系，顺应降低区域整合的体制成本和广义的运输成本的客观规律而发生的。

随着长三角地区一体化进入更高质量发展的新阶段，长三角地区空间连结机制和一体化机制的圈层特点表现的更加突出。主要表现为以上海市作为长三角市一体化发展的主要龙头城市，域内其他核心城市在行政体系和空间毗邻的作用力下形成互相关联次级城市群，长江三角洲城市群发展路径出现明显的网络化、圈层化发展的空间肌理。长三角地区一体化发展也呈现出整体一体化和局部一体化同步发展的趋势。《上海市城市总体规划（2017—2035年）》提出构建上海大都市圈构想。该构想除了覆盖上海全域之外，还辐射浙江省、江苏省毗邻上海市的区域。江苏省在2017年提出以沿江8座城市为主体构建扬子江城市群，整合江苏省域内次级都市圈，整体对接上海市，融入长三角地区。江苏省委书记娄勤俭提出，要在长三角地区一体化的大背景下推动内部一体化发展和融合发展，以局部一体化促进更大范围的一体化。浙江省提出的大湾区建设的区域战略，正是迎合了这种趋势。因此，需要明确认识浙江大湾区建设的本质是在长三角地区一体化发展的大背景下，以湾区治理的形式，通过局部一体化推动长三角地区更高质量一体化发展的现实途径。

### 11.9.2　长三角地区一体化发展视角下浙江大湾区的定位和功能

#### 11.9.2.1　理顺浙江大湾区与长三角地区一体化发展的关系

研究表明，与世界三大湾区（纽约湾区、旧金山湾区、东京湾区）和粤港澳大湾区相比，杭州湾大湾区或浙江大湾区无论在经济体量和发展质量上都存在不小差距。因此，浙江大湾区应该作为长三角城市群的子系统参与区域建设和合作，成为新时代长三角地区各个城市空间层级连结机制的重要组成，成为新形势下以充分发挥浙江省产业优势和区位优势对接上海、实现更高质量长三角地区一体化发展的浙江行动。

#### 11.9.2.2　以世界湾区功能为标杆，高起点建设浙江大湾区

湾区建设已成为各国发展开放型经济、提升全球战略优势和国际话语权的必然选择。从功能上看，国际化大湾区是国际贸易和国际经济的枢纽区、全球产业链价值链的控制区、创新发展的引领区、高度发达的国际化大都市群的门户区和核心区。

虽然目前浙江大湾区在经济总量、人口与产业聚集程度、国际贸易水平、创新资源储备、城市国际化程度等方面都与世界湾区存在较大差距，但浙江省发展湾区经济仍具有其独特优势。例如，滨海临湾的区位优势，先行布局的政策优势，以数字经济和互联网产业为代表的新兴战略性产业的发展优势，全球活跃的民营经济优势等。因此，尽管不应在宣传上过分强调比肩世界湾区的雄心，但在功能导向上应以世界湾区的功能特征为重要的发展目标。

### 11.9.3　以浙江大湾区建设为抓手，促进长三角地区更高质量的一体化发展

随着粤港澳大湾区上升为国家战略，浙江省作为“一带一路”、长江三角洲都市圈、长江经济带等国家战略布局的重叠区，搭乘中国湾区发展战略快车，积极实施大湾区战略，体现了优化浙江省区域经济空间格局与加强对外开放、推动长三角更高质量一体化发展的新思路。

浙江大湾区建设要在全球经济价值链中发挥重要作用，形成像粤港澳大湾区那样具有影响力的全球意义上的湾区，进而在国家战略中提升自己的战略地位，必须理顺与上海市的关系，理顺浙江大湾区建设在长三角地

区一体化发展中的定位问题。要充分认识浙江大湾区是长三角区域一体化发展的重要组成部分，是长三角地区的“局地湾区”。浙江大湾区要真正成为全球经济中举足轻重的世界级湾区，必须积极融入长三角地区一体化建设，成为长江三角洲世界级城市群的重要组成部分。

首先，浙江大湾区的建设从长三角地区一体化的角度讲是以局部一体化推动全局一体化的战略选择。高质量的长三角地区一体化发展应该有同向多元的多条路径。以浙江大湾区建设为抓手，打破浙江省各个地区之间的行政壁垒，合理安排和优化产业链的空间布局，推动要素的自由流动，形成地区之间的专业化分工。以杭州市、宁波市为龙头，各地市各扬其长推进大湾区一体化进程，同时对外积极策应以上海市为龙头的长三角地区高质量一体化发展。

其次，浙江大湾区建设的核心内容是利用浙江省的区位优势和产业优势加快对内、对外开放，推动产业转型升级、构建以我为主的全球价值链和产业链的控制区域。湾区的主要功能是全球产业链的价值高地、国际贸易和国际经济的枢纽区。因此，当前的建设应该以集聚高端要素、突破产业链瓶颈环节为中心，在战略上实行出口导向和进口替代双轮驱动，构建以我为主的全球价值链和供应链，并以此为依托，加快对内对外的全面开放。

最后，在具体实施路径上，可实行分区推动和同域整合。分区推动，针对各个城市、各个区域的区位特征和发展特征，分析优势与劣势，在一体化发展的大格局中找准发展定位，形成特色鲜明、高度互补、紧密关联、综合协调的发展态势。例如，杭州市重点发展互联网产业、休闲健康产业，宁波市与舟山市重点发展国际贸易与智能制造，台州市重点开展军民融合布局，温州市打造全球商业网络等。同域整合，既包括地缘相近地区的整合，也包括同类型产业之间的整合。例如，宁波港与舟山港在国际物流方面可进行一体化整合，以杭州为代表的不同区域之间的互联网产业、人工智能等相关产业也需注意协同发展。新时期，同域整合对于浙江大湾区参与国际化竞争、应对全球经济变化将发挥至关重要的作用。

# 第 12 章

# 着力改善民生

## 12.1 搭建平台、分类引导　构建社区社会治理的新格局*

党的十九大明确提出，“加强社区治理体系建设，发挥社会组织作用，实现政府治理和社会调节、居民自治良性互动”，进一步确立了社区在城市基层社会治理中的基础性地位。学术界普遍认为，居民参与是社区形成的核心机制。因此，必然在社区居民有序、有效组织化参与的基础上，进行制度的精细化设计。

### 12.1.1　当前我国社区治理的居民参与困境

居民参与不足是当前我国社区治理普遍面临的问题。从现象上看，社区治理的居民参与困境主要体现在以下几个方面：

---

* 本部分作者系浙江大学公共管理学院教授、浙江省公共政策研究院高级研究员徐林。

一是社区治理的参与者基本上是老年人和青少年，并且大多数参与者是由社区党组织或居民委员会动员有组织进行的。中产阶层、高收入群体对社区事务少有问津，偶然发生的参与活动几乎都是出于维护自身权利的需要，且“一事一议”，事情解决了参与也就停止了。

二是当前居民参与社区活动主要体现为居民出于个人兴趣受好参与自己喜爱的文体娱乐活动，完全是个人行为，既无行为约束、也无制度规范，社区往往根据所辖居民需求自行组织社区活动。

三是居民参与的社区活动以文体娱乐活动为主，很少涉及社区的公共事务或公益活动，对社区基层社会治理的影响微乎其微。这种浅层次的参与导致了较低的社区参与效能，而这又反过来进一步加剧了社区的参与困境。

### 12.1.2 居民社区参与的逻辑

社区是由一个个禀赋迥异的个体居民组成。居民的社区参与大致可归纳为以下 3 类：

一是只有能够影响社区发展的重要事务才能引起社区里的拥有丰富社会资源和制度整合能力“精英”们的参与兴趣，而且他们更加重视参与效能。他们有社会资源，有动员、协调和组织能力，但是缺乏组织化参与的制度平台。虽然在一些先发地区已经出现这样的社会组织（例如，浙江省绍兴市的“乡贤参事会”），但是仅处于萌芽状态。社区“精英”们组成的社会组织拥有不依赖于政府资源供给而在社区治理过程发挥重要作用的潜力，是社区最重要也是最稀缺的社会力量。

二是多数居民在社区提供了必要的软硬件设施并适当引导的情况下表现出较高的参与社区治理的热情（例如，杭州市的“红巷生活广场”）。基层政府不仅提供了居民参与各类社区文体活动的场所，还通过购买服务、引进职业社工、利用社区提供的公共空间，有计划地引导居民参与从个体化走向组织化。随着居民的参与热情不断高涨，基层政府和社区又适时引导其中表现出较强组织协调能力的积极分子，成立一批能够提供社区公共产品的公益互助类社会组织，进而大大提高了居民的参与效能，增强了他们的社区认同感。

三是部分社区居民（尤其是老年人和青少年）的参与可能仅限于文体娱乐类活动，这也是有意义的。合理引导，使其成为组织化、规范化的居民团体活动不仅可以活跃气氛，而且还会潜移默化地营造居民自治的社会基础。但这一过程不能建立在基层政府干预甚至主导的基础上。理想的状态应该是居民组织居民、居民引导居民，自我设计活动方案，自我获取资源，社区“精英”组成的社会组织可以也应该在这一过程中发挥激发和引导作用。

### 12.1.3　社区参与困境的破解之道：分类引导，搭建居民参与的多重平台

#### 12.1.3.1　让渡部分权力空间、充分授权，激发社区“精英”潜力，使其成为政府治理、社会调节和居民自治良性互动的纽带

本节定义的社区“精英”至少包括以下人员：退休的处级以上干部、有公共精神的企业家或高级管理人员、高层次的教育工作者以及其他有较高社会声誉的“名流”。他们或具有较强的组织领导能力，或具有一定的资源整合能力。因此，作者建议在街道层面成立一个由这部分人群组成的高层次社会组织，暂将其命名为“居民咨询委员会”（以下简称“委员会”），组成人员 3—5 年换届一次，可连选连任，自行选举负责人，包括负责人在内的所有成员名单必须报街道党委备案。这个组织至少应承担以下几项工作：

（1）委员会应成为政府与居民之间沟通的桥梁。每年年终街道应向就过去一年的工作接受委员会的质询，并听取委员会对未来年度工作规划的意见。委员会应尽到参事职责，一方面，“上情下达”，发挥自身在居民中的影响力，协助街道将政策以居民能够理解的方式传递给他们，使政策得以有效贯彻；另一方面，“下情上达”，将居民“碎片化”的意见整合成政策提案反馈给街道，街道应高度重视委员会的政策提案，及时逐条回复，尽力解决。

（2）委员会应成为本街道主导型的社区社会组织，成为居民引领居民、组织带动组织参与社区治理的核心因素。首先，整合内外部资源，引导和帮助本街道所属各个社区有计划地成立和发展各类社会组织，为其活动提供指导和支持；其次，倡导并成立各类社区公益组织，提升所属社区的自我救助能力。政府可按比例配套资金，但资源分配权应交由委员会，因为其成员都是本街道的志愿者，他们了解自身的情况，分配资源更加精确。同时，委员会在帮助本街道弱势群体的过程中也会不断建立起自己良好的社会声誉，从而更能够得到本地居民的拥护和支持；最后，利用自身

的专业优势或者资源优势，协助本街道及所属社区制定发展规划，实现居民的自我教育和自我发展。

（3）委员会应在社会治理方面发挥重要的调节作用。由于委员会成员都是在本街道具有较高社会威望的“精英”且在社会救助方面承担了重要职能，体现了公共精神，因此相对比较容易被居民认可和接受。同时，委员会成员本身就是社区居民，对街道和所属社区的实际情况更加了解。因此，应充分发挥其在基层社会治理方面必要的作用，让居民自主解决居民自己的问题，促进社会治理社会化。

#### 12.1.3.2 建设社区层面居民活动中心，搭建广大社区居民的参与平台

居民活动中心（以下简称“中心”）的运作方式可以借鉴杭州小营巷街道的“红巷生活广场”，但使用面积应该远远大于“红巷生活广场”，要保证能够有足够的空间容下居民自发成立的所有社会组织。这些组织不仅包括文体娱乐类的社会组织，还应该包括居民互助类的社会组织。例如，“女性之友”之类的服务于女性的社会组织、“老年之友”之类的服务于老年人的社会组织以及服务于外来人口等特殊人群的公益性组织。这些社会组织应成为居民的组织化参与载体，各个组织开展活动所需要的资源可通过委员会协调落实。作者认为，“中心”的作用应该超越社区居民之间简单的沟通交流，在服务社区治理、社区营造等方面发挥更大作用。作者建议政府将尽可能多的社会服务功能（例如，就业指导、失业登记、结婚或离婚登记、卫生防疫等）整合到“中心”，甚至纳入社区的党建功能，从而真正实现社会治理重心向基层下移的目标。当然，政府应在“中心”配备一定数量的公务员协调和管理，但不应干预居民社会组织的日常活动。

#### 12.1.3.3 成立居民的自治组织，通过开展各类活动丰富居民生活

居民委员会可以在更小的范围（例如，每个小区）成立并开展工作。自治组织的设立对于增强居民的社区归属感和认同感、营造社区居民自治的社会基础具有潜移默化的作用。委员会应该帮助落实基层政府的一些政策和活动。社区层面的居民活动中心应为本社区的每个委员会配备 1 名工作人员，协助处理必要的行政事务、协调资源配给等工作，但不参与其内部自治。

#### 12.1.3.4　民政部门应大力培养合格的社会工作者

社会组织的运作需要大量的社会工作者，而这些社会工作者不可能仅靠社会组织自己培养。因此，民政部门应大量培训合格的社会工作者，为这些社会组织提供足够的人力资源。更重要的是，针对当前社会工作者待遇不高、人员流动性强等问题，民政部门应出台相应政策提高社会工作者的待遇，并为他们提供晋升的空间，从而留住人才。

## 12.2 "第六大保险"为民生保驾护航*

在人口结构快速老龄化的背景下，为了解决失能老年人的生活照料、健康维持和慢性病康复等重大社会问题，2016 年 6 月人力资源和社会保障部颁布了《人力资源社会保障部办公厅关于开展长期护理保险制度试点的指导意见》（人社厅发〔2016〕80 号），在全国 15 个城市开展长期护理保险（"第六大保险"）试点工作。2016 年，浙江省失能、半失能老年人口共 76.81 万人，占浙江省老年人口总数的 7.45%。自以上文件发布以来，浙江省桐庐县、嘉兴市和宁波市先后出台相关政策，实施长期护理保险试点，但研究发现试点中存在一些亟待解决的问题。为此，浙江省提出相应的完善方案将有利于下一步试点推进和扩面工作，践行党的十九大报告"积极应对人口老龄化"以及实现"老有所养""弱有所扶"的战略目标。

### 12.2.1　浙江省长期护理保险试点存在的问题

#### 12.2.1.1　试点范围未能全覆盖

桐庐县、嘉兴市坚持"全覆盖、保基本"的原则，将辖区范围内参加基本医疗保险的所有职工和居民（包括学生、儿童、老年人等）不分

* 本部分作者系浙江财经大学教授戴卫东。

城乡、不分年龄全部纳入保障范围，覆盖各类参保人群。但是，宁波市长期护理保险只覆盖到市本级、海曙区、江北区、鄞州区参加职工基本医疗保险的人员，不包含住院医疗保险的参保人员。宁波市作为副省级城市，该政策既不符合保险“大数法则”原理，也不符合筹资的规模经济理论。

#### 12.2.1.2 基金筹资渠道不畅

桐庐县、嘉兴市通过个人缴费、基本医疗保险结余基金和各级政府补助等渠道筹集长期护理保险资金，同时接受慈善机构等社会团体以及个人捐助。其中，桐庐县低保户、残疾人等城乡居民医疗保险费免缴者由县财政全额资助其参保长期护理保险，个人无需缴费，体现了社会公平。嘉兴市各级财政每年从福利彩票公益金中安排一定数量的资金用于充实长期护理保险基金。然而，宁波市在长期护理保险试点期间，个人和单位不缴费，仅从市区职工基本医疗保险统筹基金累计结余中先行安排 2000 万元作为启动资金，财政却没有体现相应的出资责任。

#### 12.2.1.3 失能评估指标简单

桐庐县为解决 Barthel 失能量表评价指标过于简单、易受评估人员主观因素影响等弊端，引进上海市照护需求统一评估标准，并从县级医院遴选出 20 余名副高级以上职称的医卫专家组建失能评定专家队伍。而嘉兴市和宁波市的失能评估标准仍按 Barthel 指数评定量表执行，主要照护对象是经过不少于 6 个月治疗的重度失能人员。

#### 12.2.1.4 保障方式偏向机构护理

桐庐县、嘉兴市的长期护理方式主要有定点医疗机构护理、定点养老机构护理、居家上门护理 3 种形式，并且护理服务价格呈合理的依次递减趋势。宁波市则只有专业机构护理（以下简称“专护”）和养老机构护理（以下简称“院护”）2 种护理方式，且专护、院护的价格均为 40 元/天，没有体现不同护理方式的价格差异。宁波市没有将居家上门护理纳入长期护理保险保障范围的做法有可能导致失能老年人为享受保障待遇涌向医疗机构或养老机构，引起“人满为患”的状况，造成护理服务资源的浪费。

#### 12.2.1.5　支付范围不宜全包揽

桐庐县、嘉兴市和宁波市三地长期护理保险支付范围基本上都包括清洁照料、饮食照料、睡眠照料、排泄照料、病情观察、卧位与安全照料、管道护理、康复护理、消毒卫生及心理安慰等照护服务。这些服务符合长期护理保险的保障属性。但是，嘉兴市规定，参保人员在定点服务机构接受长期护理服务，发生符合规定的床位费、护理设备使用费、护理服务费、护理耗材等费用，纳入长期护理保险支付范围，并设置封顶线。封顶线以下部分，由长期护理保险基金按规定比例支付；超过封顶线以上部分由个人承担。尽管设置了支付封顶线，但这种大包大揽的政策不利于长期护理保险基金的可持续发展。

#### 12.2.1.6　保险核心——服务不够重视

长期护理保险的核心是照护服务供给，所以相关服务标准应该予以规定。但是，3 个试点中只有嘉兴市作出了明文规定：定点服务机构提供长期 24 小时连续护理服务的，应做到全天候无间断服务；提供定期居家上门护理服务的，每次上门服务时间不少于 60 分钟、每周提供不少于 2 次上门服务。桐庐县和宁波市在此类服务实施细则中重点强调了不同护理形式的支付标准，缺乏服务标准。可见，政策制定的核心在于维持基金收支平衡，而不是保障失能老年人的照护需求。

#### 12.2.1.7　试点协调机制不健全

桐庐县、嘉兴市和宁波市三地虽然都要求人社、财政、民政、卫计、发改、编办、残联等部门在长期护理保险制度试点中各负其责、加强合作，但是行政职能分割的现象非短时间内、在一个政策实施中就能改变。宁波市成立了长期护理保险试点工作领导小组，由宁波市政府常务副市长任组长。桐庐县成立了长期护理保险试点协调小组，由县政府分管副县长担任组长，另建立了长期护理保险试点工作联席会议制度。应该说，建立长期护理保险试点协调小组领导下的联席会议制度是一个创新的、保障有力的措施。相比之下，嘉兴市长期护理保险的协调机制有所欠缺。

### 12.2.2 完善浙江省长期护理保险试点方案的建议

#### 12.2.2.1 以人民为中心，推进长期护理保险制度建设

浙江省是我国东部经济发达的省份，人口老龄化程度较重，加快长期护理保险制度建设是以人民为中心、为人民谋福利的体现。以是否为城镇职工为标准划分纳入长期护理保险的人群，仍然沿袭了计划经济时代城乡二元社会保障制度建构的思维。浙江省长期护理保险试点推进过程中覆盖全体城乡居民，不仅是新时代的国民待遇需要，也是社会保险筹资“做大蛋糕”的风险分担需要。此外，下一步长期护理保险扩面应当理性选择失能老年人较多、地方财政能力较强、养老服务基础较好以及老龄产业市场较活跃的县市。

#### 12.2.2.2 建立多元筹资路径，发挥公共财政职能

综观全球建立长期护理保障制度的国家，无论是津贴制还是保险制，政府财政投入都是重要的资金来源之一。例如，日本中央政府和地方政府的财政支出在护理保险基金中的占比约为50%。虽然我国不能完全照搬日本的经验，但财政不支持长期护理保险在国际上却很少见。嘉兴市、宁波市财政不支持长期护理保险的政策欠妥当，未来需要有效纠偏。单纯依赖基本医疗保险结余资金划拨筹资，风险很大。在试点扩面之际，建立由个人和单位缴费、财政支持、慈善捐赠等组成的多元筹资体系是长期护理保险的本质要求。

#### 12.2.2.3 制订科学的失能评估标准，充当“守门人”功能

失能等级评估标准的价值在于，与失能人员的申请资格、长期护理保险费率的测定、基金的收支预算以及医养服务规范、质量评价体系等密切相关，所以这既是一项基础工程，又是长期护理保险的特殊性决定的，担当着长理护理保险制度“守门人”的重任。目前，全球长期护理保险的失能等级评估，德国和韩国分为5个等级，法国分为6个等级，日本划分为7个等级，荷兰划分为8个等级。我国上海市采用6个失能等级评估标准。失能等级评估标准过于细化，显然会造成失能认定边界不清，增加评估工作难度和工作量。因此，建议浙江省长期护理保险采用五级失能标准。

#### 12.2.2.4　重视长期护理服务供给，引导居家护理服务为主的方向

长期护理保险防范的是老年人的失能风险。所以，长期护理保险重在护理服务供给的数量和质量。如果仅仅考虑长期护理保险基金的收支平衡，那么长期护理服务供给很可能要么数量不足、要么质量不高。为此，在制定的实施细则中必须有相应的失能等级对应护理服务次数、时间等具体标准的条文，否则，服务质量审核就可能因人而异，无规矩可循。

宁波市在服务供给方案设计上，与吉林省长春市如出一辙，仅对机构护理服务给予保险待遇。且不说医疗机构和养老机构在数量上难以满足失能老年人的需求，仅从老年人情感需要和服务成本来看，居家上门护理服务相对于机构护理服务就要优越得多。宁波市的做法与国际社会“居家服务为主，机构服务为辅”的政策相违背。因此，在试点推进和扩面过程中，应大力倡导居家护理服务。除了保障高于机构护理服务的保险支付率以外，还可以尝试对失能人员的亲属照护给予支持政策（例如，保险补助、免费培训等）。

#### 12.2.2.5　服务支付范围要有所不为，体现保障适度原则

党的十九大报告指出，“全面建成覆盖全民、城乡统筹、权责清晰、保障适度、可持续的多层次社会保障体系”。浙江省部分长期护理保险试点将长期护理服务过程中产生的全部费用都交由长期护理保险承担。这种做法不仅不符合国际惯例（日本护理保险合规服务费用的自付比例为10%；韩国的这一比例则为20%），而且现实中加重了长期护理保险基金负担，显然违背了我国社会保障体系“权责清晰、保障适度”的原则。浙江省人口老龄化程度较重，失能老年人较多，长期护理服务既要“有所为”，也要“有所不为”。体现个人责任是必要的原则，至少护理耗材费、护理床位费应考虑由接受服务的人员自付，而不应照套医疗保险的规则。

#### 12.2.2.6　长期护理保险属性特殊，需要建立资源整合的协调机制

与基本养老保险、基本医疗保险不一样，长期护理保险具有自身独特的性质，它需要多个部门通力合作才能实现其保障目标。在省级层面，由浙江省人力资源和社会保障厅牵头，联合省卫生健康委、省民政厅、省财政厅、省税务厅、省发展和改革委员会、保监会等相关部门制定实施意

见，联合发文才具有更高的法律效力。在县市级层面，除了上述相应的职能部门外，在业务上还需要与老龄、残联、编办、土管、工商、消防、慈善以及商业保险公司等相关单位开展协作，这样长期护理保险制度才能顺利运行。

虽然浙江省长期护理保险试点县市都成立了工作领导小组，但是还存在以下 2 个有待改进之处：

一是各地长期护理保险试点领导小组的成员单位不够全面，应当吸收税务、土管、工商、消防、商业保险公司等部门加入。

二是在体制内确立长期护理保险联席会议制度，定期开会检查、督促试点领导小组成员单位的相互配合、政策落实情况，尤其是要加强对商业保险公司的监管力度。

此外，在长期护理保险试点扩面过程中，也可以学习美国长期护理监察员制度。1978 年，美国《〈老年人法案〉修正案》规定每个州必须建立长期护理监察员计划。1987 年，《护理院改革法案》规定如果有失能老年人需要保护和辩护，监察员要直接、即时地开展调查。这一制度有助于系统外的监督与投诉，与系统内监管制度共同起到提高长期护理服务质量的作用。

## 12.3 构建平安浙江指数　推进智慧综治工程 打造浙江省平安中国示范区*

### 12.3.1 浙江省平安考核的成就和面临智慧治理的挑战

浙江省平安浙江建设始终坚持“大平安”的战略布局，强化平安建设以平安考核作为驱动力，坚持需求导向、问题导向、满意导向，着眼于

* 本部分作者系陈丽君（浙江大学公共管理学院政府管理系教授、博士生导师，浙江大学行政管理研究所所长）和高颢（浙江大学公管学院行政管理专业硕士生）。

解决人民群众最关心、最直接、最现实的利益问题。经过浙江省干部群众 13 年的不懈实践探索和打磨，构建了党政主导、社会共治的工作格局，业已形成了一整套制度化、系统化的平安考核体系，将其打造成为关系浙江省改革发展稳定大局的一项长期战略性手段，推进社会治理体系和治理能力现代化。但面对新时代习近平总书记提出的“增强工作预见性、主动性，推进平安中国、法治中国建设，深化智能化建设”新要求，浙江省平安考核尚存在下述挑战，亟须进行以风险防控为主，能实现预警监测和智能治理的指数化改造。

#### 12.3.1.1　平安考核亟须实施结果化、精细化的指数建设

现行平安考核体系缺乏精细化。首先，指标设置定性较多，结果导向指标混杂，在过程工作指标中，考核结果无法形成对决策者和公众的客观导引。其次，指标设置颗粒度较大，将多种不同类型、不同影响、不同性质的指标归为一类，难以进行数据的科学量化。再次，考评测算方式缺乏精细化，现有扣分制的考核方式忽略了不同类别指标的量纲、经济意义以及对社会平安作用趋向的差异。最后，考评过程精细化程度不高，忽略了经济发展情况、人口基数等地区差异性指标。

#### 12.3.1.2　平安考核亟须构建数据实时抓取机制

限于部分考核指标数据获取困难，群众满意感的测量需要耗费政府巨大的人力、物力、财力等原因，现行考核体系采用被动式数据获取方式，即各个部门通过年度报送方式提交考核结果，难以避免数据报送过程中虚报、瞒报的现象，难免出现综合治理数据平台缺少数据上报的“高速公路修好了，没有车子跑上来”的被动局面。此外，现行扣分式考核缺乏科学规范的设置标准，导致考核主体在扣分环节的自由裁量空间过大。亟须运用大数据技术，构建独立于报送的数据抓取机制。

#### 12.3.1.3　平安考核亟须完善社会平安的动态监测功能

现有平安考核以年度为时限，缺乏对地区每季度、每月、每天的平安状况动态监测，具体考核结果也只能展现各个地区 1 年内的平安建设综合情况，无法做到预警，限制了考核结果的使用。现有平安考核对于社会整体的平安状况把控滞后，对各类跨界性风险的信息掌握不完备，难以及时

应对各类影响社会平安的突发性公共事件，无法为党政部门提供动态决策依据，难以实现社会平安状况的趋势预测。

#### 12.3.1.4 平安考核亟须打破部门间的数据壁垒

当前，涉及综合治理（“大平安”建设）的各个数据分散于政府各个部门，浙江省数据中心尚未对各个部门平安建设数据进行归集，政法委员会（以下简称“政法委”）的数据平台有赖于数据报送，公安系统、检察系统、法院系统、安监系统、食药系统、环保系统等关键部门之间存在数据壁垒，缺乏统一的数据共享平台。信息不互通、数据不归集，全要素的数字化程度不高，未实现考评全流程的数字化，增大了平安智慧治理的难度。平安考核信息内涵的承载量过小，当下共享考核数据仅以最终的扣分结果呈现，难以对考核扣分原因加以追溯，无法实现整体平安建设工作复盘与科学有效的总结。

### 12.3.2 以大数据为根基，推行平安浙江指数的政策建议

鉴于上述挑战，新时期浙江省平安建设和考核亟须引进指数治理手段，客观评价社会治理的成效，了解民众主观安全感受；直观揭示社会运行状况，衡量社会和谐程度；动态监测社会运转，分级预警社会稳定状态，辅助决策社会治理的重点领域和重要政策；推动互联网大数据、信息新技术与社会治理深度融合，提升社会治理社会化、法治化、智能化和专业化水平。

#### 12.3.2.1 推行客观结果化考核，尽快推进平安浙江指数建设

以平安浙江指数为浙江省社会把脉的主要抓手，坚持智慧治理的发展方向，构建“大平安”的平安浙江总指数，设置社会政治稳定、社会治安安全、经济秩序平稳、生产安全状况、食品药品安全、生态环境安全和突发公共事件等 7 个子指数。各个子指数独立运行、独立发布。要构建客观结果化的指数指标体系，一方面，须注重指标筛选的客观性，设置定量化指标，明确选取指标的认定标准和来源部门，确保指标数据可以通过可靠来源直接获取；另一方面，也须注重指标筛选的结果性，设置可准确描述社会平安运行结果的指标。例如，“有效治安、刑事警情数”“万人违法犯罪案件数”“网络舆情事件”等。

#### 12.3.2.2　以指数导引风险时控，提供辅助决策的动态实时晴雨表

树立“治未病”理念，构建平安浙江指数预警机制，通过大数据分析、处理、挖掘，自动识别、敏锐感知，完善社会平安的趋势预测、动态研判、实时把控等预测功能，实现对于各类跨界风险的预测和预警，进而有效对各类风险实施提前干预。建立危机风险还原与问责机制，利用指数对海量社交数据跟踪分析，找寻事件的起因、传播渠道、涉案关键人物，还原社会群体危机发生的过程。打造平安浙江的决策信息库，针对平安浙江总指数与分指数的可能组合结果，形成常态化的应急决策模型和预案，积极应对愈发复杂的风险和矛盾。

#### 12.3.2.3　建立数据实时抓取机制，助推智慧综合治理工程落地

以政法委的数据平台为基础，建立政府信息系统内部数据实时抓取机制，实时动态的抓取公安系统、检察系统、法院系统、安监系统、食药系统等各个部门数据系统中的数据。建立互联网信息实时抓取系统，动态抓取、监测、汇总、分析各个领域的媒体报道、公众舆论等隐患信息，实现平安考核数据收集从“被动上报”转换为“云平台实时抓取”，实现对互联网上影响社会平安的敏感信息每日汇总、实时监控。建立各个政府部门之间数据互联互通、共建共享的周报制度，将相关部门内部无法实现及时抓取的数据以周为统计单位，定时报备、汇总至中共浙江省委建设平安浙江领导小组办公室（以下简称“平安办”），由平安办系统产出社会整体平安状况的周报。

#### 12.3.2.4　突出数字化协同治理，提升平安浙江考评合力

搭建政法专有云平台，打通各个政府部门之间数据交换共享的渠道，将分散存储在不同部门、行业的公共数据陆续汇集到统一的数据云平台，形成政法大数据库。推进全流程、全要素的数字化协同。一方面，明确同平台、共标准的数据要求。对于同一事件应统一名称 ID 命名，对于同一事件的最新进展应跨系统实时同步，对于需要多个部门协作认定的事件需建立统一的处理流程系统；另一方面，扩大考核信息承载量，将事件发生起因、判定过程与处理意见等关键信息梳理至考核数据共享系统，实时共享、实时同步。加快各个部门之间的工作协同，成立平安浙江数据协同小

组，明确各个部门数据汇集接口人，统筹协作力量，推动各项考评工作的程序对接，实现部门之间工作优劣势的条块互补。

#### 12.3.2.5 借力“城市大脑”及时发布平安指数，探索智慧综治新模式

借力浙江省各个地区全面推进的“城市数据大脑 2.0”建设，总结和推广平安指数衢州试点的经验。建立强有力的组织领导机制，坚定不移地推进信息资源整合、协同化工作机制建设和数据共享平台搭建等关键性工作。建设浙江省级综治大数据中心，建立数据交换机制，打通各个部门、各个行业之间的数据。尽快发布平安浙江指数，优化平安浙江指数考核，将平安浙江指数考核结果与历年的平安考核结果比对，通过动态拟合调整平安浙江指数考核。

## 12.4 多元推进三治融合实践　全面夯实乡村振兴基础*

实施乡村振兴战略，社会治理有效是基础。推进乡村三治融合，群众满意是目标。2018 年中央一号文件《中共中央国务院关于实施乡村振兴战略的意见》提到，实施乡村振兴战略，社会治理是基础。嘉兴市在“红船精神”引领下，深入学习枫桥经验，率全国之先推进三治融合创新，积极探索“多元协同、三治融合”的乡村治理体系，提高了嘉兴市乡村治理总体水平，积累了丰富的经验，具有借鉴意义。以下为嘉兴市以“养民安民育民，始于亲民；自治法治德治，重在治心”理念为核心的乡村治理实践经验总结。

一是生态养殖户，政治生态和人居生态两手抓。①构建清明政治生态，保障村民自治权利。扎实推进“五民主三公开”，保障民主自治权

* 本部分作者系叶伟巍（浙江财经大学公共管理学院教授，学术委员会主任，九三学社浙江省委参政议政专家委员会副主任）和郭剑鸣（浙江财经大学公共管理学院院长，教授）。本部分是国家社会科学规划重点课题（项目编号：17AZZ013）：公务员能政与廉政的良性耦合及其协同激励机制研究的部分成果。

利；通过“以德为先荐贤，民主选举用贤，党建提升能力、制度保障履职、防腐多元监督”的干部履职全周期管理制度，杜绝群众身边的腐败源头。②践行“两山”理论，保护自然人居生态。目前，嘉兴市城乡林木绿化覆盖率达到 20.5%，嘉兴市下辖各个区跨行政区域河流交接断面水质考核全部优秀。形成美丽牧场等生态化循环生产模式，低毒、高效、低残留农药使用率达 90% 以上。健全“四分四定”体系，深入推进农村生活垃圾分类处理。持续开展农村环境综合整治，鼓励有条件的村推进“三线入地”。按照彩化、美化、景观化要求改造提升农田林网，洁净打造“优美村庄”“优美庭院”“美丽菜园”。

二是产业富民、产业现代化和产村融合提质量。①农业升级发展。形成以优质粮油、特色瓜菜、名优水产、精品林果为主，生态畜禽、高效蚕桑为辅的六大主导产业，形成鱼菜共生、稻鱼共生、林下经济、稻经轮作等十余种生态经济发展模式，逐步从传统农业向现代农业转型升级。②产业融合发展。不断拓展休闲采摘、农事体验、农业科普等功能，推动产村融合。实施农业主体环境提升行动，扎实推进“五化五 A”基地量化分级机制。发展新型业态，培育农村电子商务、文化创意等新业态，保护和挖掘乡村传统文化。出台农家乐服务指南，鼓励本村村民利用闲置农房因地制宜地发展农家乐经济，着力打造一批“新五味”农家乐。③加强技能培训。根据企业用工需求，充分利用职业学校、成人学校和专业培训机构的优势，开展订单、定向、委托等培训。根据产业特点开展岗位技能比武，进一步提高新居民就业技能和专业技术水平。

三是社团助民，社会团体和社会治理共发展。①鼓励农民自愿结合组成各种社会组织。截至 2018 年 5 月，嘉兴市各区登记注册的社会组织共计 223 个，涉及社区建设、老年服务、禁毒矫正等多个领域，为社会治理创新注入了新活力。②完善培育社会组织政策，加强社会组织管理。嘉兴市在建立区、镇两级社会组织培育发展中心孵化平台，完善功能和服务的同时，加强社会组织评估，激励社会组织创先争优，累计评出 5A、4A、3A 等级社会组织共计 39 家。③多元帮扶，发挥党建引领和志愿公益服务功能。党员“红管家”，在每个责任区内落实环境卫生分片包段责任制，定期或不定期清扫、除草、巡查，清理乱堆乱放物品、乱倒乱扔垃圾，对乱晾晒、乱堆放、乱停车、毁绿种菜等行为进行劝阻，确保路面、楼道、绿化带、文体设施、宣传牌匾的干净整洁。安排志愿服务队定期开展上门帮扶活动，为孤寡老人、残疾人免费理发、打扫卫生、代缴水电费以及代理“最多跑一次”政府服务。目前，志愿者服务蓬勃发展，形成了6万余人的农村自愿服务队伍。

四是立规普法，建章立制和普法教育相结合。①建章立制。依照法律明确村级重大事务的具体内容。例如，本村建设规划、经济和社会发展规划、年度计划；本村享受误工补贴的人数及补贴标准；村集体经济所得收益的使用；村集体经济项目立项、承包方案及村公益事业的建设承包方案；村民的承包经营方案等。②普法教育。完善乡村学法体系，建立村干部群众学法常态化机制。实行“会前学法”常态化机制。依托农村文化礼堂等基层法治文化阵地，定期举办全民阅读、法制讲座、法治文化演出、法治公益电影播映等；大力推进法治宣传长廊、法治公园、法治广场等建设。创新法治教育手段，将法治元素融入“报、屏、廊、墙、栏、堂、场”等场景，形成立体法治文化宣传；结合“互联网+”技术发展，采用微信、微博、APP等手段，增加法治教育的互动性和实效性。

五是智能监控，治安监控和风险防范全覆盖。①实施“最多跑一次”改革，统一设置镇（街道）综合指挥室和指挥平台，积极对接12345投诉举报平台信息系统和平安建设信息系统，与数字城管、河长通系统后台打通融合，消除信息孤岛。②结合“雪亮工程”建设，逐步实现社会治安全域实时监控，发挥智能监控威慑作用。分八期建成社会治安动态视频监控3938个。③自主研发矛盾纠纷多元化解信息系统，构建“一图、二网、三平台”模式，集信息采集、分级处理、分析研判、视频指挥、实时跟踪、催办督办等于一体，做到矛盾纠纷早预测、早发现、早分析、早应对。④结合“土地流转”服务平台、“镇管乡账”财务平台，对乡村关键资源进行实时监控。⑤建立基层党建“气象站”，强化日常督查和积分管理，每个季度对基层党支部实施黄、橙、红三色预警，并对预警制度落实结对帮扶。⑥建立“好人好事”大数据库，作为乡村两委领导推荐依据。

六是多元援助，人民调解和志愿服务共帮扶。①线上线下的法律援助：以“一村一法律顾问”制度为依托，健全法律顾问线上线下服务体系。②多元参与的调解服务，健全人民调解、司法调解、行政调解3支队伍，打造基层矛盾化解“铁军”。选贤举能，吸纳行业专家和社会力量参与矛盾调解。依托市、区、镇和村四级调解组织网络，开展“星级人民调解委员会”和“等级人民调解员”评定。

七是严惩违法，民主监督和依法治理共推进。①建立健全村务监督委员会，推行村级事务阳光工程。②严惩违法违纪行为。对拉票贿选等违法违纪行为实行“零容忍”，把乡村两委、党员的违法违纪行为作为打击重点。③结合基础工作“抽查日”和党建“红黑榜”等制度，加大党员干部奖惩力度。

八是榜样感化，好人好事和宣传教育长效化。构筑三大“好人机制”，孕育“德行秀洲”。①全民星探寻找好人。建立“纵向到底、横向到边、多点直报”的好人推选网格，建立“寻找好人”投保平台和媒体联合征集平台，畅通微博、微信推荐平台，挖掘先进事迹。②多元渠道传扬好人。宣传依托各类传统媒体、网络媒体、新媒体力量，通过宣传栏、电子屏、文化墙、海报、横幅等多种形式，构建三维立体传播体系；举办身边好人故事会，创作情景剧、小品、舞蹈等表演节目，组建百人宣讲团等，开展巡回演讲。③长效机制激励好人。每两年开展一次“道德群星奖”评选，持续开展“好人在我身边”和“万张红榜送好人”等活动；推出“文明贷”“道德贷”“信用贷”“志愿贷”四贷一体的好人信用贷款利率优惠机制。

九是乡贤教化，先贤文化和先贤教化促共鸣。唱好乡贤文化“传、汇、育”三部曲，发挥传统乡贤文化在新时代的积极作用，不断滋养社会主义核心价值观。①挖掘历史资源，唱好传颂先贤前奏曲。通过编写《村官志》，讲述先贤故事，提炼先贤精神，集聚地域道德文化内核；宣扬先贤遗风，使先贤善举家喻户晓。②涵养主流价值，唱好汇聚今贤进行曲。鼓励引导优秀退休教师、医生、干部、学者、民营企业家等当代乡贤投资故里、参与社会治理。③搭建传承载体，唱好培育新贤畅想曲。以“画乡娇子”“最美秀洲人”等评选活动为载体，不断挖掘选育新贤。通过“道德六进”等活动，引导群众见贤思齐，择善而从。

十是家风强化，家风培育和家训传承制度化。推广“5 +”好家风建设模式，增强家风的道德育人功能。①构建“上 + 下”机制，推动“好家风”建设制度化。形成区文明办主导，有关部门协同、专业“搭台”，志愿者“唱戏”，全社会共同参与的工作格局。②发挥“名人 + 草根”效应，引导“好家风”培育多元化。开展“家训、家风、好家庭”征集活动，收集家庭故事 100 余篇，收集家风、家训上千条。③推行“深挖 +

放大”模式，探索“好家风”宣传多样化。开展“唱讲好家风”“我和家训的故事”等文艺形式宣传家风。④打造“传统＋现在”平台，实现“好家风”建设阵地化。深入开展“好家风”展陈、孵化、教育、实践基地的“家风馆”建设，打造“家训家风”网上展览馆。⑤实现“大手＋小手”互动，争取“好家风”效应最大化。紧密围绕社会主义核心价值观，通过“我们的家训——秀洲儿女重家风”等活动，让青少年真正从“家风正”中体会做人做事的真谛。

## 12.5 “家人治家”：打造共建、共治、共享的社区社会治理格局*

党的十九大报告提出建设“政府治理和社会调节、居民自治良性互动”的社区治理体系。全国各地在积极探索适合自己的模式和路径的过程中涌现出很多成功的案例。宁波市镇海区招宝山街道的小区“居民自治互助站”（以下简称“互助站”）就是其中之一。招宝山街道和小区居民历经7年的摸索和实践不断完善这一将治理重心下沉到居民小区的社会治理模式，取得了较好的成效。因此，总结其经验、分析其问题、优化其机制，使其成为可借鉴、可推广的治理模式对于推进我国社区治理能力和治理体系现代化的进程具有重要的现实意义。

### 12.5.1 互助站的缘起和发展

招宝山街道地处宁波市镇海区的老城区，以老旧、老龄化小区和散居楼群小区等类型为主，长期以来居民在设施维修、矛盾调解、平安维护、环境治理、邻里照顾等方面有着迫切的、日渐增加的“微需求”。单纯依靠政府力量或市场力量的做法无力彻底、有效地解决上述问题。在一次偶然的群体性事件的处理过程中，招宝山街道发现吸纳居民深度参与、让居民化解居民自己的矛盾产生了意想不到的效果。2012年，招宝山街道将

* 本部分作者系浙江大学公共管理学院教授、浙江省公共政策研究院高级研究员徐林。

这一做法引入社区治理中，依靠党员带头、居民参与、自发成立、自主活动的方式探索建立了小区“居民自治互助站”，以“家人治家”的理念通过“众筹、众议、众行、众享”的方式在居民家门口搭建起一个由小区居民自己组成的就近协商事务、解决纠纷、组织活动的平台，走出了一条政府治理与社会调节、居民自治良性互动的新路子。

具体而言，互助站租借社区或居民闲置的房屋，通过“众筹”的方式募集办公设备、设施器材以及场地装修维护的资金。“微项目”赞助、社区工作经费补助、共建单位赞助、居民个人捐助等都是常用的筹资方式。互助站以楼群党支部书记、业委会成员、物业工作人员、网格长、居民代表等组成核心成员，以“众议”的方式促进居民相互之间的参与、协商、合作，力求达成共识；以互助站为平台吸引老干部、老党员等成立各种功能性的社区社会组织，动员更多的居民参与社区建设，达到“众行”目标；互助站根据小区居民的文体特长，依托传统节日组织富有特色的文体活动，让小区居民都能够“众享”社区的精神文明建设成果，增强了居民的凝聚力与归属感。

目前，招宝山街道所属的 59 个小区已经建成 48 个互助站。有些互助站的服务已经辐射到周边居民小区。2017 年，招宝山街道所属互助站解决民生问题 1604 个，占招宝山街道收到的所有民生问题诉求的 34.5%。居民的“微民生”“微需求”得以及时、有效的解决使其对社区的认同感大大增强，参与社区日常活动的人次也成倍增长。互助站日渐成为建设和美邻里、和睦邻里的催化剂和纽带。

### 12.5.2　互助站的成效和存在的问题

互助站运行以来取得了显著成效。其一，互助站在解决广泛存在的政府无法顾及、个人无法破解的“微民生”“微需求”方面发挥了重要作用。截至 2018 年，招宝山街道所属互助站已经累计开展服务 13000 多次，惠及居民近 4.4 万人次，得到居民的普遍认可。其二，互助站与网格管理相融合，力争“小”问题在小区层面依靠居民自己解决，“大”问题借助网格流转通道通过社区共商乃至街道会商解决，在基层社会治理中发挥了重要作用。其三，互助站成为政府政策传递的“毛细血管”，将政策及时、准确地传达到每一个居民。这种由居民传递给居民的方式更容易得到小区居民的认可，提高了政策的可达性。其四，互助站在解决居民“微民生”“微需求”的过程中，搭建了居民参与社区建设的平台，在潜移默化中提升了社区的自组织能力、激发了社区的内在活力，在某种程度上实现了社会治理重心下沉到居民小区、政府治理和居民自治的良性互动。

然而，互助站在运行过程中也暴露出很多问题。

第一，定位不够清晰。一方面，互助站的成立或工作开展主要依托街道或者社区的行政性或者类行政性力量，从某种程度上说仍然是将单位制的经验复制进入更微观的社区。从工作的具体内容来看，大部分互助站过多地承担社区下派的工作，有成为社区居委会下设的“小居委会”的趋势，背离了互助站成立的初衷；另一方面，互助站承载的功能在很大程度上超越了自身的能力，有些工作甚至与物业、社区的工作有所交叠。目前，招宝山街道所有互助站骨干成员的平均年龄超过了60岁，拥有大专以上学历的人员仅占约10%。让这些“热心肠”解决一些“家长里短”的“微民生”“微需求”尚可胜任，但是让其承担“救灾护家”之类的事情就显得力不从心，更遑论成为社区治理能力与治理体系现代化的中坚力量。

第二，互助站成员青黄不接，后继无人。当前，互助站都是靠少数年龄较大的热心居民支撑，他们中有的已经超过80岁了，自己都将成为互助站帮扶的对象，何谈帮助他人解决“微民生”的问题呢？随着年轻人越来越多地搬离老旧小区，互助站后继乏人现象凸显，寻找“领头雁”成为几乎所有互助站面临的最紧迫的难题。

第三，缺乏资源，工作开展过程中普遍存在心有余而力不足的现象。由于互助站的成员基本上以退休老人为主，这些人虽然不缺乏工作热情，但是缺乏资源、动员和吸纳能力，无法解决长期困扰互助站发展的场所、资金等问题。以2017年为例，招宝山街道59个小区所有互助站通过居民“众筹”仅获得3.9万元资金，有些互助站只能借用小区的凉亭临时开展活动，并且各个小区的互助站因领头人的个人魅力和资源禀赋差异呈现出发展极不平衡的状态，客观上也影响了社区基层治理的协调发展。

### 12.5.3 进一步完善互助站运行机制的政策建议

建议从以下方面着手，进一步明确互助站的居民自治互助功能，以互助站为切入点，完善居民自治的组织体系，提升其解决居民“微需求”“微民生”的能力与范围，实现政府与社会协同共治的社区社会治理格局。

第一，互助站应定位于小区居民的自治组织，避免把互助站办成社区居委会的一条腿。一方面，互助站可以通过丰富多彩的文体活动活跃社区气氛，吸引居民下楼，从而增强社区凝聚力，体现社区的共同体价值，活动场所和经费应有保障，未必全由政府提供；另一方面，使互助站成为“上情下达”和“下情上达”的通道，协助基层政府把有关政策传递到居民中，同时收集居民的“微需求”反馈给基层政府。互助站不能超越居民自治的范围，一旦成为居委会的附庸，就会丧失居民自治组织的意义。

第二，社区层面应为互助站提供足够的场地资源。由于各个小区的禀赋不同，它们自主发起并成立的互助站必然功能各异。为了充分发挥其功能的溢出效应，让周边小区能够共享，同时也为了提高互助站的运行效率和资源使用效率，应将这些互助站的办公场所相对集中在社区层面。换言之，社区中要有相对集中的居民活动中心，有固定的场所容纳本社区所有的互助站。当然，多个互助站（也包括社区中其他的社会组织）可以合用一个活动场所，且这样的基础设施应由基层政府提供并维护。从招宝山街道实际情况来看，拥有这类设施的社区所辖互助站的工作普遍开展得更好、更有效。

第三，街道层面成立由属地居民中的“能人”组成的较高层次的居民自治组织，引导并统筹互助站的资源配备和活动开展。该组织的成员可以是退休党政干部，但更多的应是有资源整合能力、有社区服务情怀的企业家、高级管理人员和社会名流。他们具有较高的素质，应成为社区居民自我管理、自我服务、自我教育、自我发展的指导力量。换言之，该组织不以开展具体的活动为目标（具体的活动应由互助站实施），而是专注于引导互助站的成立与发展、规划互助站的服务范围与活动设计、协调互助站的功能定位和资源配置以及帮助互助站建立民生问题分类流转机制，即明确哪些问题应由互助站解决，哪些问题应由社区甚至街道解决，并制订流程、指导具体工作。由于该组织由社区的“能人”组成，应在筹集资金、协助解决较大的民生需求以及优化社区社会治理等方面发挥重要作用。该组织的成员应由居民推选，2—4 年换届一次，可以连选连任，但是须由街道认可并备案。街道政府应甘当配角，协助其建章立制，为其筹集的基金提供配比（例如，1∶1 或者 2∶1 的配比比例）以及提供其他可能的帮助，但绝不能干预其正常工作，取代其居民自治的功能。

## 12.6

## “通策模式”：社会办医走向信任积累型的市场化之路*

推进社会力量办医，促进民营医院发展，形成多元办医格局，早已成为我国医疗卫生事业发展的一项战略举措。自 2009 年新医改方案颁布以来，各级政府不断推出旨在鼓励社会办医的新政策，民营医院在过去 10 年中取得了长足发展。

当然，形成多元办医格局不应该只追求民营医疗机构数量的增长，更重要的是培育一批高质量的民营医院，与公立医院互为补充、互相竞促。我国民营医院的数量自 2015 年起就超过了公立医院，但民营医院的资源占有率（包括人力资源和硬件资源）始终在低位徘徊，而且在医疗服务市场中的份额一直呈现低水平、慢增长的态势。与诸多领域中民营企业迅猛发展相比，我国迄今为止尚无一家具有全国影响力的民营医院，多元办医格局的形成举步维艰。总体来说，民营医院尚未走上一条以质量为基础的可持续性发展道路，相当一部分民营医院因诚信问题而陷入信任危机，甚至对民营医疗机构的社会经济生态环境产生了一定的破坏。在我国经济社会发展进入新时代之际，社会办医亟待走上新的市场化之路。

医疗资源作为一种“信任品”，所有医疗机构都需要信任积累。在我国，公立医院医疗体系（特别是城市三甲医院）经过长期发展和医疗机构改革已经积累了较高的消费者信任，而后发的民营医疗机构先天不足，后天发展缓滞，尤其在百度魏则西事件之后，民营医院遭受重创，几乎濒临信任破产。对我国民营医疗机构来说，重新赢回消费者信任，走上“信任积累型市场化”发展之路重要且紧迫。

浙江省在鼓励和支持社会办医方面走在了全国前列，业已涌现出少数

---

* 本部分作者系郁建兴（教育部长江学者特聘教授、浙江大学公共管理学院院长）、顾昕（浙江大学公共管理学院教授，2009 年新医改 007 号方案主笔）和任杰（浙江大学公共管理学院研究生）。

锐意进取的民营医疗机构，通策医疗投资股份有限公司（以下简称“通策医疗”）就是其中的一个典范。2018 年 4 月，浙江省委、省政府召开健康浙江建设领导小组第一次全体会议，袁家军省长在报告中要求高质量高水平推进健康浙江建设，指出“要在社会办医上突破，大力推广通策医疗等社会办医模式，并进一步争取国家层面支持，抓紧破题社会办医的政策障碍，支持社会资本进入高端医疗服务领域”。

2004 年，通策医疗在上海证券交易所上市（股票代码：600763SH），现已成长为一家以提供口腔医疗、辅助生殖、眼科、妇幼和肿瘤治疗的集团公司。截至 2018 年底，通策医疗市值已达 150 亿元。该公司连续五年入选福布斯中国最具潜力上市公司 100 强，现为浙江省健康产业联合会副理事长单位。通策医疗通过参与公立医院转型转制进入医疗服务行业，主动与美国纽约长老会医院、美国医院公司和梅奥医院对标，通过为客户提供优质精准的服务，实现了高水平持续发展。通过 10 余年探索和耕耘，通策医疗走出了一条以自身品牌建设和赢得消费者信任为目标，以科学的组织架构、经营战略和运营生态为保障，以纵向一体化的整合医疗和横向一体化的医教研融合发展为战略的民营医疗机构发展道路。在这个意义上，“通策模式”构成了社会办医甚至整个医疗供给侧改革的一种新模式。这种新模式有别于传统的短期交易型市场化模式，我们将之概括为信任积累型市场化模式。

### 12.6.1 信任积累型市场化：医疗服务业健康发展的必由之路

自 2009 年启动新医改以来，绝大多数新兴的民营医疗机构走的是短期交易型市场化之路。短期交易型的市场机制甚至也主导了大多数公立医疗机构的医疗服务行为，并对医患关系和民众福利产生了不良影响，从而导致社会各界对于市场机制在医疗服务领域的适用性产生了普遍怀疑。

实际上，任何经济社会活动的开展都不可能背离其自身规律，医疗领域的资源配置、服务供给和行为治理也不例外。可是，通过市场所提供的产品（或服务）具有多样性，不同特性的产品（或服务）适用的市场机制也有所不同。医疗服务市场化出现了一些问题，并非引入市场机制本身之过，关键在于医疗供给侧的改革必须走上信任积累型市场化之路，才能实现健康可持续发展。

根据产品品质信息可获取的时限，所有产品（或服务）可分为以下3类：①搜寻品（search goods），即品质信息在消费之前便可获取的产品；②体验品（experience goods），即品质信息必须在消费之后加以体验方可获取的产品；③信任品（credence goods），即品质信息在消费之后的很长时间内才能加以确认的产品。医疗、教育（尤其是高等教育）、保险、法律等专业性服务都属于信任品。

信任品的特性决定了其经营策略必须不断积累消费者的信任。对于医疗服务的供方而言，信任积累的一种可行策略是推进纵向一体化以形成整合医疗的服务业态和能力，为民众提供从健康管理、预防保健、门诊诊断、住院治疗到护理康复的一体化服务；另一种可行策略是促进医疗服务、医学教育和医疗研发的横向一体化，从而使公众形成医疗服务品质不断改善的预期。与此同时，作为信任品的医疗服务，走上信任积累型市场化之路不能仅靠单一市场主体，还必须依赖于政府、市场和社会三方主体的协同合作治理。换言之，医疗服务业的健康发展（包括社会办医格局的形成）有赖于公共治理体系的现代化，关键是行政、市场和社群机制的互补嵌入、相得益彰。

通策医疗在纵向一体化的整合医疗发展和横向一体化的医教研融合方面走出了一条信任积累型市场化之路，但要想使其在这条道路上可持续发展，并培育为可推广、可复制的社会办医模式，必须在公共治理体系中完善互相嵌入的行政机制、市场机制和社群机制，完善政府对市场、社会的增进和激活机制，让市场在医疗资源配置中发挥决定性作用以及建立社会对医疗服务的信任积累和监督机制。通过多方协同，医疗领域才能形成全新的信任积累型市场化格局。

### 12.6.2 “通策模式”的核心机制

对于致力于提供信任品的市场主体来说，信任积累型市场化的核心在于声誉培育和品牌建设。通策医疗在这方面已经探索出了一条可供借鉴的道路。这条道路以纵向一体化的整合医疗和横向一体化的医教研融合发展为战略举措，以科学的组织架构、经营战略和运营生态为保障，并融合、贯穿于各项具体举措之中。

#### 12.6.2.1　纵向一体化："总院 + 分院"的组织架构与自然分蘖型整合医疗

通策医疗通过建立"总院 + 分院"协同发展的组织模式和医生在分院持股的自然分蘖型发展道路，实现了纵向一体化。

通策医疗进军医疗领域起步于杭州口腔医院。杭州口腔医院创始于 1952 年，深耕口腔医疗行业 60 多年，其品牌在江浙一带颇具口碑。2006 年，在大力支持社会办医的政策背景下，杭州市上城区将区属的杭州口腔医院作为改制试点，通过公开竞拍方式转让全部股权。通策医疗以国有资产溢价 1.755 倍整体受让杭州口腔医院 100% 股权。杭州口腔医院转制后，通策医疗将其品牌保留下来，并加大了对院区改造、院区拓展、人才引进、技术引进的投入，杭州口腔医院由此进入新的 10 年发展黄金期，成为集临床、教学、科研为一体的口腔医院集团，通策医疗也因此成为沪深两市第一家以医疗服务为主业的主板上市公司。2016 年 5 月，通策医疗和中国科学院大学签订合作协议，杭州口腔医院挂牌成为中国科学院大学杭州口腔医院。

在声誉和品牌机制初步建立后，通策医疗立足浙江省，通过"总院 + 分院"的组织架构和"蒲公英计划"，让通策医疗的分支机构在浙江省乃至全国遍地开花，进一步巩固和提高了通策医疗的品牌和声誉，走出了一条有别于一般民营资本参与公立医院转制的道路。

一般而言，参与公立医院转制是许多民营资本进入医疗健康产业的一条路径。但是，许多公立医院转为民营医院后，只是作为单体医疗机构竭力在医疗服务市场上竞取市场份额，终究摆脱不了短期交易型市场的窠臼，短期内发展不过是饮鸩止渴。与之不同，通策医疗在杭州口腔医院集团拓展的过程中，逐渐孕育了"总院 + 分院"的战略，形成了公司组织架构的主干，为信任积累型发展奠定了组织基础。

目前，杭州口腔医院集团的医疗服务机构已从杭州市拓展到浙江省 9 个地市。集团以总院强大的品牌、医疗技术、管理体系和信息技术为支撑，解决了分院在人才引进、专家支持、年轻医生培养、疑难杂症咨询转诊和管理分散上的难题。这种"总院 + 分院"的组织架构，最大程度地抵御了口腔医疗独特的手工性质带来的管理和扩张风险，同时避免加盟式连锁店扩展带来的人力资源和品质管理参差不齐的后患，使医院在快速蓬勃发展中始终保持医术、人才、管理、业务 4 个方面的稳定。

立足浙江省，通策医疗进一步布局全国主要城市，先后在北京、上海、昆明、南京、西安、武汉、重庆、成都等 8 个城市投资兴建了和杭州口腔医院中心医院规模相当的大型口腔医院、眼科或妇幼保健机构，并将浙江省以外的口腔医院挂名为中国科学院大学存济口腔医院，不仅极大地开拓了发展空间，还充分利用中国科学院大学和杭州口腔医院两块招牌的口碑，以中心城市总院分蘖的形式带动了分院的设立和管理，初步建立了声誉和品牌。

医生是医疗的核心资源，如何引进和培养高水平医生，使他们既有崇高职业道德又有获得感、幸福感和安全感，既是医疗服务供方面临的最大问题，又是医院积累消费者信任的关键。特别是在口腔医疗服务领域，医生的技能对赢得消费者信任的重要性尤为突出。通策医疗将总院设在省会城市或中心城市，并且以总院名义进行招聘，因而对于高水平人才不乏吸引力。在分院的设立和发展中，通策医疗通过建立骨干医生合伙人制度，安排院长和骨干医生持有较大比例的股份，充分调动其积极性，使其与公司共同打造发展平台和运营体系。这一战略性举措又称“蒲公英计划”。

以总院衍生分院，医生在分院持股并开拓业务，使整个自组织系统自然分蘖，分院和口腔诊所像“毛细血管”一般围绕总院深入基层直接接触患者，形成消费者就医的“守门人”。这种模式不仅有利于医院业务拓展，使医院通过吸收、改造当地口腔诊所积累丰富的客户资源，而且极大地改善了消费者就医体验。通过分院的基层首诊，精准为消费者匹配、推荐相关专家和安排就诊时间，不仅节约了消费者信息搜寻成本和时间成本，也使专家接诊更具针对性，医疗资源得到更加充分利用，形成了一条以患者为中心的整合医疗发展之路。

简言之，“总院 + 分院”的纵向一体化道路是一条依托总院布局和品牌建设积累声誉，并以总院衍生分院，通过分院院长和骨干医生直接持股构成“总院 + 分院”利益共同体和命运共同体的整合医疗之路。总院招聘的人才到分院去工作，不是去帮扶，而是去开拓业务。分支机构的发展和业绩直接与医生群体的收入挂钩，调动了管理人才和医疗人才的积极性、主动性。“总院 + 分院”在品牌建设和业务拓展上的合力，又使得通策医疗与客户的信任关系能够不断积累、稳步提升。

### 12.6.2.2　横向一体化：医教研同步融合发展

“通策模式”的另一个核心机制是推进横向一体化，促进医疗服务、培训教学和技术研发的融合发展。一方面，横向一体化举措提升了自身能力建设的可持续性；另一方面，横向一体化举措可在客户中奠定更加坚实的信任基础。

医疗服务是高度技术密集型行业。其中，教学和科研的发展不仅构成了信任品可持续性生产的内在动力，也构成了信任品提供的声誉保障。

2015 年，通策医疗与中国科学院大学联合创办了中国科学院大学存济医学院，并设立中国科学院大学存济医学中心，由通策医疗的医学专家出任医学院副院长和医学中心主任。2016 年 5 月，“中国科学院大学杭州口腔医院”挂牌，通策医疗走上了医教研融合之路。

目前，通策医疗口腔体系拥有博士 16 人，硕士 310 人，一批博士生导师、硕士生导师（即临床医学专家）的参与提升了医教研水平。2016 年，杭州口腔医院被国家认定为高新技术企业。2018 年，中国科学院大学杭州口腔医院参与的“激光材料与器件在医疗领域的应用示范”项目获得中华人民共和国科学技术部国家重点研发计划专项资助。

通策医疗与同济大学和柏林大学夏里特医院（德国排名第一位，欧洲最大的医学院）在上海陆家嘴共同创办了上海存济医院有限公司，从事口腔和妇幼医疗服务。此外，通策医疗与英国专家 Robert Edwards① 主持的剑桥波恩②共同创立的昆明波恩生殖中心已投入运营，各项指标达到国际先进水平。与此同时，通策医疗还与浙江大学医学院附属第二医院眼科合作筹建浙江大学眼科医院，总投资 18 亿元，院区面积 5 万平方米。通策医疗与浙江省肿瘤医院合作，计划选址建设国际肿瘤诊疗中心，为浙江省和周边省市患者提供国际一流的高水平诊疗服务。

通策医疗除了在起初原有口腔医疗领域的精耕细作和机构拓展之外，还通过与高水平教学研究机构、医院的合作，高起点进入了生殖、眼科、妇幼、肿瘤治疗等新领域。采用这种合作发展的策略，通过提升自身医疗技术水平以及教学研究机构的品牌效应，不断积累消费者对通策品牌的信任。

---

① 2010 年诺贝尔生理学或医学奖获得者，被称为“试管婴儿之父”。

② 全球首家体外受精试管婴儿治疗中心。

可以看到，通策医疗以总院衍生分院的纵向一体化模式拓展了规模，在全国打响品牌，抢占市场份额。但数量的增长并不必然导致消费者的信任积累和市场份额的扩大，还必须在数量和规模扩张的同时提升医疗机构自身的医疗技术水平和管理水平，这正是医教研融合发展的横向一体化策略。纵向一体化和横向一体化 2 种战略共同作用，改善了消费者就医体验，积累了患者对民营医疗机构的信任，走出了一条基于信任积累的市场化发展之路。

### 12.6.3 社会办医信任积累型市场化的公共治理体系创新

作为市场主体，通策医疗在战略管理和组织建设方面作出了可资借鉴的积极探索。但对于整个信任积累型市场化医疗格局的形成来说，这种单一市场主体的努力和突破还远远不够，还需要在医疗服务领域创新公共治理体系，完善医疗服务领域中的行政机制、市场机制和社群机制，通过多方协同治理共同推进形成健康的多元办医格局。

无论公立还是民营，医疗机构的日常运营领域都可以概括为 4 个方面，即人（力）、财（务）、物（流）、品（牌）。对以上 4 个方面运营的治理，政府主体、市场主体和社会主体运用行政、市场和社群机制以不同方式通过不同渠道发挥着不同作用。在计划经济时代，行政力量基本依赖行政机制主宰以上 4 个方面的治理，医疗公共治理体系呈现出显著的行政化特征。随着改革开放的推进，政府将市场机制引入医疗公共治理体系之中，并且让市场机制在医疗供方收入来源和要素投入上发挥重要作用。但在其他方面，由于行政力量未能以正确的方式增进市场的积极作用，导致市场机制发育不当，致使医疗供给侧走上了短期交易型市场化之路，市场失灵现象层出不穷。与此同时，行政力量也未能激活社会，导致社群机制在医疗卫生各个层级和领域的治理中均未发挥出应有的积极作用，使非营利性医疗保险组织、医疗专业社群和医药产业协会以及第三方社会组织（例如，专业评级认证机构、管理咨询机构、研发推促机构等）未能找到有效渠道参与医疗公共治理体系之中。

全民医疗保障体系的建立和完善是医疗服务业走向信任积累型市场化的制度保障。随着全民覆盖的实现和医疗保险支付水平的提高，医疗保险机构不仅代替患者成为医疗服务的主要付费者，而且有可能通过医疗保险支付方式改革重构医疗服务供给方的激励结构，使医疗服务供给方唯有在提供性价比最高的服务之后才能实现收益最大化。只有当医疗保险机构成为医疗服务市场上的价格谈判者和制定者时，医疗机构和患者才能在独立于市场价格和医疗费用的前提下建立专业化的委托代理关系，医患信任的基础才能夯实。这一点无论是对公立医院还是对民营医院，都同等重要。

自新医改启动以来，政府在推动公立医疗保险体系的建设方面发挥了决定性作用，实现了基本医疗保险全覆盖。然而，商业健康保险蹒跚前行。如何通过激活社群机制促进私立非营利性医疗保险的发展，不仅没有提上公共政策的议程，而且在社会政策学术界也未受到应有的重视。与此同时，无论是公立医疗保险还是私立健康保险，医疗保险的支付改革长期处于艰难试点阶段，其战略性意义尚未在医疗界得到充分认识。《国务院办公厅关于进一步深化基本医疗保险支付方式改革的指导意见》（国办发〔2017〕55 号）明确提出“对纵向合作的医疗联合体等分工协作模式实行医保总额付费”，推进分级诊疗，指明了医疗保险的支付改革对于纵向一体化以及分级诊疗制度化的引领作用。但是，各地在实践中对此普遍缺乏清晰的认知。当前，亟待开展多支柱全民医疗保障体系和医疗保险支付改革的研究和实践，这是中国医疗供给侧走向信任积累型市场化的基础性工作。

随着医疗保险支付制度改革的推进，医疗服务要素投入的市场机制将随之重构，人事薪酬制度改革和药品—耗材—器械集中采购制度改革将提上议事日程。在这两个子领域中，政府不仅需要通过推进医师区域内自由执业制度、重构编制制度和主导集采平台建设等举措来保障健康的医药市场，也需要通过向医疗专业社群和医药产业协会赋权和促能来激活社会。

在医疗信任积累型市场化的公共治理体系中，如何通过激活社会让社群机制在医疗服务品质的认证和评级上发挥作用还未受到重视。实际上，在发达国家，认证和评级体系具有多元化的特征，既有市场化的公司从事这方面的业务，也有包括学术机构在内的第三方非营利性社会组织参与，医疗专业社群和医药产业协会也在其中扮演积极角色。多元化的认证和评级体系促使医疗机构以不同的战略确定自身的市场定位，在适合自己的市场空间中积累信任。目前，在医疗公共治理体系中，公立医院高度行政化的评级体系难以为公众提供应有的公共信息，当然更难推动信任积累型民营医院的发展。

公共治理体系现代化的核心在于让行政机制、市场机制和社群机制互补嵌入、相得益彰。推进公共治理体系创新，突破体制性障碍，尤其是使政府发挥助推和能促作用，促进市场发展，激活社会，医疗领域才能形成一种全新的信任积累型市场化格局。这是推进公立医院去行政化改革的必由之路，也是形成多元办医格局，尤其是形成健康、高质量的社会办医格局的必由之路。

# 第 13 章

# 保护生态环境

## 13.1

## 创新模式促进技术研发　破解城市易腐垃圾治理困境*

城市生活垃圾处置不仅是我国城市治理的短板，也是制约城市可持续发展的瓶颈。杭州市乃至浙江省作为先发地区，在这方面面临的困境尤为严峻。源起于杭州市余杭区的“虎哥模式”虽然成功解决了生活垃圾中的“干垃圾”问题，但是对于占比达 40% 的“湿垃圾”却未能涉及。虽然浙江省各个地区关于易腐垃圾处置的技术创新层出不穷，但都未能有效解决其中的核心问题，因而无法得到广泛认可。杭州市富阳区超越了单一的技术创新，立足于模式创新探索出了一条新的易腐垃圾治理路径，取得了比较好的效果，其经验值得借鉴和推广。

---

* 本部分作者系浙江大学公共管理学院教授、浙江省公共政策研究院高级研究员徐林。

### 13.1.1 杭州市富阳区的探索与实践

杭州市富阳区启动易腐垃圾处置的探索工作较早，近年来通过引入市场主体和模式、技术创新，开创性地将网格治理经验引入易腐垃圾的处置过程，实现了资源的优化配置，有效破解了易腐垃圾处置过程中的主要难题。

#### 13.1.1.1 以网格为单位设置易腐垃圾处置站点，就近消纳

鉴于杭州市主城区内超市、农贸市场、小区、商业圈、学校、餐饮酒店、企事业单位及居民区等分布分散且垃圾特性差异较大的特点，富阳区打破了易腐垃圾处置过程中的部门壁垒，下移管理重心。具体作法是：将富阳区主城区划分成若干网格，采取就地设点、分散布局、网格运营的模式，即根据不同区块易腐垃圾的主要产出位置进行综合评估，就近设置站点，根据垃圾产出规模配置相应的设备资源，小规模运营。站点设置的依据主要有以下 2 个：①站点选择以公共设施、公共区域、大型商圈的自有场地等为主，做到“零土地增配”；②站点位置辐射性要好，能够充分利用已有运输通道，确保附近易腐垃圾运输半径不超过 2 千米、运输时间不超过 10 分钟，使周边的易腐垃圾都能够 24 小时日产日清。

富阳区在易腐垃圾收集的过程中，充分利用现有环卫垃圾处理系统，将易腐垃圾收运体系嵌入现有的生活垃圾收集系统中，并加强对环卫工人的培训，使其能够很好地掌握易腐垃圾的处置设备，基本做到不增加机构和人员。

#### 13.1.1.2 统筹配置易腐垃圾处置规模和运输能力，力求经济性和集约化

富阳区根据每个网格产出的垃圾量配置处置规模，投放设备的处置能力一般介于 500 千克/天—5 吨/天，这样的设备空间占用有限，完全不用增配新的土地。某些特殊网格可以配备处置能力比较高的设备。例如，农贸市场的设备处置能力达到 10 吨/天，东洲中转站的设备处置能力更是高达 20 吨/天。为了应对节假日可能产生的垃圾增加量，承担这项服务的增霖环保科技有限公司（以下简称“增霖公司”）还预备了 15 吨/天的应急处置设备。这些都经济性、集约化地满足了城区易腐垃圾的处置需求。

富阳区针对不同网格中易腐垃圾数量和属性的差异分别配置了不同的运输设备和运输能力，并在满足需求的情况下尽可能降低成本。例如，在酒店集中区域配置专门的餐厨垃圾运输车；在垃圾产出量较大的网格配置大型压缩式运输车；在垃圾产出量较小的网格配备小型运输车；对于产出量更小的居民区使用更小型的电动式垃圾收集车。

#### 13.1.1.3 智慧化运营和管理易腐垃圾处置体系

为了能够更好地统筹监管，增霖公司专门开发了“垃圾云智慧运营管理系统”，将所有的易腐垃圾处置站点和用户都纳入系统云平台进行实时管理。监管单位可通过电脑远程在线和手机APP远程监管各个站点收运情况及运营处置情况，实现了智慧化运营和管理。

### 13.1.2 杭州市富阳区的易腐垃圾处置经验

富阳区在多年的易腐垃圾治理探索中大胆创新，至少在以下3个核心问题取得了值得推广的经验。

#### 13.1.2.1 龙头企业提供“一站式”服务破解了“小、散、乱”的易腐垃圾处置困境

长期以来，易腐垃圾处置都是由一些小规模企业针对某类垃圾提出单一性的解决方案，虽然在一定程度上解决了一些问题，但是规模小、市场乱、分布散、不利于监管等难题一直困扰着主管部门。富阳区政府通过与龙头企业合作的方式购买增霖公司的服务，“一站式”解决了区内所有的易腐垃圾问题。增霖公司在关键技术上均拥有自主知识产权，已累计取得30项国家专利，能够将所有的易腐垃圾处理成为符合国家标准的生物油和有机肥料，整个处置过程符合国家环保标准，并且主管部门可以通过“垃圾云智慧运营管理系统”进行实时监控，保证这一运行体系的可监管性和可控性。

#### 13.1.2.2 “就地、多点、网格化”模式破解了易腐垃圾的处置半径难题

易腐垃圾相较于“干垃圾”容易腐烂、含湿量大、不易储存，经过长距离运输之后会造成严重的二次污染。针对这一困境，富阳区创造性地

提出了“就地、多点、网格化”的处置模式，不仅减少了垃圾在运输过程中的环境影响和能耗，而且与现有的环卫体系相互嵌套，大大节约了收运和处置成本。同时，该模式也做到了全覆盖、无死角。

#### 13.1.2.3 依据网格中的垃圾产出量合理配置设备破解了空间资源的占用难题

不同网格之间易腐垃圾的日产出量具有很大的差异性。增霖公司开发的系列产品不仅经济合理地匹配了需求，减少了设备空转、节约了能耗，而且设备的款式和尺寸是根据业主方场地的特点量身定制的，设备尽可能地与业主方的现有空间相契合，做到了土地资源零增配。同时，垃圾处置设备的安装尽可能与现有的雨污处理设施相结合，以避免可能产生的污染。另外，依据网格垃圾产出量而配置处置设备能够尽最大可能减少设备占用空间，并为降低运力配备、合理使用运输工具创造条件，而这些又有效避免了易腐垃圾跨区域运输过程中因道路交通隐患等因素可能造成的二次污染等问题。

### 13.1.3 政策建议

在总结“富阳经验”的过程中，作者也发现了有待进一步改进之处，据此提出如下政策建议。

#### 13.1.3.1 以“（2+M）/N”模式促进易腐垃圾的回收环节更加精细化

所谓“2+M”就是在易腐垃圾的回收环节以“干”“湿”两分（即“2”）为基础，针对一些人员素质较高、政策较易推行的区域增加易腐垃圾的分类程度。例如，在学校、行政事业办公大楼等单位可以考虑增加易腐垃圾的分类类别，这样做可以提高后端的处置效率，同时也有利于推动人们垃圾分类意识的树立和行为的普及。“N”是指因服务对象的差异进一步细化处置设备系列。例如，可以依据居民区规模和日投放量配置200千克/天—500千克/天处置能力的设备，进一步小型化居民区的处置设备。又如，可以根据易腐垃圾属性而细化技术属性，对来源于农贸市场和酒店等性质差异较大的垃圾可以研制不同技术的处置设备，进一步提高处置效率和资源化率。

#### 13.1.3.2 政府应加强对易腐垃圾处置环节和最终产品的质量控制

易腐垃圾在处置过程中更容易造成二次污染，会对周边环境带来危害。政府相关部门应加强对运输过程、处置过程中产生的废水、残渣等有害物的处理监管，甚至可以通过“垃圾云智慧运营管理系统”将相关技术指标实时向周边地区或全区发布。对于产出的生物油和有机肥也应该加强检测，确保这些资源化利用的产品符合标准。但是监管必须有标准，监管部门应会同相关单位共同制定合乎实际的、具有可操作性的标准，然后按照这个标准来监管。

#### 13.1.3.3 政府应尽快出台有机肥的相应标准与使用规范

目前，很多地方都提出有机肥的概念，而对这些肥料的使用范围和副作用却语焉不详，似乎每一个厂家生产的有机肥都可以用之于四海。这显然违背常识，因为不同种类的易腐垃圾、不同的处置方式生产出的有机肥必定差异巨大。例如，“阳光房”技术和“黑水虻”技术产出的有机肥在使用领域方面就大相径庭。易腐垃圾来源广泛，成分复杂，处置过程中的一些关键性问题（例如，脱盐等）一直没能很好地解决。如果缺乏标准就极易造成市场混乱，损害农户利益。因此，有关部门应尽快建立和完善有机肥鉴定和监管标准，提高有机肥的准入门槛，明确有机肥的质量标准和使用范围，并在包装上设置清晰的标志和使用指南，坚决防止因使用不当而造成的土壤污染或肥力下降等问题。

## 13.2 浙南产业集聚区产业集聚与绿色发展经验及启示*

在中国改革开放和经济发展过程中，“温州模式”作为一个具有自身

* 本部分作者系温州商学院副教授、长江产业经济研究院特约研究员杨平宇。本部分是 2017 年国家社会科学规划课题一般项目“外资引进质量视角下中国经济新动能培育路径研究”（项目编号：17JBY037）的阶段性成果。

鲜明特色的区域经济发展模式，一直引起各方的关注。然而，近年来受到土地、能源、人才和生态环境等要素制约，“温州模式”陷入困境。正是在这样的时代发展背景下，浙南产业集聚区的规划建设为温州市开拓出了一条产业集聚与绿色治理协调发展之路。温州浙南产业集聚区于2015年5月挂牌成立，重点培育电子信息、汽车及相关产业、高端装备制造业、现代物流等产业。自挂牌以来，浙南产业集聚区紧紧围绕发展规划，以实体经济转型升级为抓手，主要指标增速位于浙江省前列。2016年，在浙江省20个国家级开发区综合考评中排名第五位，比2015年提升了6位。浙南产业集聚区荣获国家生态工业示范园区、浙江省产城融合十大示范新城等称呼，入选首批国家低碳工业园区试点和浙江省省级循环改造园区。

### 13.2.1 浙南产业集聚区产业集聚与绿色发展的经验总结

#### 13.2.1.1 科学规划产业布局，实现土地节约、绿色生态和产城融合发展

浙南产业集聚区在规划阶段便遵循如下布局原则：首先，以区域经济社会效益整体最优为出发点，打破行政区域分割，突出基础设施共建共享，引导要素自由流动；其次，对产业内上、下游关联度较高的企业或产业间互动性强的企业，应尽量安排集中、紧凑布局，促进同类企业、同类产业集聚，加快形成规模经济效应；再次，按照新产城融合理念，强化公共服务设施配套，加强产业集聚区与温州市所属县市区的有机联动，协同推进产业集聚与人口集聚；最后，按照绿色发展理念，科学构建集聚区生态安全格局，合理设置产业准入门槛，加快外迁高污染企业和改造传统产业，促进产业发展与生态环境相互促进。

#### 13.2.1.2 以“大拆大整、大建大美”改善环境、推进企业集聚发展

从2016年开始，温州市展开了“大拆大整”专项行动。通过1年多的专项整治行动，温州市关停取缔“四无”生产经营单位5.3万家，整治旧市场140家，搬迁改造市区工业企业1249家。“大拆大整”的同时，政府积极引导和支持小微企业入住工业园区集聚发展。企业入驻小微园区不仅能够使企业享受到政府的入园优惠补贴政策，而且实现了园区基础配套设施（公共宿舍、食堂、会议室和污染集中治理设施等）的共享，还增进了企业之间知识技术交流和产业链互补。随着“大拆大整”向“大

建大美”的实质性推进，温州市市容环境逐渐改善，基础设施和公共服务配套逐渐完善，区域对人才和项目的吸引力进一步加强。

#### 13.2.1.3　以绿色产业链招商，通过龙头企业带动区域产业链绿色升级

浙南产业集聚区立足汽摩配产业集聚优势，确立了发展新能源汽车，做强温州汽车产业的长期目标。为填补产业链短板、调整和优化经济结构，浙南产业集聚区突出引进和布局智能装备、新能源汽车、激光光电等绿色新兴产业。2017 年，浙南产业集聚区成功引进浙江中电汽车集团新能源汽车、合泰汽车智能电子转向系统等 5 个总投资超 10 亿元的重大项目。龙头企业的成功引入不仅带动了配套零部件生产企业绿色技术创新，也推动了温州市汽车全产业链转型升级。

#### 13.2.1.4　以核心企业带动，实施绿色技术改造

浙南产业集聚区把“机器换人”作为扩大工业有效投资、优化产业结构、推动转型升级的重要抓手，先后出台了《关于进一步推进“机器换人”行动的实施意见》等扶持企业的优惠政策，充分发挥了集群核心企业的引领作用，通过推进核心企业“机器换人”技术改造项目，宣传和带动其他企业智能制造水平。2015 年以来，浙南产业集聚区通过“机器换人”项目，将全员劳动生产率提高了 8.9%，减少劳动用工约 6000 多人。浙南产业集聚区还专门成立了低碳循环经济发展专项资金，鼓励、支持重点企业实施清洁生产和循环经济改造，并借助核心企业的控制力，加大其他企业的学习力度。

#### 13.2.1.5　发挥行业协会作用，推动污染行业整治提升和集中治理

“十二五”时期，温州市强势推进电镀、化工、印染、造纸、制革、合成革等六大重污染行业 1151 家企业整治提升，共关停企业 508 家，原地整治 211 家企业，搬迁入园 432 家企业，关停重污染企业数占浙江省重污染企业总数的 1/3。同期，温州市累计建成 14 个环保园区，重污染行业入园率从 29.8% 提高到 91.6%。通过污染行业的集聚治理，废水排放量削减 40%，化学需氧量排放削减 50%，氨氮排放量削减 52%，节约土地 4800 余亩，为新兴产业发展提供了空间，实现了环境保护与产业集聚

发展互促双赢。在此过程中，行业协会发挥了重要的协调和引导作用。例如，自2013年开始，温州市合成革行业协会开展了持续的污染整治、削减产能、提升企业清洁生产能力工作，并配合政府做好产业转移组织工作，保证了浙南产业集聚区60%产能削减任务顺利完成。

### 13.2.2 促进产业集聚与绿色发展的相关建议

#### 13.2.2.1 发挥政府引导的治理功能

首先，优化产业布局，实现绿色与集聚相互促进发展。要以生态优化原则优化产业布局，把工业园区建设与绿色发展结合起来统筹规划，形成整个区域的绿色生态系统。引导区域内企业通过外包的形式剥离污染严重生产环节，并争取为污染企业转移提供专门园区，实现污染集中治理。其次，加强集聚区生态体系建设，促进要素集聚。一方面，以生态环境、人文环境建设，吸引人才、资金和技术集聚；另一方面，通过公共基础设施网络建设，推进循环经济项目，降低企业污染处理成本。再次，推进产业集聚结构调整，打造绿色产业体系。在对区域生态环境承载力、要素禀赋、公共基础设施等相关指标系统评价基础上，科学制定新建项目的准入条件和负面清单，做到从“源头”把好环境关。积极培育先进装备制造业、新能源、新材料和节能环保等战略性新兴产业，并通过发展绿色金融、绿色科技服务等现代服务业，实现传统制造业与现代服务业的协同集聚，促进现有产业绿色转型升级。复次，实施补产业链招商，构建集聚区循环经济。针对已发展的支柱产业，实施关键补链项目，开展产业链招商，因地制宜地构建合理的产品链和废物链，推进产业链接循环化。最后，培育核心企业，发挥绿色引导作用。政府要充分发挥财政政策和金融政策的作用，引导社会及民间资本流向绿色产业，努力培育一批拥有自主品牌、掌握核心技术、市场占有率高、引领作用强的龙头企业，发挥龙头企业的辐射效应，帮助企业提高绿色技术水平和进行绿色技术改造。

#### 13.2.2.2 发挥行业协会的协调治理功能

首先，充分发挥信息沟通与服务方面的职能。一方面，行业协会应持续跟踪、采集、整理和分析本行业绿色技术方面的国内外最新信息，并及时分享给本行业企业和相关政府部门；另一方面，行业协会应重点挖掘企业绿色产品设计、绿色技术改造、企业协同创新方面的共性问题，并据此为政府制订绿色发展产业政策和措施提供现实依据。其次，组织本行业绿色标准的制订、宣传与执行工作。绿色标准颁布之后，行业协会还应组织企业学习标准，切实提升企业管理人员和技术人员的绿色管理意识和技术技能，并监督反馈企业标准的实施情况。最后，建立跨企业协作机制，共享和协同开发绿色技术。发挥行业协会的纽带作用，组建以企业、科研院所和其他社会机构为主体的研发合作平台，实现绿色知识技术共享和关键技术、共性技术的协同创新，提升产业集群绿色竞争力。

#### 13.2.2.3　发挥核心企业的网络治理功能

首先，核心企业利用其广泛的外部社会资本，向集群外企业学习或购买绿色技术，提升自身的绿色生产能力，充当绿色发展的先行者角色。其次，通过与科研院所和其他服务机构的交流与协作，建立内外联动机制。核心企业可为网络成员提供更多交流学习机会，从而促进网络成员企业的绿色发展。最后，核心企业通过其对渠道的控制力和集群网络的影响力，制定绿色生产标准，实施绿色采购，参与下游企业绿色产品和绿色生产工艺设计等活动，约束其他企业的绿色行为。

## 13.3 “积分制”嫁接“收费制”　为垃圾分类增添动力*

从目前垃圾分类的实施情况来看，大多数城乡居民对生活垃圾分类的自觉性、积极性还不高。做得较好的地方，一般都是通过建立监督和激励机制，逐步培养人们垃圾分类投放的习惯。把“积分制”奖励改为收费，不仅需要解决分类智能称重问题，难度更大的是要解决让居民做到垃圾全部正确投放的动力问题，避免为了不交费、少交费而乱投放的现象。

目前，嘉兴市、杭州市余杭区等区域都已实行“互联网＋再生资源

---

* 本部分作者系浙江省人民政府咨询委员会委员、杭州市决策咨询委员会委员、浙江省公共政策研究院特邀研究员蓝蔚青。

回收”模式，通过“市场机制 + 政府购买服务”，成功地实现了固体废物分类资源化和生活垃圾减量化，推动了静脉产业的发展。

嘉兴市建立了“一高一低”模式，提供定时定点上门回收服务，构建了可回收物积分兑换管理系统，以高于市场平均价 10% 的价格向居民回收各类可回收物。居民所得积分可以在连锁便民超市兑换消费品，并有多种优惠体现“低价”。嘉兴市“一高一低”模式的实质是通过让利惠民调动居民积极性，形成全民参与垃圾分类和垃圾回收减量的良好氛围。

杭州市余杭区政府向浙江九仓再生资源开发公司（以下简称“九仓公司”）购买服务，每 1500 户居民建立一个站，政府提供 40 平方米左右的小区服务站用房和每户每年 465 元的回收经费，按平均一天一户回收 0.9 公斤（相当于垃圾产生量的 30%）的要求对公司进行考核，并定期到下游企业抽查回收处理情况。居民家中的小件干垃圾不须分类，装满一袋后通过微信 APP 呼叫，由专职回收人员在 1 小时内上门收取，当面称重后上传。每公斤将 0.8 元环保金记入居民账户，可用于加盟便利店内购物。废旧家电单独回收，分类计价。大件干垃圾需由居民提前预约，回收人员上门代收，不记环保金。湿垃圾仍由居民投入小区垃圾桶。企业对回收物进行集中精细的分选分类分拆，加工利用，无法利用的送垃圾焚烧厂或填埋场。

这些成功案例说明，“互联网 + 再生资源回收”模式完全可以实现固废的精细分类和充分回收利用，能否推广的关键是政府购买服务的能力。据九仓公司测算，固废处理每吨 300 元的补贴还远远不够。按杭州市 2020 年再生资源回收总量超过 200 万吨的目标，仅杭州市一年补贴就将超过 6 亿元。当然，随着再生资源回收数量的增加和静脉产业链的完善，增加的经济效益可以冲抵部分财政补贴，但对于公共财政来说仍是不小的负担。

在建立生活垃圾处理收费制度的基础上，要使政策真正落地，还要解决“怎么收”的问题。对此提出以下建议：

第一，制定生活垃圾处理收费的地方性法规，做到收费有据，收费标准受本地人大监督。同时加强宣传教育，使广大群众了解生活垃圾处理成本的构成以及应该付费处理的理由。今后，随着地方财政收支结构的调整，特别是房产税的开征，可纳入房产税。

第二，固废回收处理实行市场化，由回收处理企业竞标取得经营权。

第三，根据试点小区和上门回收企业的大数据处理结果，计算出每人日均生活垃圾产生量，确定人均收费标准，以户为单位通过银行代收或纳入移动支付。缴纳情况纳入个人信用评估。

第四，把一切具有回收利用价值的固废纳入可回收物范围，实行定点或上门回收，称重积分。积分通过回收企业联网处理可以冲抵垃圾处理费，形成激励效应。

第五，对不可回收物统一按厨余垃圾和填埋焚烧垃圾分类。推广桐庐市、金华市等地的经验，把“可烂”和“不可烂”作为区分标准进行宣传，以便居民掌握。分类装袋记名，根据小区实际情况确定是按楼道投放还是按小区相对集中投放，并建立相应的监督制度。不按要求分类且经教育不改者，由物业公司或居委会确定后提高收费档次。厨余垃圾集中进行工厂化生物燃气发电。

第六，对机关企事业单位加强监督，按生活垃圾数量和分类达标情况确定收费金额。

第七，在农村完善推广三门县的农村垃圾分类处理模式，把垃圾分类收费处理全覆盖作为美丽乡村建设的制度化要求。采用实名制垃圾投放和可溯源管理体系，建立县垃圾分类处理大数据平台，实行“一户一码一卡”制度，按人均垃圾产生量和每户人口确定交费标准，由村公共服务平台按月统一收取。村保洁员通过扫描二维码现场采集农户垃圾分类效果、可腐烂垃圾重量等信息并自动打分，相应积分打入农户账号，可冲抵家庭应缴纳的费用。县镇村管理人员可通过手机 APP 实时查看垃圾收集处置数据，进行动态化、可视化监管。可回收固废通过平台对接中标的回收企业，上门或定时定点回收，按量计算积分，可腐烂垃圾因地制宜就地加工利用。

第八，各级主管部门要通过对生活垃圾的大数据分析，掌握生活垃圾变化趋势和固废回收利用情况，及时采取措施解决突出问题，促进静脉产业健康发展。从近年来的情况看，“限塑令”成效不大，农贸市场、生鲜超市和便利店普遍缺乏“限塑”意识，塑料食品袋也没有理想的取代物。因此，大量肮脏的塑料袋成为既不能回收利用又难以降解的“白色污染”，加上网购和快递爆炸式增长带来的大量塑料包装材料，可能成为填埋焚烧的主要对象，急需在技术上着力解决其他包装材料取代或加速降解或避免焚烧时产生二次污染的问题。

# 第 14 章

# 加强社会治理

## 14.1 关于推进改革强省建设的若干建议*

近年来，浙江省以勇立潮头的时代担当，深入贯彻落实中央全面深化改革各项战略部署，取得了显著成效。尤其是“最多跑一次”实现率达到了87.9%，改革满意率达94.7%，“跑”出了群众的改革获得感，形成了浙江省改革发展的新优势，为全国深化改革树立了样板。

但同时也要看到，改革工作牵一发而动全身。当前，浙江省正在推进的各项改革试点多达900余项。其中，党中央、国务院批准的“国字号”改革21项，国家部委批复的有101项，省级以上批准的164项。对照中央要求和群众期盼，对照中国共产党浙江省第十四次代表大会提出的通过

* 本部分作者系徐友龙（浙江省社科院《观察与思考》副总编）和查志强（浙江省社科院调研中心主任）。

“改革强省”增创体制机制新优势的要求，仍有不少硬骨头要啃。例如，在认识动机上，个别地区和部门热衷“争帽子”，不愿动真格，出现“重引入轻落实”“重引入轻退出”等庸俗化倾向，有些甚至出现一些徒有虚名的“僵尸试点”；在力量配置上，存在“庙大僧少”，进而导致不少改革办及专项小组疲于应付各种会议和台账而难有精力统筹谋划抓落实，一些改革工作存在“只到膝盖不落地”的现象；在改革动力上，虽然改革容错免责的原则已定，但适用情形、认定标准还不够清晰，一些改革实施部门和领导存在怕出错和怕被批评、追责、问责的疑虑，不敢当“改革促进派”；在改革统筹上，“信息孤岛”现象仍然在较大程度上阻碍着跨部门的“数据跑腿”。例如，某地级市的市本级投资项目监管共涉及 19 个部门 25 个系统。其中，19 个系统是国家部委或省级部门建设的垂直系统。由于各个部门的业务专网没有充分实现与政务服务网的互联互通，导致网上串联或并联审批协同办公推进受阻。而在“一窗受理”平台已经对接的 27 个省、市部门业务系统中，仅有 8 个系统的对接达到受办分离要求，其他仅仅是简单的数据推送，还亟待在面上加强信息共享的顶层设计。习近平总书记强调，全面深化改革，坚决破除一切不合时宜的思想观念和体制机制弊端。推进浙江省的改革强省建设，确保各项改革措施落地生根开花，也同样需要破除一些观念和弊端，进一步深化改革。

### 14.1.1　进一步加强改革事项的全过程管控

改革是发展的强大动力。各级党委（党组）作为全面深化改革的领导责任主体，要强化政治担当，在鼓励各地改革创新的同时，应充分利用信息技术手段，完善各项改革，包括省以下改革试点准入、管控、推广（或退出）等全过程的顶层设计及管控机制（例如，“改革试点培育和筛选”“成功试点经验的推广”“改革事项评估和退出”等），杜绝改革庸俗化现象。要防止“一刀切”，对各个领域的改革既不作数量上的硬性规定，也不作核减数量的统一要求，确保改革的问题导向，以人民满意为中心。要审慎推广试点经验，对需要在全省推广的改革试点方案进行充分科学论证，确保每项改革“不翻烧饼”，以实际成效赢得民心。要加强改革试点的督察、考评和动态监测及结果应用，及时撤销“僵尸试点”；对“啃硬骨头”取得突破、获得实效、赢得认可的，要切实予以正向激励；对“重批复轻指导甚至不指导”的改革批复单位、“重口号轻内容甚至无内容”的改革责任单位要通报批评甚至问责。

### 14.1.2 进一步推进改革落地的成效督察

随着改革方案不断出台，抓落实的任务越来越重。这就要求进一步强化责任担当，把全面深化改革作为各级党委的重大中心工作来抓，切实把各个单位懂改革、善改革、能改革的业务干部充实到改革落实及督察中去。针对各设区市和县（市、区）一级的改革办、专项小组、改革事项牵头单位的人员配置较为薄弱的实际情况，要加大力度从实务部门和科研院所选派或挂职干部充实改革一线力量，注重在改革推进中锤炼、发现、培养干部。省级部门批复的改革试点项目，要强化“谁批复谁负责”的原则，不仅要给“帽子”，还必须抓内容，严把改革方案质量关和改革督察关，确保改革事项少而精、实而强，改有所进、改有所成。在落地环节，要做好过渡期的衔接工作，避免“旧的失效，新的无效”；要切实推进政府职能“放管服”转变，真正做到审批更简、监管更强、服务更优。针对政府审批职能向行政服务中心集中后，窗口业务人员整合不到位、业务不熟悉、服务质量亟待提升的情况，切实解决服务中心窗口队伍的体制机制和力量充实问题，实行人随事转，系统解决好改革落地的“最后一米”问题。

### 14.1.3 进一步完善改革创新容错免责等制度化保障

推动新一轮改革必须深入贯彻习近平新时代中国特色社会主义思想和党的十九大报告精神，“旗帜鲜明地为那些敢于担当、踏实做事、不谋私利的干部撑腰鼓劲”。建议在省级层面，由纪检、组织、审计等部门在现有基础上进一步明确容错的情形、范围和程序，划清可容的“边线”和不可容的“红线”。以习近平总书记提出的坚持“三个区分开来”为改革创新容错免责的指导性原则，进一步出台浙江省适用的实施细则和操作程序，健全容错免责制度体系，大力加强具有正向引导作用的容错免责典型案例的宣传。在市县层面，要根据浙江省委文件精神，结合基层实际，出台操作性强的容错免责实施办法。相关省市职能部门则要树立“谁有问责职能，谁就有受理容错免责义务”的责任意识，在考评、督察过程中，将改革创新容错免责精神贯彻始终，不应先问责再免责。同时，也要明确容错决定由党委（党组）集体决策的权威性，守住道德底线、法律红线、党纪高压线。要对现有各级各个部门的问责机制进行常态化梳理，谨慎问责，从源头上减轻干部动辄得咎的心理压力。正确认识改革创新与于法有据的关系，既要看到全面深化改革需要法治保障，做到“于法有据”，又要加大在改革实践基础上将一些成熟成功的改革成果通过法律法规予以固化。对不符合发展实际的法律法规要及时修改完善，把法律法规的制定、修改、废止、解释及相关授权、批准、备案纳入深化改革议程，加快对现有法律法规（尤其是省级及以下人大立法、政府规章）的清理完善进度，为改革创新扫清“于法无据”的障碍。

### 14.1.4　进一步发挥改革先行区的集成优势

注重统筹兼顾、系统集成、科学实施，是习近平同志深化改革的重要方法论，也是新一轮改革必须把握的基本原则。近年来，浙江省先行先试，在基层党建、基层社会治理、河长制、公车改革、国家监察体制改革等方面为全省乃至全国改革创新树立了样板，体现了浙江省勇立潮头的使命担当和支撑改革的政策、技术等集成优势。《关于在全国各地推广国家监察体制改革试点方案》明确指出，在全国各地推广北京、山西、浙江改革试点成果的同时，继续赋予三地深化改革试点的权利。这充分体现出顶层设计对改革渐次推进规律的科学把握。浙江省推进改革强省建设，也需要在今后一系列改革事项的成果推广、创新集成中，确立“改革可以调整速度，但不可以轻易调整方向”的原则，鼓励先行先试，赋予已经走在前列的试点单位继续先行先试的权限，避免“一刀切”对先行先试地区“走回头路”的挫伤，也有利于更好地推进改革的螺旋式发展。改革创新集成还包括技术集成。针对一定程度上仍然存在的“信息孤岛”现象，应进一步发挥浙江省移动支付、移动商务全国领先优势，以加强现代信息技术的整合运用为手段，将建立强大的“数据政府”“智慧政府”提上更为重要的议事日程，明确由省级部门牵头协调，通过“一证办理”“一窗受理”等机制倒逼打通“信息孤岛”，真正实现各个部门信息系统的互联互通和数据的整合共享。

# 14.2 浙江省伴侣动物保护地方立法建议*

## 14.2.1 动物保护的国际现状

1822年，英国出台了第一部反虐待动物法。目前，世界上已有150多个国家（或地区）制定了《动物保护一般法》《禁止虐待动物法》《分类保护法》（例如，《小动物保护法》）等动物保护相关法案。

《世界动物福利宣言》提出了深入发展和制定农场动物、伴侣动物、实验动物、工作动物、野生动物和娱乐动物的动物福利原则。动物福利原则被普遍理解为动物的五大自由。

## 14.2.2 浙江省动物保护现状

在百度上仅仅搜索"高楼抛下宠物犬"，结果就高达84400个。仅2018年2月3日、2月18日、2月25日，动物保护志愿者就在杭州市萧山区、诸暨市、桂海拦下三辆运狗车，载满数千条偷盗诱捕而来的、未经任何防疫措施就被送上屠宰场的家养宠物狗和流浪狗。

目前，我国只制定了《中华人民共和国野生动物保护法》，尚未制定动物保护一般法。浙江省没有统一的伴侣动物管理法，仅由各市县出台一些有地方特色的伴侣动物管理规定。2004年修订的《杭州市限制养犬规定》已经完全不符合杭州市目前的经济发展水平和养犬人群规模。杭州市伴侣动物管理存在的主要问题如下：

一是办证手续不方便，办证费用高达千元，远远高于上海（300元）、深圳（免费）等地，使无证养犬、不文明养犬和遗弃犬、猫的现象非常严重。

---

* 本部分作者系浙江财经大学法学院教授、硕士生导师，中国社会法学研究会常务理事，浙江社会管理法治化协同创新中心副主任，浙江省社会法学研究会副会长，浙江省劳动法学会常务理事钱叶芳。

二是对遗弃、虐待犬只行为没有处罚措施，也未对遗弃、虐待犬只行为规定应当承担的法律责任。

三是对未经批准所养犬只、狂犬、流浪犬简单采取的捕杀措施，不能体现动物保护理念和人道精神。

多年来，杭州市城市管理执法部门受理的犬类投诉一直居高不下，位居投诉榜首。杭州市城市管理委员会 2011 年对犬类管理现状的调查显示，被调查对象对杭州市的犬类管理工作很不满意。

### 14.2.3　缺少伴侣动物保护立法的危害

#### 14.2.3.1　不利于推动社会主义精神文明建设

目前，我国对流浪动物只有管理而没有保护。缺少制度保障的结果是动物保护理念难以确立，人们对流浪动物（特别是流浪狗）的驱逐、漠视甚至杀害被当作理所当然，不利于推动社会主义精神文明建设。

#### 14.2.3.2　危害公共安全

19 世纪 70 年代以来的心理学、社会学、犯罪学研究均表明，虐待动物与暴力犯罪之间有必然的联系。动物虐待者往往会采用同样的手段对待自己的同类，有的偷狗贼甚至还非法持有杀伤性武器，从而对公共安全产生严重危害。据美国联邦调查局（FBI）犯罪心理学分析结果显示，90% 以上的变态杀人犯都有过虐待动物的行为。例如，Brenda Spencer 放火烧毁圣地亚哥一所小学，造成 2 名儿童死亡，9 人受伤，他就曾多次虐待猫狗。施虐于动物并非微不足道的人格缺陷，而是严重心理问题的重要表征。长久以来的事实已经充分表明，对动物的暴力行为是一种危险的心理异常，而这种心理异常的对象不仅仅限于动物。

#### 14.2.3.3　危害青少年的心理健康

一方面，人们（尤其是政府部门的执法人员）在青少年面前无所顾忌地虐待、遗弃动物，将血腥、残忍地暴力行为赤裸裸地呈现在青少年面前，不利于培养青少年的爱心和同情心；另一方面，偷盗并杀害作为儿童玩伴的宠物，严重伤害儿童的情感和心灵。美国连环杀人强奸犯泰德 · 牧迪在孩提时代目睹父亲对动物使用暴力后，自己也开始折磨动物就是例证。

#### 14.2.3.4 危害食品安全

在市场上公开销售的猫狗肉基本上来源于偷盗的宠物和流浪猫、犬，没有经过任何检疫，甚至多数是采用毒药、麻醉等手段捕捉而来的，严重危及食品安全。

### 14.2.4 浙江省地方立法建议

#### 14.2.4.1 明确立法目的

推动社会主义精神文明建设，使流浪的和被饲养的人类伴侣动物得到人道对待，免遭遗弃或者虐待，保障公众的身心健康和公共安全，维护生态平衡和善良风俗。

#### 14.2.4.2 明确适用范围

在浙江省内从事伴侣动物繁殖、销售、饲养、领养、医疗、救助、防疫、运输、保护等活动的组织和个人，必须遵守伴侣动物保护的相关规定。

#### 14.2.4.3 明确保护范围

伴侣动物，也称陪伴动物，不仅指在家庭、单位或其他场所被人饲养的猫和犬，而且包括流浪的，被遗弃、虐待的宠物。例如，鹦鹉、乌龟等。

#### 14.2.4.4 明确伴侣动物保护的基本原则

确立伴侣动物保护与管理、公共管制与社会治理、数量控制与物种延续、风险预防与损害预防相结合的原则。

市（县、区）人民政府应当建立专项资金，用于流浪犬只、猫只的管理、绝育、救助和防疫。市（县、区）人民政府认为必要时，可以资助动物保护组织或个人参与犬、猫的保护、绝育、救助、防疫等活动。

鼓励居民委员会、村民委员会、业主委员会开展伴侣动物保护和管理方面的宣传和调解工作，增强伴侣动物所有人的责任心，保护和救助流浪犬只、猫只，同时兼顾未养动物者的利益，减少社会矛盾。居民委员会、村民委员会、业主委员会可以召集居民会议、村民会议、业主会议，就本居住地区有关养犬、猫管理、流浪动物保护等事项依法制定公约，规定行为要求和违约责任，并组织监督实施。居民、村民、业主应当遵守该公约。鼓励设立民间犬只、猫只留检、收容、救助机构。鼓励动物保护组织、村民委员会、居民委员会、业主委员会、高校及其他单位为放归的流浪犬只、猫只提供粮食和安身之处。

当伴侣动物本身或者伴侣动物饲养、繁殖、运输、救助等活动可能造成严重或不可逆转的疫情和危及生态时，不应当以没有完全的科学确定性为理由推迟采取有效的预防和控制措施。

#### 14.2.4.5　明确伴侣动物所有权

个人、家庭和组织依法对繁殖、购买或领养的伴侣动物享有所有权。伴侣动物所有权的行使应尊重公序良俗，不得损害公共利益和他人的合法权益。因防疫需要将伴侣动物人道处死的，政府应当对伴侣动物的所有者予以经济补偿。

## 14.3
## 加强个人信息泄露治理　维护公民权利和公共安全*

2018 年 3 月，互联网社交媒体巨头 Facebook 因 5000 万名用户数据泄露及被不当利用市值大跌，且面临涉嫌操纵美国总统大选的调查和股东集体的诉讼。如何加强事先审查、事中监督、事后处置，保护个人隐私、维护公民权利和公共安全，已经成为亟待政府部门决策的重大议题。

### 14.3.1　个人信息泄露的“四化”特征

#### 14.3.1.1　个人信息泄露渠道多样化

个人不加鉴别地随意填写信息、政府部门不规范的信息公开（例如，对贫困户、脱贫名单等信息的公示和下载获取，包括个人电话号码、住

* 本部分作者系浙江工业大学资源环境政策研究中心副主任、副教授叶瑞克。

址、身份证号码等）、购买车辆及车辆保险等物品（或服务）时填写单据、网购及快递信息填写、扫二维码、使用搜索引擎、手机 APP 及 PC 终端应用的下载及使用或网站各类（会员、邮箱）注册的默认协议、开放的 Wi－Fi 网络使用及互联网、物联网黑客攻击，都可能导致个人信息泄露。腾讯社会研究中心与互联网数据中心（DATA CENTER OF CHINA INTERNET，DCCI）联合发布的《2017 年度网络隐私安全及网络欺诈行为分析报告》显示，2017 年下半年，98.5% 的安卓系统手机 APP 都有获取用户隐私的权限，虽然绝大多数软件是出于用户正常使用的要求，但也有 9% 的手机 APP 在越界获取用户隐私及其权限。再如，早已蜕变成“传销式”商业活动的微信朋友圈投票或“帮忙砍一刀”，通过信息授权选项，个人信息自然尽入彀中，留作己用或进行贩卖就全凭商家良心了。另外，青少年儿童信息的泄露也让人贩子有了可乘之机。

#### 14.3.1.2　个人信息泄露内容全面化

当前的个人信息泄露不再局限于姓名、联系方式（手机号码、电子邮箱）等基本信息，而是涵盖证件信息（身份证号码等）、财产信息（住房、汽车、收入等）、金融账户信息、住址信息、职业信息（工作单位、工作岗位、行业领域等）、家庭成员信息、医疗健康信息等涉及个人工作生活方方面面的全方位信息泄露。商家或不法分子对个人信息的利用也越来越精准。据不完全统计，90% 左右的电信网络诈骗案件是建立在违法分子详细掌握受害人个人信息基础之上的精准诈骗。而从已破获的案件看，互联网平台内部的监守自盗和网络漏洞的黑客攻击是公民个人信息泄露的主要渠道。

#### 14.3.1.3　个人信息泄露风险脆弱化

浙江省 52 所高校 1596 份的调查问卷数据显示，80.1% 的受访者表示担心个人信息安全，73.4% 的受访者存在个人信息被泄露问题。不论是从非法获取还是从非法利用的角度看，新一代信息技术发展均给一些商家或不法分子提供了更多有效便捷的科技手段，个人信息在“互联网 + 大数据”面前显得十分脆弱。不法分子可以利用购物平台系统漏洞截取用户订单信息，获得用户信任后实施诈骗；可以通过大数据分析技术，将公开非匿名数据，甚至匿名的个人信息，与现实中的个人进行精准关联，从而使“匿名”形同虚设。

#### 14.3.1.4　个人信息泄露危害扩大化

早期的黑客行为主要发生在互联网（虚拟空间）上，表现为骚扰电话、网上个人信息泄露或者金融账户上的犯罪，更多是线上的，通过线上影响线下。但进入物联网时代，危害领域进一步扩大，直接影响线下现实生活的各个方面。2 名黑客破解切诺基吉普车安全系统并实现远程控制的事件就迫使汽车制造商宣布召回了 140 万辆该款汽车。以上案例说明，公民个人隐私泄露导致的危害除了日常生活受到不必要的打扰和经济财产损失之外，个人的生命安全、公共基础设施以及公共安全甚至国家安全都可能受到威胁。

### 14.3.2　维护个人信息安全的“全过程”应对

相关法律法规缺失、行业自律性较差、个人信息保护意识淡薄、技术水平受限等因素共同催生了个人信息泄露问题。作者建议从以下 3 个方面加以应对。

#### 14.3.2.1　事前预防

一要加强舆论宣传，提升公众防范个人信息泄露和防诈骗的意识，使人们不随便参加可疑的网络投票和“砍价”，审慎填写个人信息。调查数据显示，82.8% 的受访者对维护个人信息安全的相关法律法规不了解，仅有不到 20% 的受访者非常关注个人隐私问题，40% 的用户在安装或使用手机 APP 之前从来不看授权须知。

二要通过科研立项引导，加强网络安全技术研究和标准研究，提升网站平台的防黑客攻击能力（包括技术方面的积极应对和数据方面的消极应对）。

三要建立和完善政府公开发布信息的保密审查制度，明确相关程序，落实相应责任。

四要实施更加严格的个人信息获取资格及其权限审查制度，尤其在互联网汽车及无人驾驶、医疗健康等涉及公共安全、个人生命安全的敏感领域以及涉及指纹、头像、虹膜等生物信息的智能终端应用信息收集，但公共安全机制、数据保护制度还没有完全跟上的新兴技术的发展，不能满足公共安全的需要。

#### 14.3.2.2 事中监督

一要结合“双随机一公开”工作，对已经掌握个人信息资料的商家、网站平台加强监督管理，防止个人信息被非法买卖或共享。

二要采取网监等管理部门审查和网站平台自查相结合的方式，多管齐下，形成合力，及时发现，及时处理。

三要厘清部门职责，完善网络执法协作机制，解决网络信息安全多头管理、推诿扯皮问题，防止事中监督的部门缺位。

#### 14.3.2.3 事后处置

一要结合“最多跑一次”工作，明确受理部门和受理窗口。在发生信息泄露和滥用等信息安全事件后，要确保公民有合法、有效、便捷的救济途径。

二要加大对信息泄露和非法贩卖及共享的处罚力度。从总体来看，目前以上行为的违法成本相较于违法收益较低，对违法行为的处罚力度较轻，达不到震慑不法分子的目的。个人信息泄露惩罚力度可以有量的区别，但处罚的门槛不应设置量的限制。

三要加快出台保护个人信息的相关法律。目前，《中华人民共和国网络安全法》在原有加强网络信息保护的基础上对个人信息保护作了一些补充规定，但内容较为笼统，一些具体的规范仍分示在地方和部门的相关规范性文件中，法律效力位阶不足，且不利于执行。

# 第四篇

# 公共政策创新绩效评估

# 第 15 章

# 省级重大改革试点实施绩效评估*

习近平总书记在中央全面深化改革领导小组第十三次会议上指出："试点能否迈开步子、趟出路子，直接关系改革成效。"十八届三中全会以来，浙江省"以弄潮儿向涛头立"的勇气，敢啃硬骨头，勇趟深水区，从省级层面在众多领域设立了大量的改革试点，以期通过改革试点进一步破旧立新，再创体制机制新优势。"一分部署，九分落实"。浙江省委专门出台《关于进一步建立完善改革工作机制切实推进改革举措落地生根的意见》（以下简称《意见》），要求改革落实全流程、高效率、可核查。中共浙江省委全面深化改革委员会办公室（以下简称"浙江省委改革办"）对浙江省重大改革试点情况进行了两轮梳理，为摸清改革家底奠定了基础。

为了进一步落实《意见》精神，摸清家底、查找问题、发现典型、推动落地，总结富有浙江特色的改革试点案例，建立健全浙江省重大改革试点统筹准入管理和推进落实机制，浙江省委改革办委托中共浙江省委党校（浙江行政学院）对省级重大改革试点实施情况进行评估。中共浙江省委党校（浙江行政学院）于 2017 年 5 月成立评估组以来，对浙江省 11

* 本部分作者系徐明华（浙江省委党校副校长、研究员）、金国娟（浙江省委党校科研处调研员）和姚连营（浙江省委党校科研处主任科员）。

个设区市的省级改革试点项目进行梳理汇总，基数为623个，并且对每个改革试点项目进行包含牵头单位、起止时间、目标任务、省级部门是否协调督查、是否有政策或经费保障、是否开展跟踪评估等内容的普查式统计。在此基础上，进一步对浙江省委改革办梳理认定的171个省级重大改革试点案例进行评估。评估组先后在浙江省11个设区市和义乌、仙居等县（市、区）召开座谈会13场，与浙江省11个地市的改革试点相关部门和29个县（市、区）改革办进行交流，对改革办系统和与改革试点有关的单位工作人员发放问卷185份，对浙江省省级改革试点情况作了全面深入地了解，掌握了丰富的数据资料，从而为评估工作提供了坚实的支撑。

## 15.1 改革试点工作总体情况

党的十八届三中全会以来，浙江省设立了大量省级改革试点，许多地方以试点为契机，大胆创新，突破区位、要素等传统制约，取得了经济社会的快速发展。评估组在对浙江省委改革办认定的171个重点省级改革试点项目进行评估后认为，改革试点项目总体情况良好。其中，已完成主要试点目标的项目有104项，还在试点过程中的项目有22项，需要根据新形势重组整合的项目有23项，因形势变化可以停止试点的项目有22项。在已完成试点任务的104个试点项目中，大多数已经得到不同程度的复制推广。在需要重组整合的试点项目中，象山、洞头、玉环、大陈等地试点的海岛综合开发与保护试验区可以整合为海洋综合开发与保护试验区继续试点；3个有关审批制度改革的试点可以重组整合到“最多跑一次”改革中；3个关于医疗制度改革的试点可以重组整合到综合医疗改革中。

许多部门根据改革和发展需要积极设立试点，通过改革试点试验了改革风险、完善改革方案，为很多重要领域、关键环节的改革找到了破解复杂和敏感问题的可行路径，很多多年难啃的“硬骨头”有了突破性进展。改革试点真正起到了改革方案的“试验田”、改革风险的“缓冲区”、改革工作的“探路石”作用，使改革的红利低成本、快速度地惠及人民。

很多经过试点的改革项目（例如，“最多跑一次”“农村产权制度改革”“养老服务业综合改革”等）给广大群众带来了实实在在的获得感，人民群众对改革的认同度、满意度不断提高。

但评估组在对更大范围的623个改革试点案例进行分析后发现，在改革试点工作中也存在很多问题需要引起重视，主要概括以下问题：①一些部门和地方对改革试点认识不到位，把常规工作部署和工作创新冠以“改革试点”的帽子；②一些地方推进改革试点不是致力于体制机制的创新，而是热衷于争资金、要政策；③不少部门改革试点设置存在随意性，缺乏必要的论证和把关，导致试点方案缺乏科学性、合理性，改革试点或无法真正有效推进或名不符实；④也有不少试点设置部门和试点实施地区主体责任落实不到位，改革试点只停留在纸面上，缺乏使试点落地的有效推进机制，致使改革试点进程缓慢甚至多年停滞不前，改革试点名存实亡；⑤不少改革试点缺乏必要的论证、准入、报备、推进、督查、评估等规范程序，致使改革的统筹协调管理难以有效开展；⑥不少地方改革办无法搞清到底有多少项改革试点；⑦由于改革试点过多、过滥，“碎片化”、重叠打架现象同时并存，改革试点的系统集成和综合效应难以发挥；⑧由于缺乏完善的总结推广机制，许多改革试点经验仅停留在试点地区，没有及时在面上推广。

评估组在广泛调研和深入分析的基础上，推荐了20个正在试点的可复制推广的试点经验，同时也提出了可停止试点或归并整合的项目清单。

## 15.2 改革试点工作取得的主要成效

### 15.2.1　改革试点精神激发基层大胆探索，有效推动试点地区破除障碍赢得发展新优势

改革试点的设立赋予了试点地区先行先试的权力，调动了基层大胆探索的积极性。一些地方政府结合自身发展需求积极申报改革试点，强力推

进改革试点的各项任务，突破制约自身发展的各种障碍，实现了地方经济社会的跨越式发展。将浙江省 5 个改革试点探索成果列示如下：

杭州市创建的特色小镇成为新常态下创新驱动发展的新载体，围绕创立全球领先的“互联网 +”创业创新中心积极推进各项改革，以改革攻坚赢得发展的新空间，实现结构的新优化，增强后劲的新驱动。

舟山市把握海洋经济发展趋势，积极争取各类试点，以项目促试点，以平台促改革，树立了改革的区域品牌。统计数据显示，2013 年 11 月至 2016 年 9 月，舟山市实施改革项目累计达 460 项，舟山市正在实施的省级以上重大改革有 86 项。改革带动舟山市经济呈现跨越式发展的势头。

丽水市开展了各个领域的改革试点 200 多项，坚持不懈地创新，使丽水市逐渐突破区位劣势和资源瓶颈，积小胜为大胜，经济社会发展呈现良好态势。特别是在低丘缓坡综合开发利用、农村金融发展、旅游综合改革、农村电子商务创新发展以及扶贫工作上进行的一系列有益探索，从整体上优化了丽水市的发展环境，开创了新的发展优势。

天台县以打造省级全域旅游试点县为契机，将县旅游局整建制改组为旅游发展委员会，统筹涉旅的宗教、公安、交警、行政执法等工作，构建了举全县之力兴旅产业的体制，破解了困扰天台县多年的发展障碍，“旅游 + 文化”“旅游 + 农业”的旅游项目风生水起，改革带来的裂变效应不断显现，天台县域经济呈现出良好的发展态势。

新昌县探索从“科技体制改革试点”到“全面创新改革试验区”，打破山区县区位条件差、承载力不强、人才吸引力较弱等制约，大力推进以科技创新为核心的全面创新，实现了从浙江省相对贫困县到全国百强县、从浙江省重点污染县到国家级生态县的跨越。

不论是经济基础好的省会杭州，还是底子薄的海岛舟山，浙江省发展较活跃的地区均是改革较活跃的地区。浙江省全域正在通过新一轮深化改革，创造发展新优势。

### 15.2.2 改革试点事项由点到线、由线到面，为下一阶段改革的集成和深化打下了基础

改革试点效应的不断积累实现了从量变到质变的飞跃。很多重大改革事项，往往是经过大量的单项改革试点集成而来。近年来，浙江省各个改革专项小组和省级各个部门围绕群众关心的问题和发展的制约因素，从单

一事项和个别环节试点突破，向相关领域不断扩展，多点形成颇具影响力的改革成果，为全领域系统性的改革打下了坚实的基础。例如，近年来，围绕行政管理体制改革、优化浙江省政务环境，设立了“核准目录外企业投资项目不再审批改革试点”“企业投资项目高效审批试点”“四张清单一张网改革试点”“审批局改革试点”“中介服务市场化改革试点”“一号一窗一网试点”等一批改革试点。正是在这些改革试点探索和经验积累的基础上，“最多跑一次”改革在浙江省省委推动下，在全省迅速推广，成效显著，大大增加了人民群众的获得感，成为浙江省改革的金字招牌。

除此之外，浙江省在生态保护、科技创新、美丽乡村建设等领域也进行了众多“小切口”的改革试点，取得突破性进展，积累了宝贵的发展经验。例如，丽水市编制自然资源资产负债表试点、开化县开展领导干部自然资源资产离任审计试点、仙居县绿色化改革试点等都做了大量基础性工作，进行了积极探索，积累了有益经验。对这些试点进行系统集成将为领导干部生态责任考核和审计打下基础。长兴县的科技金融、余姚市的科技人才政策、嘉兴市的科技平台建设等创新经验，经过系统集成在浙江省的推广必将增强全省科技体制机制创新的新优势。金华市的垃圾分类，海宁市、舟山市等地的垃圾减量化资源化处理等经验，正在逐步集成推广，将对浙江省美丽乡村建设发挥极大的促进作用。

### 15.2.3 改革试点经验面上推广，发挥了对全局性改革的示范、突破、带动作用

浙江省省级系列重大改革试点，有的测试了风险，有的为破解发展难题趟出了新路。许多改革试点经验在浙江省全省推广，充分释放改革红利，有力促进了浙江省改革事业的快速发展。

以行政复议体制改革为例，改革试点前，浙江省复议机关达 1500 余个，有的案多人少，有的无案可办，行政复议资源分散，行政复议案件的办案质量也难以有效保证。2015 年，义乌市行政复议局挂牌试点。2016 年，义乌市行政复议案件纠错率从 5% 上升至 11%，调解和解率从 27% 上升至 38%。继义乌市之后，桐庐县、台州市黄岩区行政复议局也相继挂牌，并取得不俗成绩。2017 年上半年，桐庐县和台州市黄兴区 2 个试点地区复议案件同比分别增长 36% 和 250%，调解和解率分别达到 80% 和 29%。试点成效显著，行政复议体制改革得以在全省推广，由一级政

府集中行政复议职责，增挂行政复议局牌子，减少了行政争议流向信访和诉讼，防止矛盾纠纷上交。充分发挥了行政复议纠正违法行为和倒逼依法行政的制度功能，为人民群众提供便捷、高效的争议解决和权利救济途径，对全社会法治意识的增强和法治氛围的形成起到了促进作用。

在综合执法改革领域，2014 年浙江省委、省政府在嘉善县和舟山市等地先后部署城市管理相对集中行政处罚权和综合行政执法试点，探索集中在市容环境卫生、城乡规划、工商管理等方面的全部或部分行使行政处罚以及相关行政监督检查、行政强制职权。经过试点测试了风险，完善了改革方案。2015 年，浙江省委、省政府决定将试点经验在浙江省推广，并且将集中行使权力事项增加至 21 项。改革进一步理顺了浙江省城市管理和综合行政执法体制机制，为浙江省提高城市管理和服务水平，推进基层政府治理体系和治理能力现代化作出了贡献。

此外，嘉兴市海宁县“要素市场化改革试点”、杭州市余杭区特色小镇创新等一系列改革试点探索经验的推广，为浙江省经济转型升级和民生改善注入了强大活力。

### 15.2.4 改革试点红利逐渐释放，为人民群众带来强烈的获得感

在中央全面深化改革领导小组第二十一次会议上，习近平总书记提出，要把是否促进经济社会发展、是否给人民群众带来实实在在的获得感，作为改革成效的评价标准。浙江省始终坚持以人民为中心的改革导向，在改革试点设立时，坚持问需于民；在改革方案设计和推进过程中，坚持问计于民；在改革成效评价时，坚持问效于民，努力提供群众改革获得感最快、最多的浙江方案。

在农村综合改革领域，农村土地确权登记颁证工作试点、农村承包土地经营权抵押贷款试点、深化农村产权制度改革探索实现农村产权权能试点等一项项改革，唤醒了农村沉睡的资产，农房、田地、山林等资产变成票子。统计数据显示，2016 年仅丽水市三权抵押贷款累计发放 19.8 万笔，总计 261.25 万元，农民贷款难的壁垒慢慢被打开，“农民创业缺资金，农业发展贷款难”的情况正在改变。

在医疗卫生领域，“双下沉、两提升”“分级诊疗”“公立医院改革”“药品集中采购与定价机制改革”等改革试点的推进，使群众“看病难，看病贵”问题正在缓解。杭州市卫生和计划生育委员会（现更名为杭州

市卫生健康委员会）统计数据显示，2014—2016 年杭州市市级参保人员在市级公立医院的门诊和住院均次费用逐年下降。其中，2015 年较 2014 年分别下降 4.56% 和 2.75%，2016 年较 2015 年分别下降 0.84% 和 4.65%。

在生态文明领域，“一事一议财政奖补助推美丽乡村建设试点”“美丽宜居示范村试点”“美丽县城建设试点”等改革试点成效显现，人民群众既享受了绿水青山，又拥有了金山银山。

在养老服务方面，从 2013 年金华市金东区居家养老服务中心的创立，到嘉兴市、杭州市等地在医养结合、产业发展、智慧养老等方面创新的养老服务业综合改革，使广大老年人在家门口得到全方位的照护，这项改革的推广将使浙江省老年人受惠。

一个个重要领域的改革试点，给人民群众带来了实实在在的获得感，为改革赢得了群众基础。

### 15.2.5　改革氛围浓厚，抓试点工作的体制机制逐步完善

改革试点工作激发了浙江省上下推进改革的浓厚氛围，“改革”成为流行词，大胆探索、不断进行创新突破的意识深入基层干部思想观念。一些地方主动探索，在没有上级部门给予“帽子”、给予指导和给予政策的情况下，探索出了有意义、有影响的改革经验。例如，针对“企业污染、群众受害、政府埋单”“违法成本低而守法成本高”的生态破坏困境，绍兴市探索建立生态环境损害鉴定评估、损害赔偿磋商、司法衔接、资金使用管理和损害修复等生态环境损害赔偿制度体系，为“谁破坏环境谁埋单”提供了可操作的方案。该方案的成效甚至好于中华人民共和国环境保护部（现更名为中华人民共和国生态环境部，以下简称“环保部”）在全国 7 个地方专门设立的试点，“绍兴经验”也获得了环保部的高度认可。2017 年 1 月 22 日，《人民日报》头版刊发介绍绍兴市方案的文章，在全国获得了较大反响。

经过几年的改革试点工作，浙江省各级部门和地方逐渐探索出一系列被实践证明行之有效的抓改革试点的工作机制。许多省级部门在试点方案设计时科学论证，设立后积极对试点地区进行指导，帮助协调，督查落实，并开展跟踪评估。浙江省各个地区也创造了一系列抓落实的机制，确保改革落地生根。例如，衢州市在改革试点落实中突出领导推动，实行

“一个项目，一名领导、一个团队、一抓到底”的工作方式，建立改革项目“年报告、季通报、月联系”制度，对于重点突破改革项目起到了很好的牵引带动作用。舟山市探索建立了部门改革联络员制度、工作例会制度、动态信息报送制度、工作台账制度等一系列制度。杭州市探索形成了市委改革办牵头抓总、专项小组分工负责的总体工作格局，形成了横向频繁联动、纵向狠抓落实的工作机制。

浙江省浓厚的改革氛围，敢于大胆突破的改革精神以及各地逐渐探索完善的抓改革试点的工作机制，为深入落实中国共产党浙江省第十四次代表大会提出的“改革强省”目标、全面推进下阶段改革工作打下了坚实的基础。

## 15.3 改革试点工作中存在的主要问题

### 15.3.1 对改革试点思想认识模糊，操作中存在很多误区

一是改革试点过多过乱。2017 年以来，浙江省委改革办对浙江省各地省级重大改革进行两轮梳理后提供给评估组的材料显示，浙江省委改革办认定的省级重大改革试点有 73 个，而评估组让各个地区梳理后上报汇总的改革试点数量为 623 个。调研发现，一些省级部门对发放试点“帽子”随意性较强，基层对于什么是改革试点、改革试点与工作创新和现有改革措施之间的关系认识模糊，造成改革试点数量庞大，类型繁杂，对试点的管理和推进混乱。例如，某市第一次上报评估组的省级重大改革试点为 17 个，第二次上报的竟是 177 个。

二是试点异化为荣誉和资源，争资金抢项目。根据统计分析，69% 的省级试点有政策或经费支持。一些地方积极争取改革试点不是想要突破体制机制，促进发展，也不是想要先行先试走在前列，争当示范，而是看中改革试点背后的政策、资金、土地指标、项目等。更有一些地方把“改革试点”这顶“帽子”当作荣誉、政绩。这样的改革试点，效果必然会

打折扣。

三是部门利益阻碍改革试点推进。部门利益依然是改革推进的最大阻力。一些部门在推进改革试点时不主动、不作为，甚至通过改革试点强化本部门的权力，事实上成了改革的障碍。

四是试点推进中存在“等、靠、要”的思想。一些地方和部门存在类似“改革是中央和省里的事，基层根本没有空间”“没有资金和政策，改革推不动”等错误认识，导致在试点工作中缺乏改革自觉性和勇气，除了照本宣科、亦步亦趋地传达上级精神和要求外，不研究本地、本部门的具体情况，不敢破、不愿改、更无法立。

### 15.3.2　缺乏顶层设计和系统集成，整体效应难以发挥

一是缺少顶层设计，重大改革难突破。改革开放 40 余年，浙江省改革事业在各个领域都不断推进，基层改革空间不断缩小，每走一步都涉及深层的体制问题。由于缺少对改革的顶层设计，部门设立的改革试点要么聚焦在单一细分领域，要么专注于破解整个体制的某个环节，导致近年来虽然改革试点项目数量较多，但是具有标志性、引领性的重大改革偏少。

二是关键环节“梗阻”，造成全链条不畅。调研发现，很多在逻辑上相互衔接的改革试点事项，往往因为某个环节的试点事项推进不力，形成“中梗阻”，造成全链条不畅通。例如，有的地方为解决农民创业创新贷款难，在土地确权、颁证、交易中心，甚至抵押贷款制度等方面都进行了改革，取得了成效，但是只因缺少规范权威的产权评估机制，最终造成农民综合产权抵押贷款还是不能顺利实现，大大影响了改革的整体效果。

三是相近领域缺乏集成，难以形成综合效应。例如，在医疗卫生领域，开展的改革试点（包括“分级诊疗改革试点”“做强做优公益性医院、放开放活营利性医院改革试点”“省级医改先行先试区”“全省基层医疗机构补充机制改革”等）设置的区域及牵头部门都不同（“做强做优公益性医院、放开放活营利性医院改革试点”设立在德清县、青田县等地，牵头部门为卫计委，而“全省基层医疗机构补偿机制改革”试点设立在义乌市、江山市等地，牵头部门为财政厅），造成不同改革事项进程不一，各个单项改革分头推进，难以形成应有的“1 + 1 > 2”的整体效应。又如，关于生态文明建设方面的试点，既有发改委条线的试点，也有环保部门牵头的试点，政出多门，且互不衔接。

### 15.3.3 试点设计不够科学，准入把关机制有待加强

一是试点方案要素不全。调研中发现很多改革试点方案对改革试点要突破的事项、要建立的机制、要达到的目标等均未作出明确的规定，甚至一些改革试点对于改革试点方案的起止时间也没有明确。例如，浙江省绍兴市工业转型升级综合配套改革试点，方案大而笼统，起止时间为2010—2020年，时间跨度达10年之久，方案既没有具体目标，又缺乏实施保障机制，既无省级扶持资金和相关政策配套，也没有跟踪督查、评估，改革试点形同虚设。

二是不同试点内容不协同。有的综合改革试点已经包含的改革内容，又单独设立试点，造成重复试点；有的改革试点设置事项过窄，在推进中缺乏配套改革的协同，造成单一试点很难推进。

三是改革试点的层级和范围设置不合理。有的改革不涉及省级政策的突破，可以留给市县层面搞试点，不需要上升至省级层面设立试点；有的改革试点在事项和区域选择上缺乏共性。例如，“横店影视产业试验区”试点，因其特有的资源优势和产业优势，试点成效很难复制推广。

四是准入流程不规范。省级部门在试点设置上存在随意性，信息不够公开，试点设立的合理性、试点方案的科学性没有进行必要的论证，导致有政策和资金支持的试点往往成为争夺的对象，最终试点并未设立在最合适的市县。

### 15.3.4 各方合力抓试点推进的机制不健全，造成试点事项突破难

一是部门协同配合机制不健全。基层在推进省级改革试点时，涉及很多体制突破事项，离不开与省级有关部门的沟通。有些复杂的改革事项涉及协调的省级部门不止一个，如果基层和省级相关部门之间缺乏必要的沟通机制，依靠实施改革的地区逐个部门请示，往往造成改革进度缓慢，改革试点成效受到影响。在某些改革落实过程中，各相关部门存在“各唱各的调”现象。例如，在推进户籍制度改革中出台了交通事故意外赔偿城乡居民统一标准政策，但在具体实施中相关保险公司仍拒绝以统一标准进行赔付。

二是缺乏政策配套和要素保障。以深化医药卫生体制改革为例，其核心内容是实施“分级诊疗”，同时以“双下沉、两提升”（即着力推动城

市优质医疗资源下沉和医务人员下基层，提升县域医疗卫生服务能力和群众就医满意度）作为配套和保障。2017 年，浙江省政府要求各地县域就诊率达到 80% 以上，同时要求每天县级医院至少有 10 位城市三甲医院的副主任医师以上职称的医生常驻。于是，不少地方纷纷动用行政和经济手段限制基层群众到大医院就诊。例如，某市 2017 年县域就诊率达 82%，但城市三甲医院派驻的副主任医师以上职称医生不到 5 名。从表面上看，该市的基层就诊率达到了指标，但由于“双下沉”没有到位，“两提升”也就大打折扣。

三是省级部门联系指导和督查评估有待加强。重大改革事项的推动，往往离不开上下联动、合力推进。但经调研发现，只有 16% 的改革试点项目有省级部门帮助协调推进，84% 的改革试点完全依靠基层“摸着石头过河”。省级部门仅对 35% 的试点开展了跟踪评估，还有 65% 的试点省级部门未问成效。也就是说，省级部门真正指导及帮助协调困难的改革试点不多，督查评估的不多。评估组针对市县改革相关部门工作人员发放的 185 份问卷调查显示，高达 68.3% 的受访者对改革事项的“督查评估和联络指导”不太满意。地方改革办对党政主要领导不关注的一些领域的改革试点也关注不够，仅限于统计汇总，有的甚至统计汇总工作都没有做。

四是容错免责机制未发挥应有作用。虽然浙江省为了鼓励干部大胆改革创新，出台了《关于完善改革创新容错免责机制的若干意见》（以下简称《意见》），但因缺乏具体的细化标准，基层干部还是普遍心存顾虑。调查问卷显示，43% 的受访者认为当前改革的容错免责机制不太健全。很多地市至今没有出现一例干部被容错的事例，在一定程度上说明《意见》尚未有效发挥作用。

五是基层改革力量薄弱。当前，各地承担的省级改革试点总体数量较多，再加上其他自上而下的改革任务和当地根据自身实际推出的改革举措，改革任务过重，造成基层从事改革统筹和协调的力量严重不足。以绍兴市柯桥区为例，在进行改革试点清理规范前全区共有省级改革试点 30 项。其中，省级部门批复的试点多达 20 多项，还要负责落实省市区重点推进的改革项目 20 余项，而区改革办专职从事改革的人员仅有 2 名，很难较好地协调推进数量庞大的改革试点事项。

#### 15.3.5 改革试点推广机制尚未建立

一是省级部门存在“重视试点设立，轻视经验总结推广”现象。评估组收集分析了48个典型改革试点案例，发现正式发文推广的比例不高，经过省级牵头部门开展验收总结的仅占40%。很多改革试点虽然取得了一定成效，探索出一些新的体制机制，但是缺乏有效的总结推广机制，造成试点成效仅仅停留在具体个案上。

二是基层试点实施单位缺乏推广的动机和能力。基层单位争取试点是出于地方利益和需要考虑，缺乏全面推广的动机。此外，基层单位承担日常推进和落实试点任务，更加注重从日常工作层面抓落实，很难从全局高度和视角把改革试点的成效和做法总结到位。

三是联络机制缺失导致省级层面不能及时掌握改革试点情况。改革试点内容涉及事项往往牵涉多个省级业务部门，各个业务部门对改革试点的联系指导重视程度不一，缺乏稳定有效的沟通联络机制，造成省级部门对改革试点推进的具体情况掌握不够，难以及时对改革试点成效进行总结推广。

四是第三方参与总结评估的机制有待完善。由于缺乏开放的评估机制、第三方评估机构发展滞后、改革试点宣传工作不足等原因，第三方参与改革试点评估和宣传推广的机制尚未健全。

## 15.4 推进改革试点工作中应处理好的主要关系

#### 15.4.1 处理好“自上而下”和“自下而上”的关系

当前，有一种“改革需要自上而下”的呼声，觉得基层改革已没有多大空间。但事实上，“改革开放在认识和实践上的每一次突破和发展，无不来自人民群众的实践和智慧”，基层和群众具有无穷的创造力。任何时候都要十分重视“自下而上”的改革创新。改革发展到今天，已进入了深水区，剩下“难啃的骨头”，基层突破体制改革的空间在缩小，需要更强的政治权威来推进，需要更加强调顶层设计和谋划。因此，谋划改革要更加注重“自上而下”与“自下而上”的结合。“自下而上”改革为“自上而下”改革提供基础和支撑；“自上而下”改革为“自下而上”改革提供空间和保障。要努力形成上下齐心、良性互动、相辅相成、相得益彰的局面，使改革既具有充沛的顶层牵引力，又具有基层驱动力。

### 15.4.2　处理好政策支持与先行先试的关系

正如李克强总理在谈及中国上海自由贸易区时强调的，“上海自贸区是改革高地，不是政策洼地”。设立改革试点的出发点是要发挥基层的先行先试作用，打破坛坛罐罐，赢得发展新空间。当然，在现实中也确实存在一些改革事项需要地方给予政策配套和资金保障才能凑效的情况。因此，在改革试点中既要坚决防止部门和基层把试点当成争资金、争项目的工具，同时也要考虑改革试点实际，对于一些客观上确实存在需要的试点给予必要的保障和支持。

### 15.4.3　处理好准入管理与鼓励创新的关系

创新是发展的原动力，任何时候、任何地方都要给予充分的空间，创造充分的条件鼓励改革创新。开展准入管理是把看得准的、对当前改革全局有意义的改革事项，纳入省级层面进行规范管理，重点推进，而不是给改革增加审批环节、给基层改革创新添一道“障碍”。事实上，大量的基层创新可为准入管理提供更多地选择，准入管理有利于基层创新进入省级重大改革试点范筹，得到更高层级的保障和推动。

### 15.4.4　处理好单项改革试点与综合改革试点的关系

与综合改革涉及事项多、推进难度大相比，单项改革涉及事项少，需协调部门少，推进阻力小，因此更容易取得重要突破。但是单项改革因为突破口小，存在影响面小，部门分头设置，整体效应难以发挥等不足。在实践中，需要根据不同领域改革发展的不同阶段，有选择地进行设置。例如，对那些改革起步晚、整体推进难度大的领域，可以考虑以单项改革渐进式突破为主；对于前期改革试点成效多、基础较好的领域，要及时推动多个单项改革走向集成和综合。

## 15.5 完善改革试点工作的主要建议

### 15.5.1 加强改革试点的顶层设计，加强改革的系统集成

改革已进入深水区。当前每走一步都涉及重大的利益调整，阻力在加大，改革的难度和风险也在加大。这就需要在改革中，更加注重顶层设计和顶层推动。

一是加强重大改革事项的顶层谋划。根据国家战略部署和浙江省改革发展形势所需，从整体着眼，重点瞄准那些“牵一发而动全身”的综合性改革、“落一子而满盘活”的关键环节改革，着力增强改革的系统性和集成度。

二是加强对多个单项改革的系统集成。近年来，浙江省在养老保障、医疗卫生、农业农村、科技创新、社会治理等领域开展的试点，在体制机制上打开了很多束缚发展的“小缺口”，但因为存在“碎片化”的问题，需要进行系统集成，形成整体突破。例如，在养老保障领域，出现了浙江省金华市“居家养老服务试点”、浙江省嘉兴市嘉善县“社区居家养老服务机构综合保险试点”等多个试点。对于这些相同领域的试点，要进行集中归并、系统集成，形成完整领域的综合改革试验区。同时，要对一些改革进行环节梳理，注重改革事项全链条贯通，推动改革成果由单点突破向整体突破跃升。

三是新增试点向综合改革试验区倾斜。鼓励和支持各个部门将新增的改革试点举措优先设置在相关的综合配套改革试验区，以发挥系统集成效应。

四是做好与中央部委的对接工作。浙江省地方政府创新意识强，很多市县先行先试的做法涉及突破的事项权限在中央各个部门。这就需要省级层面做好承上启下的工作，及时了解基层需求的同时，及时与中央有关部委和中央全面深化改革委员会办公室（以下简称“中改办”）做好沟通。

此外，对地方改革中遇到的确实需要突破中央层面权限范围的事项，要积极指导地方完善方案，协助开展国家试点申报。

五是做好改革试点与法律的衔接。中央明确提出重大改革要于法有据，处理好改革与法律的关系主要任务在领导层。省级层面在谋划重大改革事项时，要积极做好与立法部门的衔接，对与法律有冲突，又需要地方先行先试的改革事项，争取省人大授权，对试点成熟的改革事项，及时用法律和制度的形式固定下来。

### 15.5.2　以准入管理为抓手，完善试点的规范管理机制

改革的准入管理是改革试点工作的“第一粒扣子”，哪些改革事项纳入省级改革试点事项进行管理，试点方案如何完善，试点设立需经哪些程序，都事关改革试点最终能否成功，要认真谋划。建议以准入管理为抓手，从以下几个方面完善试点的规范管理机制：

一是完善试点设置程序。坚持顶层设计与基层探索相结合，建立规范的试点管理程序和机制。基层自主开展的试点项目和各个部门谋划的试点项目都要有规范的论证、报备、进展情况督查、评估、总结等机制，并建立改革试点的台账，便于统筹协调、经验总结。

二是加强改革试点方案的把关。牵头部门和试点地区要加强沟通，科学设计改革试点方案，每项改革试点在方案设计之初就要明确改革具体事项，明确牵头领导，明确责任主体，明确协同单位，明确完成时限，明确销号标准。

三是注重试点事项和试点地区的可示范性。在鼓励不同地区进行差别化试点探索基础上，有针对性地开展既符合本地区特点又对解决共性问题有探索示范意义的改革试点。

四是建立试点退出机制。建立改革试点项目库动态调整机制，加强改革试点的过程管理，通过定期改革信息交流和不定期的督查、评估，掌握改革试点动态，对实践证明试点意义不大、事项很难突破的试点及时销号。

### 15.5.3　建立分层分类抓改革试点的工作机制

随着改革的深入推进，改革的系统性、复杂性都在不断增强。任何改革事项都不是孤立的，改革事项之间的复杂交织，需要改革不同层级之

间、不同部门之间更合理的分工、更有机的联动。建议从以下几个方面着手建立分层、分类的工作机制：

一是依据涉改事项权限及重要性，分层分类抓试点。建议把省委、省政府发文的重要领域和具有牵引作用或关键环节的改革，纳入浙江省委改革办统筹协调的范围，由省委改革办负责方案把关和建立管理台账，及时跟踪项目进展，协调推进中出现的困难事项。在行业领域内影响较大的改革试点项目和各地自主开展的探索项目，根据所属行业领域，由各个专项小组参与组织专家进行方案论证和完善，牵头协调推动。对各地申报或者省级部门自行谋划的仅仅涉及某个行业细分的改革试点，由地市改革办和部门负责组织协调，不纳入省级重大改革试点管理的范畴。

二是明确责任分工，形成合力抓试点。明确改革试点部门和实施地区或部门的主体责任。改革试点实施单位负责结合实际制定实施方案和行动计划，建立责任落实体系，确保按时高质量完成试点和探索任务。牵头部门和配合单位要分别承担牵头和协同的主体责任，加强协调配合，形成合力，共同承担对基层试点的联系指导、督查调研、评估总结和经验推广责任。

三是建立台账管理制度，全程管试点。建立领导联系改革试点的工作机制，及时跟踪项目进展情况，掌握改革试点推进中需要协调解决的事项，从上到下强力推动。

### 15.5.4 建立多元评估、多渠道宣传的总结推广机制

设立试点的要义在于提供可复制、可推广的经验。开展改革试点，离开了经验的总结推广，使改革试点经验仅停留在个案上，是对改革资源最大的浪费。建议从以下几个方面着手建立多元评估、多渠道宣传的总结推广机制：

一是进一步明确总结推广的责任。坚持“谁批准谁负责”的原则，试点方案的批复部门要做好改革试点的进展动态监测、改革政策信息的交流，对进展缓慢、到期没有完成的改革试点，要提前预警、督促落实；对于存续意义不大的改革试点及时销号结束；对于成效显著，行之有效的探索成果，及时形成方案，由牵头部门按试点管理权限报送各个专项小组或改革办在全省全面推广。改革试点属地要及时分析改革中遇到的困难和问题，总结改革试点的经验，形成报告，定期报送改革试点牵头部门，便于

省级部门及时掌握情况。

二是加大对总结推广的奖励。对于改革试点获得全国、全省性肯定，或者以省委、省政府名义发文推广的，对试点地区和相关省级部门给予改革考核加分，按照试点取得相应成效，经过评估在政策资金上给予补助和支持，并对相关人员给予奖励。

三是注重发挥第三方机构的作用。改革试点的总结评估工作要向社会开放，综合发挥智库、媒体等第三方机构在试点经验总结、理论提升、宣传引导等方面的作用，借助它们的力量，推动改革试点经验在面上推广。

四是综合运用多种推广形式。在试点经验推广上要创新思路，除了正式发文推广外，还要综合运用召开现场会、媒体典型宣传、改革信息交流等多种形式进行改革经验推广。

### 15.5.5　建立和完善鼓励改革、推动改革的保障机制

一是配足配强各级改革工作力量。目前，浙江省及省以下各级改革办力量薄弱，普遍存在“小马拉大车”现象，越往下问题越突出。面对各个领域的改革试点，浙江省各级改革办只有建立起专职化、专业化、专家化的队伍，才能完成指导、协调、督查、推广等一系列改革工作任务。

二是细化落实容错免责机制，消除基层顾虑。对容错免责的条件和情形，以清单形式进一步细化，既明确免责的正面清单，也确定除外的负面清单，做到指向明确，给改革创新者吃下“定心丸”。

三是建立考评制度，加强正向激励。在绩效考核中加大实绩考核权重，对于在改革试点中闯出新路，取得突出业绩的改革型干部，在晋升晋级中优先考虑。加强对试点和探索典型案例的推介，加强对改革型干部的宣传，营造褒扬先行先试、鼓励探索创新、宽容改革失败的浓厚氛围。

四是进行改革创新案例评选，激发全民改革热情。浙江省改革创新案例评选活动拟由浙江省委改革办联合第三方机构共同举办。以评选活动激发浙江省上下改革创新的热情，同时以评选活动为载体，及时发现各个地区、各个部门优秀的改革案例，以便更好地完善、总结和推广。

# 第 16 章

# 浙江省企业投资项目审批“最多跑一次”改革绩效评估*

2017 年 10 月，党的十九大胜利召开，习近平总书记在党的十九大报告中作出了“中国特色社会主义进入了新时代”的重要政治判断。我国经济经过改革开放 40 年高速增长，正在发生阶段性变化和系统性调整。新时代我国经济已由高速增长阶段转向高质量发展阶段，正处在转变发展方式、优化经济结构、转换增长动力的攻关期。

在中国经济增速换挡，推进转型升级与结构调整，迈向高质量发展的关键时期，营造良好的营商环境显得尤为重要。世界银行前高级副行长兼首席经济学家考什克·巴苏曾强调：“一个经济体的成败取决于多种变数，其中往往被忽视的是那些方便企业和营商的具体细节。”由此可见，良好的营商环境不仅是建设现代化经济体系的内在要求和重要基础，更是驱动国家经济迈向高质量发展，实现质量、效率、动力三大变革的关键保障。正是从这一战略高度着眼，以习近平总书记为核心的党中央极为重视营商环境的建设。党的十八届三中全会通过的《中共中央关于全面深化改革若干重大问题的决定》提出，“推进国内贸易流通体制改革，建设法治化营商环境”。2014 年 12 月 5 日，习近平总书记在十八届中共中央政治局第十九次集体学习时明确指出，“要继续练好内功、办好自己事，加

* 本部分作者系浙江省委党校副教授张鸣。

快市场化改革，营造法治化营商环境”。2017 年 7 月 17 日，习近平总书记在中央财经领导小组第十六次会议上再次强调，要“营造稳定公开透明、可预期的营商环境，加快建设开放型经济新体制，推动我国经济持续健康发展。”2013 年以来，国务院连续 7 年召开全国深化“放管服”改革电视电话会议，部署推进优化我国营商环境，并连续 5 年在会议上提到中国在世界银行全球营商环境报告中的排名情况，以此作为衡量我国“放管服”改革成效的标尺，并着重指出“放管服”改革要“围绕推动高质量发展，建设现代化经济体系，加快推进政府职能深刻转变……加快打造国际一流、公平竞争的营商环境”。《2019 年国务院政府工作报告》进一步将“激发市场主体活力，着力优化营商环境”列为政府十大工作任务的第二位。

综上所述，优化营商环境是“放管服”改革的重要目标，并业已成为党的十九大之后“放管服”改革与政府职能转变的出发点与核心目标①。以此为标志，“放管服”改革的基本属性与核心特征，已经由主要关注审批事项削减转变为重视企业经营活动软环境的改善；从强调政府自身革命的政府本位逻辑转换为强调服务市场主体，注重“用户体验”的群众和企业本位逻辑；从侧重于政府内部审批效率提升的效能建设模式转变为推进政府与各类市场主体良性互动、协同共治的现代治理体系建设模式。

从理论上看，营商环境是伴随市场主体从事生产经营活动整个过程的各种条件的总和，包括政务、社会、市场和法律制度等诸多方面，是一个国家（或地区）市场完善程度、政府治理水平和社会文明进步的综合体现②。在营商环境的具体测度方面，影响最大的是世界银行推出的营商环境指标体系。该指标体系共包括 11 项一级指标，即开办企业、雇用工人、办理施工许可证、获得电力、财产登记、获得信贷、保护少数投资者、纳税、跨境贸易、执行合同、办理破产等。实际评价中“雇用工人”不纳入考核分值，其余 10 项一级指标（共包括 41 项二级指标）参与分值计算。自 2003 年起，世界银行依据这一指标体系对全球 190 个经济体的营

① 宋林霖，何成祥．优化营商环境视阈下放管服改革的逻辑与推进路径——基于世界银行营商环境指标体系的分析［J］．中国行政管理，2018（4）：67－72.

② 袁莉．新时代营商环境法治化建设研究：现状评估与优化路径［J］．学习与探索，2018（11）：81－86.

商环境进行评价排序。在实际评价中，选取某一经济体若干代表性城市作为样本，分别计算其营商环境分值，加权平均后得出该经济体分值并参与排名。该指标体系选取北京市和上海市为中国代表性城市，权重分别为45%和55%。

近年来，我国在世界银行发布的全球营商环境便利度排名名次稳步上升，在最新一次排名中更是由第七十八位上升至第四十六位，改善幅度进入全球前十位。然而，不可否认的是，我国营商环境总体水平与世界先进水平相比仍然存在明显差距，而其中的突出短板在于投资项目施工许可证办理，集中体现为手续烦琐、耗时冗长。世界银行发布的《2018 年全球营商环境报告》和《2019 年全球营商环境报告》的数据显示，2017 年和 2018 年我国办理施工许可证所需时间分别为 247.1 天和 155.1 天，是营商环境便利度排名全球前十位的新西兰、新加坡和美国 3 个国家办理施工许可证所需时间平均值的 3.26 倍和 2.17 倍（见表 16－1）。世界银行在《2020 年全球营商环境报告》中指出，中国在施工许可证办理方面取得了显著改善，办理施工许可证耗时缩短至 111 天，但与国际一流水平相比仍存在一定差距。

**表 16－1　中国与新西兰、新加坡、美国办理施工许可证所需时间比较**

| 比较 | 2017 年办理施工许可证所需时间（天） | 2018 年办理施工许可证所需时间（天） |
|---|---|---|
| 中国 | 247.1 | 155.1 |
| 新西兰 | 93 | 93 |
| 新加坡 | 54 | 41 |
| 美国 | 80.6 | 80.6 |
| 中国办理施工许可证所需时间与新西兰、新加坡、美国三国平均值的比值 | 3.26 | 2.17 |

针对优化营商环境的突出短板，浙江省自实施“最多跑一次”改革以来，一直把投资项目审批领域作为改革的攻坚重点。《浙江省人民政府关于印发加快推进“最多跑一次”改革实施方案的通知》（浙政发〔2017〕6 号）和《中共浙江省委　浙江省人民政府关于深化“最多跑一次”改革　推动重点领域改革的意见》（浙委发〔2018〕1 号）等均对推进企业投资项目审批“最多跑一次”改革作出专门部署。其中，《中共浙江省委　浙江省人民政府关于深化“最多跑一次”改革　推动重点领域改革的意见》明确要求“2018 年实现一般企业投资项目开工前审批‘最

多跑一次’‘最多 100 天’”。在浙江省委、省政府明确改革目标之后，浙江省各级政府、各个部门对标改革要求，不断优化审批流程，简化审批事项，提升审批效率，努力打造审批事项最少、办事效率最高、投资环境最优、企业获得感最强的政务环境和营商环境。2019 年，浙江省进一步推动企业投资项目审批“加速跑”，浙江省发展和改革委员会（以下简称“浙江省发改委”）印发的《浙江省一般企业投资项目审批“最多 90 天”工作指引（试行）》（浙发改投资〔2019〕195 号）规定，一般企业投资项目从项目赋码备案到竣工验收全过程审批时间不超过 90 天。本章将基于企业投资项目审批“最多跑一次”改革的实践，分析阐述浙江省通过企业投资项目[①]审批全流程优化再造打造一流营商环境的实施成效、基本经验、困难瓶颈以及深化路径。

## 16.1 企业投资项目审批“最多跑一次”改革的实施成效

首先，需要说明的是，浙江省在 2019 年企业投资项目审批领域推行的“最多 90 天”改革与 2018 年所推行的“最多 100 天”改革在概念内涵上存在显著差异。

一是“最多 90 天”改革的时间由政府审批时间、政府委托中介服务时间、公用事业接入服务时间组成，不包括业主自主准备时间、业主委托中介服务时间。而“最多 100 天”改革的时间由政府审批时间、政府委托中介服务时间、业主自主准备时间、业主委托中介服务时间组成，不包括公用事业接入服务时间。

二是“最多 90 天”改革涵盖从项目赋码备案到竣工验收全过程。而“最多 100 天”改革仅涵盖从项目赋码备案到施工许可证核发的过程，不

① 本章所指“企业投资项目”是按照浙江省发改委编印的《发展改革专报》（2018 年第 52 期）发布的企业投资项目定义，由工业项目、小型项目、其他社会领域投资项目（例如，医疗、教育、文体、养老等投资项目）三大类构成。

包括竣工验收阶段所花费的时间。因此，“最多 100 天”改革的统计口径为从项目赋码备案到施工许可证核发的连续过程，“最多 90 天”改革的统计口径为企业投资项目审批各个阶段政府审批、政府委托中介服务时间以及竣工验收阶段水、电、气、网等公用事业接入服务时间之和。由此可见，“最多 100 天”改革的时间统计相对简单，而且与世界银行统计口径相一致，然而“最多 90 天”改革实施时间短导致有效样本量很少①，所以本章将从“最多 100 天”改革的角度出发，对浙江省企业投资项目审批“最多跑一次”改革的实施成效进行评估。

具体而言，本章将围绕企业投资项目施工许可证办理这一核心问题，参考借鉴政府绩效评估领域权威的“3E”评价法②，从审批效率提升情况以及企业满意度与获得感 2 个层面对浙江省企业投资项目审批“最多跑一次”改革实施成效进行评估。根据上述评估框架，本章将选取企业投资项目平均审批时间、企业投资项目审批开工前“最多 100 天”实现率、企业投资项目审批“最多跑一次”改革企业满意度 3 个指标作为评估指标。各个评估指标的内涵如下：

（1）企业投资项目平均审批时间，即一定时期内所有企业投资项目审批时间（施工许可证的发放时间减去项目立项时间）的算术平均值。

（2）企业投资项目审批开工前“最多 100 天”实现率，即一定时期内已审批完成且用时小于 100 天的项目数除以需核发施工许可证的企业投资项目数。

（3）企业投资项目审批“最多跑一次”改革企业满意度，即具有投资项目审批经历的企业对企业投资项目审批“最多跑一次”改革的看法与评价，包括企业对政府减少审批时间、降低审批费用、提升审批服务质量、减少审批材料重复提交等方面的满意度评价。

### 16.1.1 企业投资项目平均审批时间评估结果

企业投资项目平均审批时间能够从总体上客观反映某一区域企业投资

---

① 根据浙江省发改委内部资料，截至 2019 年 6 月 30 日，2019 年赋码备案的一般企业投资项目中已完成竣工前审批的项目有 236 个。

② “3E”评价法包括了经济性（economy）、效率性（efficiency）和效益性（effectiveness）3 个维度，涵盖了绩效测量的 3 个层面。由于经济性和效率性评估主要关注政府内部的行政成本与行政效率，在行政审批领域集中体现为审批环节的减少、审批流程的优化以及最终导致的审批时间的缩短，而效果性在行政审批领域主要表现为审批改革产生的利企便民的实际效果。

项目的审批效率。这一指标也是世界银行营商环境报告中评估营商环境便利度的核心指标。2017 年浙江省企业投资项目平均审批时间为 185.8 天，2018 年这一指标减少为 107.7 天，审批时间压减幅度达到 42%。而且，2018 年 1—8 月浙江省企业投资项目平均审批时间呈现出逐渐缩短的趋势[①]（见图 16－1）。这充分彰显出随着企业投资项目审批“最多跑一次”改革的系统推进，“标准地”、承诺制、代办制、网上审批、集成式审批、施工图联合审查等改革举措逐步落地并深化，改革成效和改革红利得到了有效释放，从而直接推动了审批时间的缩短。此外，需要注意的是，企业投资项目平均审批时间评估尽管总体来看是客观科学的，但在一定程度上会受到项目数量，尤其是区域产业结构带来的项目特点的影响。

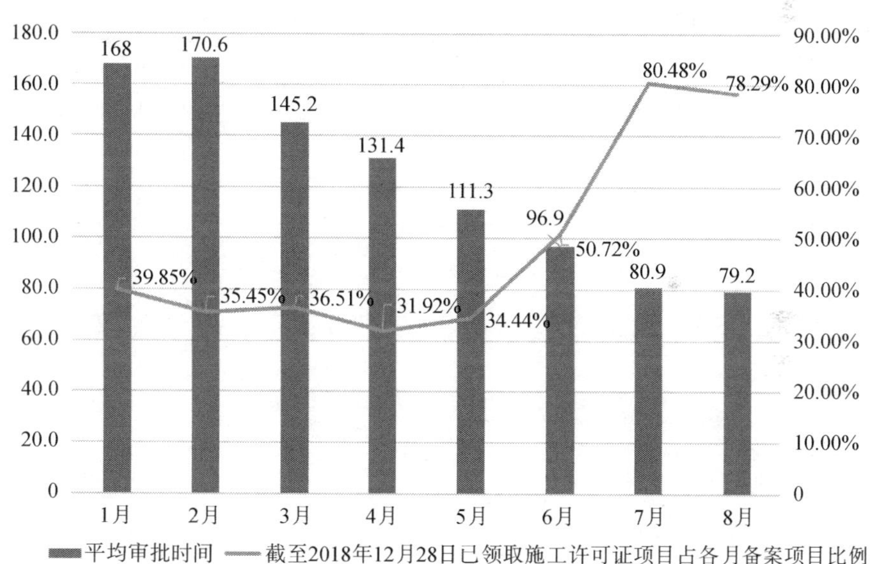


**图 16－1　2018 年 1—8 月浙江省备案类企业投资项目平均审批时间变化情况**

从 2018 年浙江省不同行业的企业投资项目办理施工许可证所需时间来看（见表 16－2），一方面，批发和零售业、电力、热力、燃气及水生产和供应业、建筑业、信息传输、软件和信息技术服务业、制造业、交通运输、仓储和邮政业等行业办理施工许可证的平均审批时间均超过了 100

---

① 本章计算企业投资项目审批平均时间和企业投资项目审批开工前“最多 100 天”实现率的原始项目数据来自浙江省发改委负责开发的浙江政务服务网“投资在线审批监管平台”2.0 版。

天，尚未达到企业投资项目审批“最多跑一次”改革设定的目标。尤其值得注意的是，作为浙江省实施数字经济“一号工程”重要载体的信息传输、软件和信息技术服务业办理施工许可证的平均时间达 111.4 天；作为实体经济主体和实现经济高质量发展关键的制造业办理施工许可证的平均时间达到 106.3 天。这表明，企业投资项目审批“最多跑一次”改革还需瞄准这两个行业的特点深化发力，加快推进；另一方面，教育、卫生和社会工作、采矿业、文化、体育和娱乐业等行业办理施工许可证的平均时间都在 90 天以内，审批效率在所有行业中名列前茅。

**表 16－2　2018 年浙江省不同行业企业投资项目办理施工许可证所需时间**

| 国标行业名称（一级） | 平均审批时间（天） |
|---|---|
| 批发和零售业 | 123.0 |
| 电力、热力、燃气及水生产和供应业 | 116.1 |
| 建筑业 | 112.0 |
| 信息传输、软件和信息技术服务业 | 111.4 |
| 制造业 | 106.3 |
| 交通运输、仓储和邮政业 | 105.6 |
| 居民服务、修理和其他服务业 | 99.0 |
| 金融业 | 96.8 |
| 科学研究和技术服务业 | 96.5 |
| 水利、环境和公共设施管理业 | 94.0 |
| 农、林、牧、渔业 | 92.6 |
| 住宿和餐饮业 | 90.2 |
| 教育 | 89.5 |
| 卫生和社会工作 | 88.5 |
| 采矿业 | 79.3 |
| 文化、体育和娱乐业 | 78.8 |

注：统计范围为截至 2018 年 12 月 28 日浙江省已领取施工许可证的企业投资项目。

从浙江省各个设区市的企业投资项目平均审批时间总体发展趋势来看，11 个设区市无一例外地呈现出明显缩短的趋势。2017 年，浙江省企业投资项目平均审批时间最短（宁波市）为 155.8 天，最长（湖州市）达 249 天（见表 16－3）。经过持续不懈的改革推进，2018 年，浙江省企业投资项目平均审批时间最长（杭州市）缩减到 122 天，最短（衢州市）则缩减到 81.2 天（见表 16－4）。本章运用非参数 Wilcoxon 检验对浙江省 11 个设区市 2017 年、2018 年企业投资项目平均审批时间进行检验。检验结果显示，$Z$ 值为 －2.934 且高度显著，表明浙江省 11 个设区市 2018 年企业投资项目平均审批时间确实较 2017 年明显缩短。而且，由于本部分计算的企业投资项目平均审批时间为自然天，浙江省 11 个设区市实际上均已提前达到《国务院办公厅关于开展工程建设项目审批制度改革试点的通知》（国办发〔2018〕33 号）中提出的工程建设项目审批时间压减至 120 个工作日的改革目标。这表明，浙江省各个设区市均认真贯彻落实浙江省委、省政府推进企业投资项目审批“最多跑一次”改革的各项部署，不断优化审批流程，简化审批事项，提升审批效率，努力打造审批事项最少、办事效率最高、投资环境最优、企业获得感最强的政务环境和营商环境。从浙江省各个设区市的内部差异来看，2018 年衢州市、湖州市、台州市、绍兴市的企业投资项目平均审批时间都没有超过 100 天，率先实现了“最多 100 天”的目标，排名处于浙江省前列。其中，衢州市和湖州市的平均审批时间均在 90 天以内，分别居浙江省第一位和第二位。2018 年，嘉兴市、宁波市、杭州市的企业投资项目平均审批时间均在 120 天左右，处于浙江省下游水平。这种差异在一定程度上反映出浙江省各设区市改革启动时间与改革推进力度的不同。以企业投资项目审批“最多跑一次”改革中的核心举措“标准地”改革为例，湖州市、衢州市“标准地”改革启动早，“标准地”出让面积和宗数占比都位居浙江省前列。2018 年湖州市省级以上园区平台出让工业用地“标准地”宗数占比为 99.36%，出让工业用地“标准地”面积占比为 99.97%，均居浙江省第一位①，从而直接促进了审批环节的精简与审批时间的缩减。而嘉兴市和杭州市“标准地”改革启动较晚，“标准地”出让面积和宗数占比相对不高，大量工业项目仍然通过传统出让模式供地，导致了审批效率提升幅度较为有限，处于相对落后的不利局面。

---

① 数据来源于湖州市人民政府网站，网址：http：//www.huzhou.goo.cn/2018 wmqzpy/index.html.

**表 16－3　2017 年浙江省 11 个设区市企业投资项目平均审批时间与排名**

| 设区市 | 项目数（个） | 平均审批时间（天） | 排名 |
|---|---|---|---|
| 宁波市 | 444 | 155.8 | 1 |
| 嘉兴市 | 707 | 166.7 | 2 |
| 衢州市 | 130 | 170.5 | 3 |
| 舟山市 | 46 | 174.8 | 4 |
| 绍兴市 | 382 | 183.4 | 5 |
| 台州市 | 368 | 187.9 | 6 |
| 金华市 | 299 | 197.1 | 7 |
| 丽水市 | 176 | 199.1 | 8 |
| 杭州市 | 109 | 199.5 | 9 |
| 温州市 | 372 | 208.5 | 10 |
| 湖州市 | 218 | 249.0 | 11 |

注：项目数的统计口径按照项目立项时间确定。例如，某项目在 2017 年立项，而施工许可证的发放为 2018 年，则该项目仍计为 2017 年的项目。

**表 16－4　2018 年浙江省 11 个设区市企业投资项目平均审批时间与排名**

| 设区市 | 项目数（个） | 平均审批时间（天） | 排名 |
|---|---|---|---|
| 衢州市 | 132 | 81.2 | 1 |
| 湖州市 | 174 | 82.0 | 2 |
| 台州市 | 260 | 94.3 | 3 |
| 绍兴市 | 215 | 100.2 | 4 |
| 舟山市 | 65 | 107.5 | 5 |
| 温州市 | 259 | 108.2 | 6 |
| 金华市 | 266 | 110.1 | 7 |
| 丽水市 | 121 | 110.4 | 8 |
| 嘉兴市 | 358 | 118.1 | 9 |
| 宁波市 | 344 | 119.7 | 10 |
| 杭州市 | 212 | 122.0 | 11 |

注：（1）项目数的统计口径按照项目立项时间确定；（2）统计范围为截至 2018 年 12 月 28 日浙江省已领取施工许可证的企业投资项目。

从浙江省县级层面来看，如果排除部分县（市、区）由于企业投资项目数量过少导致的随机波动，则企业投资项目平均审批时间同样呈现随改革的推进明显缩短的趋势（见表 16－5、表 16－6）。2017 年，浙江省仅鄞州区和江干区企业投资项目平均审批时间在 100 天以内，而 2018 年浙江省企业投资项目平均审批时间在 100 天以内的县（市、区）达到 38 个。其中，瓯海区（56.4 天）、滨江区（59 天）、景宁畲族自治县（69 天）、路桥区（69.8 天）、德清县（71 天）、江山市（71.6 天）、长兴县（72.8 天）、衢江区（73.7 天）、临海市（75.4 天）、庆元县（80.9 天）的企业投资项目审批效率名列前十位。上述 10 个县（市、区）的平均审批时间约为 70 天，审批耗时相当于浙江省平均水平的 65%，已接近国际一流水平。

**表 16－5　2017 年浙江省各县（市、区）企业投资项目平均审批时间**

| 县（市、区） | 项目数（个） | 平均审批时间（天） | 排名 |
| --- | --- | --- | --- |
| 鄞州区 | 4 | 41.2 | 1 |
| 江干区 | 3 | 72.3 | 2 |
| 常山县 | 8 | 112.4 | 3 |
| 海曙区 | 9 | 113.6 | 4 |
| 瑞安市 | 24 | 115.8 | 5 |
| 嘉善县 | 93 | 118.0 | 6 |
| 象山县 | 16 | 121.1 | 7 |
| 慈溪市 | 95 | 122.8 | 8 |
| 萧山区 | 14 | 129.5 | 9 |
| 路桥区 | 22 | 130.3 | 10 |
| 北仑区 | 25 | 132.0 | 11 |
| 衢江区 | 22 | 134.8 | 12 |
| 开化县 | 9 | 136.2 | 13 |
| 缙云县 | 15 | 139.8 | 14 |
| 宁海县 | 32 | 142.0 | 15 |
| 文成县 | 6 | 143.3 | 16 |
| 玉环市 | 49 | 143.4 | 17 |
| 定海区 | 20 | 146.8 | 18 |
| 海宁市 | 134 | 153.4 | 19 |
| 海盐县 | 121 | 153.6 | 20 |
| 富阳区 | 20 | 155.5 | 21 |
| 嵊州市 | 56 | 157.1 | 22 |

续表

| 县（市、区） | 项目数（个） | 平均审批时间（天） | 排名 |
|---|---|---|---|
| 江北区 | 15 | 157. 3 | 23 |
| 云和县 | 32 | 157. 9 | 24 |
| 景宁畲族自治县 | 3 | 158. 9 | 25 |
| 镇海区 | 8 | 160. 4 | 26 |
| 拱墅区 | 8 | 161. 5 | 27 |
| 龙游县 | 13 | 163. 0 | 28 |
| 岱山县 | 4 | 164. 6 | 29 |
| 诸暨市 | 129 | 167. 2 | 30 |
| 三门县 | 42 | 170. 7 | 31 |
| 柯城区 | 16 | 171. 6 | 32 |
| 苍南县 | 40 | 175. 3 | 33 |
| 桐乡市 | 117 | 177. 5 | 34 |
| 椒江区 | 22 | 178. 0 | 35 |
| 武义县 | 22 | 179. 1 | 36 |
| 临海市 | 53 | 179. 8 | 37 |
| 新昌县 | 5 | 180. 0 | 38 |
| 兰溪市 | 13 | 180. 1 | 39 |
| 泰顺县 | 6 | 180. 2 | 40 |
| 南湖区 | 45 | 185. 0 | 41 |
| 永康市 | 41 | 185. 7 | 42 |
| 余姚市 | 52 | 185. 9 | 43 |
| 柯桥区 | 97 | 187. 0 | 44 |
| 义乌市 | 97 | 187. 2 | 45 |
| 江山市 | 44 | 189. 3 | 46 |
| 桐庐县 | 13 | 189. 8 | 47 |
| 平湖市 | 101 | 190. 6 | 48 |
| 磐安县 | 12 | 191. 6 | 49 |
| 秀洲区 | 61 | 192. 5 | 50 |
| 平阳县 | 38 | 192. 7 | 51 |
| 青田县 | 16 | 198. 2 | 52 |
| 浦江县 | 14 | 198. 8 | 53 |
| 黄岩区 | 50 | 199. 1 | 54 |
| 奉化区 | 140 | 199. 1 | 55 |

续表

| 县（市、区） | 项目数（个） | 平均审批时间（天） | 排名 |
| --- | --- | --- | --- |
| 普陀区 | 11 | 201.8 | 56 |
| 金东区 | 48 | 201.8 | 57 |
| 鹿城区 | 13 | 204.6 | 58 |
| 遂昌县 | 13 | 205.5 | 59 |
| 莲都区 | 12 | 207.9 | 60 |
| 乐清市 | 85 | 212.8 | 61 |
| 临安区 | 15 | 212.9 | 62 |
| 滨江区 | 2 | 216.3 | 63 |
| 仙居县 | 25 | 218.4 | 64 |
| 上虞区 | 64 | 218.5 | 65 |
| 永嘉县 | 28 | 221.8 | 66 |
| 东阳市 | 17 | 227.8 | 67 |
| 庆元县 | 8 | 229.2 | 68 |
| 松阳县 | 17 | 232.4 | 69 |
| 长兴县 | 52 | 233.7 | 70 |
| 温岭市 | 78 | 234.5 | 71 |
| 德清县 | 61 | 240.3 | 72 |
| 龙湾区 | 23 | 240.5 | 73 |
| 瓯海区 | 58 | 241.0 | 74 |
| 南浔区 | 23 | 243.9 | 75 |
| 建德市 | 17 | 246.7 | 76 |
| 龙泉市 | 30 | 255.5 | 77 |
| 淳安县 | 8 | 260.2 | 78 |
| 洞头区 | 5 | 267.8 | 79 |
| 安吉县 | 42 | 268.5 | 80 |
| 婺城区 | 19 | 273.1 | 81 |
| 下城区 | 1 | 277.0 | 82 |
| 吴兴区 | 32 | 283.6 | 83 |
| 越城区 | 8 | 287.4 | 84 |
| 余杭区 | 4 | 304.2 | 85 |
| 上城区 | 1 | 529.0 | 86 |

注：浙江省杭州市西湖区、浙江省台州市天台县、浙江省舟山市嵊泗县因无企业投资项目或数据缺失，未参加排名。

**表 16－6　2018 年浙江省各县（市、区）企业投资项目平均审批时间**

| 县（市、区） | 项目数（个） | 平均审批时间（天） | 排名 |
| --- | --- | --- | --- |
| 瓯海区 | 17 | 56.4 | 1 |
| 滨江区 | 1 | 59.0 | 2 |
| 景宁畲族自治县 | 2 | 69.0 | 3 |
| 路桥区 | 17 | 69.8 | 4 |
| 德清县 | 41 | 71.0 | 5 |
| 江山市 | 47 | 71.6 | 6 |
| 长兴县 | 46 | 72.8 | 7 |
| 衢江区 | 16 | 73.7 | 8 |
| 临海市 | 18 | 75.4 | 9 |
| 庆元县 | 8 | 80.9 | 10 |
| 三门县 | 20 | 81.8 | 11 |
| 义乌市 | 40 | 82.1 | 12 |
| 温岭市 | 73 | 82.2 | 13 |
| 桐庐县 | 22 | 82.6 | 14 |
| 江干区 | 1 | 83.0 | 15 |
| 建德市 | 25 | 83.4 | 16 |
| 苍南县 | 46 | 84.8 | 17 |
| 诸暨市 | 120 | 85.0 | 18 |
| 越城区 | 9 | 85.1 | 19 |
| 云和县 | 15 | 85.9 | 20 |
| 文成县 | 13 | 86.2 | 21 |
| 金东区 | 26 | 86.5 | 22 |
| 吴兴区 | 34 | 86.7 | 23 |
| 龙游县 | 23 | 87.8 | 24 |
| 安吉县 | 20 | 88.9 | 25 |
| 萧山区 | 34 | 89.4 | 26 |
| 嵊泗县 | 12 | 89.8 | 27 |
| 开化县 | 8 | 91.4 | 28 |
| 常山县 | 11 | 91.7 | 29 |
| 嵊州市 | 14 | 92.9 | 30 |
| 青田县 | 19 | 93.1 | 31 |

续表

| 县（市、区） | 项目数（个） | 平均审批时间（天） | 排名 |
|---|---|---|---|
| 北仑区 | 17 | 93.4 | 32 |
| 天台县 | 11 | 94.1 | 33 |
| 兰溪市 | 11 | 95.8 | 34 |
| 海盐县 | 42 | 97.9 | 35 |
| 松阳县 | 10 | 97.9 | 36 |
| 玉环市 | 43 | 98.9 | 37 |
| 宁海县 | 52 | 99.5 | 38 |
| 磐安县 | 13 | 101.2 | 39 |
| 洞头区 | 7 | 102.1 | 40 |
| 镇海区 | 8 | 104.4 | 41 |
| 缙云县 | 12 | 104.8 | 42 |
| 椒江区 | 10 | 106.4 | 43 |
| 定海区 | 17 | 106.6 | 44 |
| 鄞州区 | 8 | 108.0 | 45 |
| 龙湾区 | 12 | 108.1 | 46 |
| 桐乡市 | 59 | 108.3 | 47 |
| 南湖区 | 28 | 108.3 | 48 |
| 秀洲区 | 10 | 108.5 | 49 |
| 平阳县 | 24 | 111.1 | 50 |
| 永嘉县 | 27 | 111.3 | 51 |
| 南浔区 | 17 | 112.2 | 52 |
| 浦江县 | 19 | 112.9 | 53 |
| 乐清市 | 50 | 114.2 | 54 |
| 永康市 | 45 | 114.2 | 55 |
| 遂昌县 | 10 | 114.3 | 56 |
| 慈溪市 | 70 | 115.8 | 57 |
| 岱山县 | 3 | 116.0 | 58 |
| 新昌县 | 17 | 116.6 | 59 |
| 婺城区 | 10 | 116.7 | 60 |
| 海宁市 | 98 | 117.0 | 61 |
| 东阳市 | 19 | 118.2 | 62 |

续表

| 县（市、区） | 项目数（个） | 平均审批时间（天） | 排名 |
|---|---|---|---|
| 仙居县 | 14 | 118.6 | 63 |
| 上虞区 | 22 | 119.3 | 64 |
| 平湖市 | 38 | 120.3 | 65 |
| 普陀区 | 17 | 120.8 | 66 |
| 江北区 | 10 | 120.8 | 67 |
| 象山县 | 18 | 120.9 | 68 |
| 临安区 | 29 | 121.7 | 69 |
| 柯城区 | 6 | 123.2 | 70 |
| 鹿城区 | 12 | 124.8 | 71 |
| 泰顺县 | 7 | 125.0 | 72 |
| 海曙区 | 15 | 125.1 | 73 |
| 武义县 | 36 | 125.4 | 74 |
| 莲都区 | 13 | 125.8 | 75 |
| 奉化区 | 35 | 127.3 | 76 |
| 淳安县 | 9 | 134.6 | 77 |
| 黄岩区 | 34 | 137.2 | 78 |
| 余姚市 | 79 | 137.4 | 79 |
| 西湖区 | 3 | 141.0 | 80 |
| 嘉善县 | 73 | 144.0 | 81 |
| 拱墅区 | 5 | 146.2 | 82 |
| 柯桥区 | 27 | 154.1 | 83 |
| 瑞安市 | 32 | 155.4 | 84 |
| 富阳区 | 28 | 162.0 | 85 |
| 余杭区 | 39 | 167.5 | 86 |
| 龙泉市 | 11 | 193.4 | 87 |
| 下城区 | 1 | 230.0 | 88 |

注：（1）统计范围为截至 2018 年 12 月 28 日浙江省已领取施工许可证的企业投资项目；（2）浙江省杭州市上城区因无企业投资项目，未参加排名。

### 16.1.2 企业投资项目审批开工前“最多 100 天”实现率评估

自从 2018 年浙江省委一号文件提出企业投资项目开工前审批“最多

100 天”的改革目标后，开工前“最多 100 天”实现率便成为衡量浙江省企业投资项目审批“最多跑一次”改革成效的核心标准。以下将根据这一标准，系统分析浙江省企业投资项目审批“最多跑一次”改革的实施成效。

从浙江省 2018 年 1—8 月备案类企业投资项目“最多 100 天”的总体实现情况来看，备案类企业投资项目“最多 100 天”实现率为 21.85%，距离改革目标的完全实现尚有较大距离。但从发展趋势来看，2018 年 1—8 月，浙江省备案类企业投资项目“最多 100 天”实现率逐渐提升，尤其是 2018 年 6 月以来“最多 100 天”实现率快速攀升（见图 16－2）。2018 年 8 月，浙江省备案类企业投资项目“最多 100 天”实现率已达到 76.32%，比同年 1 月上升了 68.14%。这说明，随着改革的深化，浙江省备案类企业投资项目审批效率有了显著改善，制度红利得到进一步释放，同时也表明浙江省企业投资项目审批改革已经取得了突破性进展，企业投资项目开工前“最多 100 天”的改革目标已基本实现。

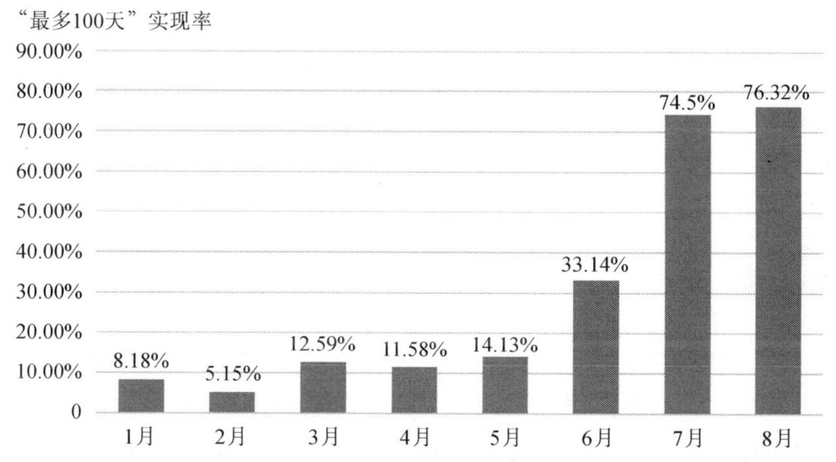


**图 16－2　2018 年 1—8 月浙江省备案类企业投资项目“最多 100 天”实现率**

从浙江省 2018 年 1—8 月不同行业的推进情况来看，金融业、制造业、采矿业的企业投资项目“最多 100 天”实现率在所有行业中名列前三位，均超过了 20%，分别达到了 38.46%、23.37% 和 22.22%；而教育、文化、体育和娱乐业、居民服务、修理和其他服务业、信息传输、软件和信息技术服务业、电力、热力、燃气及水生产和供应业等行业的“最多 100 天”实现率均不足 10%（见表 16－7）。特别是以上提及的对发展数字经济至关重要的信息传输、软件和信息技术服务业的“最多 100

天”实现率仅为6.67%，排名居倒数第二位，反映出浙江省企业投资项目审批“最多跑一次”改革的红利在这一行业并未得到充分释放，改革尚有很大的提升空间。

**表16－7　2018年1—8月浙江省不同行业企业投资项目“最多100天”实现率情况**

单位:%

| 国标行业名称（一级） | “最多100天”实现率 |
| --- | --- |
| 金融业 | 38.46 |
| 制造业 | 23.37 |
| 采矿业 | 22.22 |
| 科学研究和技术服务业 | 18.18 |
| 住宿和餐饮业 | 17.14 |
| 批发和零售业 | 17.02 |
| 交通运输、仓储和邮政业 | 16.35 |
| 水利、环境和公共设施管理业 | 15.56 |
| 建筑业 | 14.55 |
| 农、林、牧、渔业 | 14.29 |
| 卫生和社会工作 | 10.53 |
| 教育 | 9.62 |
| 文化、体育和娱乐业 | 7.78 |
| 居民服务、修理和其他服务业 | 6.67 |
| 信息传输、软件和信息技术服务业 | 6.67 |
| 电力、热力、燃气及水生产和供应业 | 6.12 |

从浙江省各个设区市2018年1—8月“最多100天”实现率的总体情况来看，衢州市、舟山市、金华市和湖州市的“最多100天”实现率超过浙江省平均水平（21.85%），排名居浙江省前四位。特别是衢州市的“最多100天”实现率达到了43.57%，大幅领先于浙江省其他设区市。同期，杭州市、宁波市、温州市、台州市和丽水市的“最多100天”实现率均未达到20%，排名处于浙江省靠后的位置（见表16－8）。从2018年8月与2018年1月相比浙江省备案类企业投资项目“最多100天”实现率提升情况来看，所有设区市“最多100天”实现率都取得了明显提升，嘉兴市、绍兴市、杭州市、宁波市和台州市的提升幅度均超过了70%（见表16－9）。这反映出改革在浙江省各地进展较为顺利，距离实

现改革目标已较为接近。同样，这一发展趋势在浙江省县级层面也得到了充分体现（见表 16－10）。

**表 16－8　2018 年 1—8 月浙江省 11 个设区市企业投资项目“最多 100 天”实现率情况**

| 设区市 | 需核发施工许可证项目数（个） | 100 天以内领取施工许可证项目数（个） | “最多 100 天”实现率（%） |
| --- | --- | --- | --- |
| 衢州市 | 140 | 61 | 43.57 |
| 舟山市 | 89 | 23 | 25.84 |
| 金华市 | 446 | 104 | 23.32 |
| 湖州市 | 241 | 54 | 22.41 |
| 嘉兴市 | 575 | 125 | 21.74 |
| 绍兴市 | 405 | 83 | 20.49 |
| 杭州市 | 410 | 79 | 19.27 |
| 宁波市 | 773 | 135 | 17.46 |
| 温州市 | 506 | 88 | 17.39 |
| 台州市 | 449 | 76 | 16.93 |
| 丽水市 | 294 | 41 | 13.95 |

**表 16－9　浙江省 11 个设区市 2018 年 8 月与 2018 年 1 月相比备案类企业投资项目“最多 100 天”实现率提升情况**

单位：%

| 设区市 | 1 月备案项目“最多 100 天”实现率 | 8 月备案项目“最多 100 天”实现率 | 8 月与 1 月相比“最多 100 天”实现率提升幅度 |
| --- | --- | --- | --- |
| 嘉兴市 | 6.19 | 96.88 | 90.69 |
| 绍兴市 | 3.90 | 93.10 | 89.21 |
| 杭州市 | 5.26 | 86.21 | 80.94 |
| 宁波市 | 5.11 | 83.33 | 78.22 |
| 台州市 | 10.34 | 83.33 | 72.99 |
| 金华市 | 11.84 | 80.00 | 68.16 |
| 丽水市 | 5.56 | 66.67 | 61.11 |
| 温州市 | 5.21 | 60.00 | 54.79 |
| 衢州市 | 20.00 | 64.29 | 44.29 |
| 湖州市 | 12.82 | 38.81 | 25.99 |
| 舟山市 | 18.18 | 42.86 | 24.68 |

**表 16-10　浙江省各县（市、区）2018 年 8 月与 2018 年 1 月相比备案类企业投资项目“最多 100 天”实现率提升情况**

单位：%

| 地区 | 1 月备案项目“最多100 天”实现率 | 8 月备案项目“最多100 天”实现率 | 8 月与 1 月相比“最多100 天”实现率提升幅度 |
| --- | --- | --- | --- |
| 浙江省 | 8.18 | 76.32 | 68.14 |
| 北仑区 | 0 | 100.00 | 100.00 |
| 常山县 | 0 | 100.00 | 100.00 |
| 淳安县 | 0 | 100.00 | 100.00 |
| 慈溪市 | 0 | 100.00 | 100.00 |
| 富阳区 | 0 | 100.00 | 100.00 |
| 黄岩区 | 0 | 100.00 | 100.00 |
| 开化县 | 0 | 100.00 | 100.00 |
| 柯桥区 | 0 | 100.00 | 100.00 |
| 兰溪市 | 0 | 100.00 | 100.00 |
| 龙泉市 | 0 | 100.00 | 100.00 |
| 龙游县 | 0 | 100.00 | 100.00 |
| 鹿城区 | 0 | 100.00 | 100.00 |
| 南湖区 | 0 | 100.00 | 100.00 |
| 宁海县 | 0 | 100.00 | 100.00 |
| 浦江县 | 0 | 100.00 | 100.00 |
| 普陀区 | 0 | 100.00 | 100.00 |
| 青田县 | 0 | 100.00 | 100.00 |
| 泰顺县 | 0 | 100.00 | 100.00 |
| 桐乡市 | 0 | 100.00 | 100.00 |
| 武义县 | 0 | 100.00 | 100.00 |
| 仙居县 | 0 | 100.00 | 100.00 |
| 象山县 | 0 | 100.00 | 100.00 |
| 新昌县 | 0 | 100.00 | 100.00 |
| 余杭区 | 0 | 100.00 | 100.00 |
| 越城区 | 0 | 100.00 | 100.00 |
| 海宁市 | 3.03 | 100.00 | 96.97 |
| 诸暨市 | 3.13 | 100.00 | 96.88 |
| 温岭市 | 14.29 | 100.00 | 85.71 |

续表

| 地区 | 1 月备案项目“最多100 天”实现率 | 8 月备案项目“最多100 天”实现率 | 8 月与 1 月相比“最多100 天”实现率提升幅度 |
| --- | --- | --- | --- |
| 嘉善县 | 15.00 | 100.00 | 85.00 |
| 海盐县 | 16.67 | 100.00 | 83.33 |
| 遂昌县 | 16.67 | 100.00 | 83.33 |
| 苍南县 | 20.00 | 100.00 | 80.00 |
| 平湖市 | 0 | 80.00 | 80.00 |
| 瑞安市 | 0 | 80.00 | 80.00 |
| 玉环市 | 4.35 | 83.33 | 78.99 |
| 临安区 | 25.00 | 100.00 | 75.00 |
| 平阳县 | 0 | 75.00 | 75.00 |
| 天台县 | 25.00 | 100.00 | 75.00 |
| 萧山区 | 25.00 | 100.00 | 75.00 |
| 余姚市 | 5.56 | 80.00 | 74.44 |
| 德清县 | 0 | 71.43 | 71.43 |
| 三门县 | 30.00 | 100.00 | 70.00 |
| 永康市 | 9.09 | 77.78 | 68.69 |
| 磐安县 | 33.33 | 100.00 | 66.67 |
| 上虞区 | 14.29 | 80.00 | 65.71 |
| 奉化区 | 6.67 | 66.67 | 60.00 |
| 海曙区 | 40.00 | 100.00 | 60.00 |
| 永嘉县 | 0 | 60.00 | 60.00 |
| 东阳市 | 5.88 | 60.00 | 54.12 |
| 江山市 | 50.00 | 100.00 | 50.00 |
| 龙湾区 | 0 | 50.00 | 50.00 |
| 瓯海区 | 0 | 50.00 | 50.00 |
| 嵊州市 | 0 | 50.00 | 50.00 |
| 秀洲区 | 50.00 | 100.00 | 50.00 |
| 金东区 | 25.00 | 66.67 | 41.67 |
| 松阳县 | 66.67 | 100.00 | 33.33 |
| 南浔区 | 50.00 | 80.00 | 30.00 |
| 乐清市 | 10.34 | 40.00 | 29.66 |

续表

| 地区 | 1 月备案项目“最多100 天”实现率 | 8 月备案项目“最多100 天”实现率 | 8 月与 1 月相比“最多100 天”实现率提升幅度 |
|---|---|---|---|
| 婺城区 | 75.00 | 100.00 | 25.00 |
| 长兴县 | 20.00 | 44.44 | 24.44 |
| 吴兴区 | 33.33 | 54.55 | 21.21 |
| 安吉县 | 0 | 15.00 | 15.00 |
| 衢江区 | 40.00 | 50.00 | 10.00 |
| 椒江区 | 0 | 0 | 0 |
| 缙云县 | 0 | 0 | 0 |
| 景宁畲族自治县 | 0 | 0 | 0 |
| 柯城区 | 0 | 0 | 0 |

注：浙江省杭州市上城区、下城区、江干区、拱墅区、西湖区、滨江区、桐庐县、建德市，浙江省宁波市江北区、镇海区、鄞州区，浙江省温州市洞头区、文成县，浙江省金华市义乌市、定海区、岱山县、嵊泗县，浙江省台州市路桥区、临海市，浙江省丽水市莲都区、庆元县、云和县因在2018 年 1 月（或 8 月）无备案类项目，无法计算备案类项目“最多 100 天”实现率，所以未参加排名。

### 16.1.3 企业投资项目审批“最多跑一次”改革企业满意度评估

#### 16.1.3.1 问卷调查基本情况

企业投资项目审批“最多跑一次”改革企业满意度评估通过问卷调查的方式收集数据，在严格按照量表编制的理论、方法与程序设计企业投资项目审批“最多跑一次”改革成效调查问卷的基础上委托专业调查公司通过电话调查的方式对办理过企业投资项目审批的企业有关负责人进行调查。整个调查持续了 3 个月，共发放问卷 4166 份，回收得到有效问卷 1416 份，覆盖浙江省全部 11 个设区市、89 个县（市、区）。在 1416 份有效问卷中，来自私营企业的有 1181 份，占比达 83.4%，来自外资企业的有 73 份，占比达 5.16%，来自国有企业的有 90 份，占比达 6.36%，剩余 72 份有效问卷来自混合所有制企业，占比达 5.08%（见表 16－11）。这一问卷样本的构成与浙江省企业的所有制结构非常接近，从而使调查结果具有较强的科学性。

表 16－11　浙江省企业投资项目审批“最多跑一次”改革企业满意度调查的样本构成

| 类别 | | 频数 | 频率（%） |
|---|---|---|---|
| 所有制类型 | 私营企业 | 1181 | 83.4 |
| | 外资企业 | 73 | 5.16 |
| | 国有企业 | 90 | 6.36 |
| | 混合所有制企业 | 72 | 5.08 |
| 杭州市（有效问卷共计 157 份） | 杭州市（项目信息表中未注明区县信息） | 2 | 0.14 |
| | 上城区 | 5 | 0.35 |
| | 下城区 | 5 | 0.35 |
| | 江干区 | 13 | 0.92 |
| | 拱墅区 | 8 | 0.56 |
| | 西湖区 | 6 | 0.42 |
| | 滨江区 | 5 | 0.35 |
| | 萧山区 | 56 | 3.95 |
| | 余杭区 | 21 | 1.48 |
| | 富阳区 | 7 | 0.49 |
| | 临安区 | 10 | 0.71 |
| | 桐庐县 | 10 | 0.71 |
| | 淳安县 | 5 | 0.35 |
| | 建德市 | 4 | 0.28 |
| 宁波市（有效问卷共计 182 份） | 宁波市（项目信息表中未注明区县信息） | 8 | 0.56 |
| | 海曙区 | 8 | 0.56 |
| | 江北区 | 18 | 1.27 |
| | 北仑区 | 8 | 0.56 |
| | 镇海区 | 7 | 0.49 |
| | 鄞州区 | 4 | 0.28 |
| | 奉化区 | 53 | 3.74 |
| | 余姚市 | 24 | 1.69 |
| | 慈溪市 | 27 | 1.91 |
| | 象山县 | 7 | 0.49 |
| | 宁海县 | 18 | 1.27 |

续表

| 类别 | | 频数 | 频率（%） |
|---|---|---|---|
| 温州市（有效问卷共计162份） | 温州市（项目信息表中未注明区县信息） | 5 | 0.35 |
| | 鹿城区 | 3 | 0.21 |
| | 龙湾区 | 25 | 1.77 |
| | 瓯海区 | 12 | 0.85 |
| | 洞头区 | 4 | 0.28 |
| | 瑞安市 | 34 | 2.40 |
| | 乐清市 | 30 | 2.12 |
| | 永嘉县 | 6 | 0.42 |
| | 平阳县 | 13 | 0.92 |
| | 苍南县 | 14 | 0.99 |
| | 文成县 | 12 | 0.85 |
| | 泰顺县 | 4 | 0.28 |
| 嘉兴市（有效问卷共计169份） | 嘉兴市（项目信息表中未注明区县信息） | 7 | 0.49 |
| | 南湖区 | 15 | 1.06 |
| | 秀洲区 | 19 | 1.34 |
| | 平湖市 | 23 | 1.62 |
| | 海宁市 | 21 | 1.48 |
| | 桐乡市 | 30 | 2.12 |
| | 嘉善县 | 28 | 1.98 |
| | 海盐县 | 26 | 1.84 |
| 湖州市（有效问卷共计86份） | 吴兴区 | 15 | 1.06 |
| | 南浔区 | 9 | 0.64 |
| | 德清县 | 23 | 1.62 |
| | 长兴县 | 19 | 1.34 |
| | 安吉县 | 20 | 1.41 |

续表

| 类别 | | 频数 | 频率（%） |
|---|---|---|---|
| 绍兴市（有效问卷共计 164 份） | 绍兴市（项目信息表中未注明区县信息） | 2 | 0.14 |
| | 越城区 | 12 | 0.85 |
| | 柯桥区 | 22 | 1.55 |
| | 上虞区 | 29 | 2.05 |
| | 诸暨市 | 48 | 3.39 |
| | 嵊州市 | 23 | 1.62 |
| | 新昌县 | 28 | 1.98 |
| 金华市（有效问卷共计 155 份） | 金华市（项目信息表中未注明区县信息） | 3 | 0.21 |
| | 婺城区 | 14 | 0.99 |
| | 金东区 | 37 | 2.61 |
| | 兰溪市 | 20 | 1.41 |
| | 东阳市 | 13 | 0.92 |
| | 义乌市 | 30 | 2.12 |
| | 永康市 | 13 | 0.92 |
| | 武义县 | 14 | 0.99 |
| | 浦江县 | 5 | 0.35 |
| | 磐安县 | 6 | 0.42 |
| 衢州市（有效问卷共计 83 份） | 柯城区 | 4 | 0.28 |
| | 衢江区 | 6 | 0.42 |
| | 江山市 | 27 | 1.91 |
| | 常山县 | 20 | 1.41 |
| | 开化县 | 9 | 0.64 |
| | 龙游县 | 17 | 1.20 |
| 舟山市（有效问卷共计 19 份） | 定海区 | 10 | 0.71 |
| | 普陀区 | 7 | 0.49 |
| | 岱山县 | 1 | 0.07 |
| | 嵊泗县 | 1 | 0.07 |

续表

| 类别 | | 频数 | 频率（%） |
|---|---|---|---|
| 台州市（有效问卷共计155份） | 台州市（项目信息表中未注明区县信息） | 3 | 0.21 |
| | 椒江区 | 10 | 0.71 |
| | 黄岩区 | 27 | 1.91 |
| | 路桥区 | 13 | 0.92 |
| | 温岭市 | 29 | 2.05 |
| | 临海市 | 24 | 1.69 |
| | 玉环县 | 17 | 1.20 |
| | 三门县 | 14 | 0.99 |
| | 天台县 | 6 | 0.42 |
| | 仙居县 | 12 | 0.85 |
| 丽水市（有效问卷共计84份） | 莲都区 | 7 | 0.49 |
| | 龙泉市 | 11 | 0.78 |
| | 青田县 | 5 | 0.35 |
| | 云和县 | 20 | 1.41 |
| | 庆元县 | 13 | 0.92 |
| | 缙云县 | 10 | 0.71 |
| | 遂昌县 | 10 | 0.71 |
| | 松阳县 | 6 | 0.42 |
| | 景宁畲族自治县 | 2 | 0.14 |

#### 16.1.3.2 问卷调查结果分析

从浙江省总体情况来看，企业投资项目审批“最多跑一次”改革得到了企业家的普遍好评，所有问题的平均得分为3.3分（满分为4分），且所有问题的“不满意”选择比例均不超过3.1%，“满意”“非常满意”合计选择比例都在82%以上（见表16－12）。由此可见，企业投资项目审批“最多跑一次”改革给企业家带来了切切实实的获得感，起到了为实体经济“减负”“加油”的作用，从而得到了企业家发自内心的点赞。从对调查问卷各个问题的回答情况来看，“对政府完善审批咨询服务的满意度”平均得分为3.4分，而“对项目涉及的水、电、气、热等国有企业的服务满意度”和“对项目涉及的中介机构服务的满意度”2个问题得分最低，分别仅为 3.17 分和 3.18 分。进一步分析发现，反映政府审批服务的问题（包括"对政府减少审批时间的满意度""对政府降低审批费用的满意度""对政府减少审批材料重复提交的满意度""对政府完善审批咨询服务的满意度""对政府代办员队伍服务质量的满意度""对浙江政务服务网在线审批监管平台的使用满意度"6 个问题）得分普遍较高，平均得分最低的"对浙江政务服务网在线审批监管平台的使用满意度"也有 3.3 分。这种情况表明，当前浙江省政府部门服务效率、服务质量、服务方式更令企业满意，而中介机构以及水、电、气、热等公用企业办事难、办事慢、办事繁的问题更加突出，成为制约企业投资项目审批"最多跑一次"改革总体成效彰显的关键瓶颈。

**表 16－12　浙江省企业投资项目审批"最多跑一次"改革企业满意度总体情况**

| 问题 | 平均得分 | 选择相应选项的比例（%） | | | |
|---|---|---|---|---|---|
| | | 不满意 | 比较满意 | 满意 | 非常满意 |
| 对政府减少审批时间的满意度 | 3.31 | 1.3 | 13.0 | 38.6 | 47.0 |
| 对政府降低审批费用的满意度 | 3.34 | 1.2 | 10.5 | 40.9 | 47.4 |
| 对政府减少审批材料重复提交的满意度 | 3.32 | 2.0 | 11.3 | 39.3 | 47.5 |
| 对政府完善审批咨询服务的满意度 | 3.40 | 0.7 | 10.0 | 38.1 | 51.2 |
| 对政府代办员队伍服务质量的满意度 | 3.39 | 0.6 | 10.1 | 39.0 | 50.4 |
| 对浙江政务服务网在线审批监管平台的使用满意度 | 3.30 | 1.4 | 11.5 | 42.4 | 44.6 |
| 对项目涉及的中介机构服务的满意度 | 3.18 | 2.3 | 14.5 | 46.0 | 37.2 |
| 对项目涉及的水、电、气、热等国有企业的服务满意度 | 3.17 | 3.1 | 14.6 | 44.3 | 38.0 |

注：选择"A. 不满意"赋值为 1 分，"B. 比较满意"赋值为 2 分，"C. 满意"赋值为 3 分，"D. 非常满意"赋值为 4 分，在此基础上计算每个问题的平均得分。

从不同所有制企业对浙江省企业投资项目审批“最多跑一次”改革的满意度评价来看，国有企业（3.4 分）、外资企业（3.33 分）、私营企业（3.31 分）对浙江省企业投资项目审批“最多跑一次”改革的评价相对更高，平均打分均高于所有企业的总体平均打分（3.3 分）。相比之下混合所有制企业对浙江省企业投资项目审批“最多跑一次”改革的满意度评价最低（3.17 分）（见表 16－13）。值得一提的是，外资企业对企业投资项目审批“最多跑一次”改革的平均打分在不同所有制企业中排名第二位，充分表明改革对打造法治化、国际化、便利化营商环境的积极作用。

**表 16－13　不同所有制企业对浙江省企业投资项目审批“最多跑一次”改革的满意度评价**

| 问题 | 所有企业平均打分 | 私营企业平均打分 | 外资企业平均打分 | 国有企业平均打分 | 混合所有制企业平均打分 |
|---|---|---|---|---|---|
| 对政府减少审批时间的满意度 | 3.31 | 3.31 | 3.36 | 3.32 | 3.29 |
| 对政府降低审批费用的满意度 | 3.34 | 3.34 | 3.47 | 3.53 | 3.14 |
| 对政府减少审批材料重复提交的满意度 | 3.32 | 3.32 | 3.33 | 3.44 | 3.13 |
| 对政府完善审批咨询服务的满意度 | 3.40 | 3.40 | 3.44 | 3.48 | 3.21 |
| 对政府代办员队伍服务质量的满意度 | 3.39 | 3.39 | 3.41 | 3.47 | 3.29 |
| 对浙江政务服务网在线审批监管平台的使用满意度 | 3.30 | 3.31 | 3.25 | 3.38 | 3.17 |
| 对项目涉及的中介机构服务的满意度 | 3.18 | 3.19 | 3.11 | 3.30 | 3.03 |
| 对项目涉及的水、电、气、热等国有企业的服务满意度 | 3.17 | 3.17 | 3.25 | 3.29 | 3.06 |
| 所有问题平均打分 | 3.30 | 3.31 | 3.33 | 3.40 | 3.17 |

注：选择“A. 不满意”赋值为 1 分，“B. 比较满意”赋值为 2 分，“C. 满意”赋值为 3 分，“D. 非常满意”赋值为 4 分，在此基础上计算每个问题的平均打分。

从设区市层面来看，浙江省11个设区市企业满意度情况总体均较为理想，所有设区市的总体平均得分为3.303分。其中，宁波市（得分为3.475分）、温州市（得分为3.368分）和嘉兴市（得分为3.344分）3个设区市的总体得分高于浙江省平均值，排名居浙江省前三位（见表16－14）。从调查问卷各个问题的平均得分来看，反映政府审批服务相关问题的得分较高，有关中介机构服务和水、电、气、热等国有企业服务的问题得分相对较低。

从浙江省县（市、区）级层面的企业投资项目审批“最多跑一次”改革企业满意度情况来看，鹿城区（得分为3.958分）、桐乡市（得分为3.796分）、永嘉县（得分为3.771分）、江北区（得分为3.771分）、宁海县（得分为3.701分）、慈溪市（得分为3.676分）、衢江区（得分为3.646分）、镇海区（得分为3.643分）、文成县（得分为3.635分）、江干区（得分为3.625分）的总体得分都在3.6分以上，排名居浙江省前十位（见表16－15）。一方面，县级层面有关中介机构服务和水、电、气、热等国有企业服务问题的得分同样低于政府审批服务相关问题的得分；另一方面，政府审批服务满意度高的县（市、区）往往中介机构服务满意度、国有企业服务满意度较高，体现出较强的一致性。此外，需要注意的是，部分县（市、区）由于有效问卷数量很少（甚至只有1份有效问卷），得分和排名存在较强的偶然性。例如，嵊泗县、景宁畲族自治县分别仅回收得到1份和2份有效问卷，而问卷满意度打分又不高，从而导致这两个县排名靠后。

表 16－14　浙江省 11 个设区市企业投资项目审批“最多跑一次”改革企业满意度情况与排名

| 设区市 | 总体得分 | 总排名 | 对政府减少审批时间的满意度 | 对政府降低审批费用的满意度 | 对政府减少审批材料重复提交的满意度 | 对政府完善审批咨询服务的满意度 | 对政府代办员队伍服务质量的满意度 | 对浙江政务服务网在线审批监管平台的使用满意度 | 对项目涉及的中介机构服务的满意度 | 对项目涉及的水、电、气、热等国有企业的服务满意度 |
|---|---|---|---|---|---|---|---|---|---|---|
| 宁波市 | 3.475 | 1 | 3.47 | 3.52 | 3.51 | 3.55 | 3.54 | 3.42 | 3.42 | 3.37 |
| 温州市 | 3.368 | 2 | 3.36 | 3.33 | 3.40 | 3.48 | 3.47 | 3.38 | 3.30 | 3.24 |
| 嘉兴市 | 3.344 | 3 | 3.35 | 3.36 | 3.37 | 3.41 | 3.46 | 3.33 | 3.24 | 3.24 |
| 台州市 | 3.299 | 4 | 3.22 | 3.32 | 3.37 | 3.39 | 3.36 | 3.27 | 3.25 | 3.23 |
| 舟山市 | 3.296 | 5 | 3.26 | 3.37 | 3.21 | 3.42 | 3.53 | 3.11 | 3.16 | 3.32 |
| 杭州市 | 3.287 | 6 | 3.27 | 3.38 | 3.33 | 3.41 | 3.39 | 3.31 | 3.15 | 3.06 |
| 衢州市 | 3.272 | 7 | 3.30 | 3.34 | 3.36 | 3.40 | 3.34 | 3.33 | 3.05 | 3.07 |
| 丽水市 | 3.238 | 8 | 3.20 | 3.35 | 3.25 | 3.35 | 3.36 | 3.29 | 3.01 | 3.11 |
| 湖州市 | 3.237 | 9 | 3.34 | 3.28 | 3.26 | 3.36 | 3.33 | 3.17 | 3.06 | 3.11 |
| 金华市 | 3.217 | 10 | 3.30 | 3.28 | 3.19 | 3.27 | 3.30 | 3.25 | 3.04 | 3.09 |
| 绍兴市 | 3.191 | 11 | 3.26 | 3.25 | 3.13 | 3.28 | 3.26 | 3.24 | 3.07 | 3.03 |
| 所有地区平均得分 | 3.303 | — | 3.31 | 3.34 | 3.32 | 3.40 | 3.39 | 3.30 | 3.18 | 3.17 |

注：得分 1—4 分代表从不满意到非常满意，在此基础上计算每个问题的平均得分。然后，计算所有问题的平均得分，即为总体得分。

表 16－15　浙江省各县（市、区）企业投资项目“最多跑一次”改革企业满意度情况与排名

| 县（市、区） | 总体得分 | 总排名 | 对政府减少审批时间的满意度 | 对政府降低审批费用的满意度 | 对政府减少审批材料重复提交的满意度 | 对政府完善审批咨询服务的满意度 | 对政府代办员队伍服务质量的满意度 | 对浙江政务服务网在线审批监管平台的使用满意度 | 对项目涉及的中介机构服务的满意度 | 对项目涉及的水、电、气、热等国有企业的服务满意度 |
|---|---|---|---|---|---|---|---|---|---|---|
| 鹿城区 | 3.958 | 1 | 4.00 | 4.00 | 4.00 | 4.00 | 4.00 | 4.00 | 3.67 | 4.00 |
| 桐乡市 | 3.796 | 2 | 3.83 | 3.80 | 3.83 | 3.87 | 3.83 | 3.80 | 3.67 | 3.73 |
| 永嘉县 | 3.771 | 3 | 3.83 | 3.67 | 3.83 | 4.00 | 3.67 | 3.67 | 3.83 | 3.67 |
| 江北区 | 3.771 | 3 | 3.78 | 3.72 | 3.83 | 3.72 | 3.83 | 3.78 | 3.78 | 3.72 |
| 宁海县 | 3.701 | 5 | 3.67 | 3.78 | 3.72 | 3.72 | 3.61 | 3.72 | 3.67 | 3.72 |
| 慈溪市 | 3.676 | 6 | 3.67 | 3.67 | 3.70 | 3.70 | 3.82 | 3.67 | 3.59 | 3.59 |
| 衢江区 | 3.646 | 7 | 3.67 | 3.67 | 3.83 | 3.83 | 3.83 | 3.67 | 3.17 | 3.50 |
| 镇海区 | 3.643 | 8 | 3.86 | 3.71 | 3.57 | 3.86 | 3.71 | 3.43 | 3.57 | 3.43 |
| 文成县 | 3.635 | 9 | 3.50 | 3.42 | 3.75 | 3.75 | 3.75 | 3.75 | 3.58 | 3.58 |
| 江干区 | 3.625 | 10 | 3.62 | 3.54 | 3.54 | 3.69 | 3.85 | 3.69 | 3.54 | 3.54 |
| 乐清市 | 3.613 | 11 | 3.63 | 3.57 | 3.60 | 3.73 | 3.80 | 3.67 | 3.43 | 3.47 |
| 天台县 | 3.604 | 12 | 3.33 | 3.67 | 3.67 | 3.67 | 3.67 | 3.67 | 3.67 | 3.50 |
| 上城区 | 3.600 | 13 | 3.60 | 3.60 | 3.60 | 3.80 | 3.80 | 3.80 | 3.20 | 3.40 |
| 富阳区 | 3.589 | 14 | 3.57 | 3.57 | 3.57 | 3.57 | 3.57 | 3.71 | 3.57 | 3.57 |
| 仙居县 | 3.573 | 15 | 3.58 | 3.67 | 3.58 | 3.58 | 3.67 | 3.42 | 3.50 | 3.58 |
| 北仑区 | 3.531 | 16 | 3.38 | 3.63 | 3.75 | 3.63 | 3.63 | 3.25 | 3.50 | 3.50 |
| 义乌市 | 3.525 | 17 | 3.73 | 3.57 | 3.53 | 3.50 | 3.63 | 3.43 | 3.43 | 3.37 |
| 开化县 | 3.514 | 18 | 3.56 | 3.67 | 3.44 | 3.44 | 3.78 | 3.44 | 3.33 | 3.44 |
| 建德市 | 3.469 | 19 | 3.75 | 3.75 | 3.50 | 3.50 | 3.25 | 3.25 | 3.50 | 3.25 |

续表

| 县（市、区） | 总体得分 | 总排名 | 对政府减少审批时间的满意度 | 对政府降低审批费用的满意度 | 对政府减少审批材料重复提交的满意度 | 对政府完善审批咨询服务的满意度 | 对政府代办员队伍服务质量的满意度 | 对浙江政务服务网在线审批监管平台的使用满意度 | 对项目涉及的中介机构服务的满意度 | 对项目涉及的水、电、气、热等国有企业的服务满意度 |
|---|---|---|---|---|---|---|---|---|---|---|
| 海宁市 | 3.464 | 20 | 3.52 | 3.48 | 3.52 | 3.48 | 3.62 | 3.29 | 3.33 | 3.48 |
| 椒江区 | 3.425 | 20 | 3.60 | 3.30 | 3.40 | 3.40 | 3.50 | 3.40 | 3.40 | 3.40 |
| 下城区 | 3.400 | 22 | 3.40 | 3.40 | 3.40 | 3.40 | 3.60 | 3.20 | 3.40 | 3.40 |
| 淳安县 | 3.400 | 22 | 3.20 | 3.60 | 3.20 | 3.60 | 3.60 | 3.40 | 3.40 | 3.20 |
| 安吉县 | 3.388 | 24 | 3.45 | 3.50 | 3.45 | 3.50 | 3.40 | 3.35 | 3.25 | 3.20 |
| 奉化区 | 3.387 | 25 | 3.30 | 3.45 | 3.38 | 3.43 | 3.43 | 3.38 | 3.43 | 3.28 |
| 嵊州市 | 3.370 | 26 | 3.52 | 3.48 | 3.39 | 3.44 | 3.39 | 3.30 | 3.17 | 3.26 |
| 平阳县 | 3.366 | 27 | 3.39 | 3.46 | 3.31 | 3.31 | 3.46 | 3.54 | 3.23 | 3.23 |
| 永康市 | 3.366 | 27 | 3.54 | 3.31 | 3.39 | 3.39 | 3.46 | 3.39 | 3.08 | 3.39 |
| 定海区 | 3.363 | 29 | 3.30 | 3.40 | 3.30 | 3.60 | 3.60 | 3.20 | 3.20 | 3.30 |
| 瑞安市 | 3.357 | 30 | 3.35 | 3.24 | 3.38 | 3.50 | 3.47 | 3.32 | 3.29 | 3.29 |
| 松阳县 | 3.354 | 31 | 3.33 | 3.50 | 3.50 | 3.50 | 3.33 | 3.33 | 3.00 | 3.33 |
| 遂昌县 | 3.350 | 31 | 3.30 | 3.60 | 3.00 | 3.40 | 3.40 | 3.40 | 3.10 | 3.60 |
| 长兴县 | 3.342 | 33 | 3.53 | 3.32 | 3.26 | 3.42 | 3.53 | 3.26 | 3.16 | 3.26 |
| 龙泉市 | 3.341 | 34 | 3.27 | 3.36 | 3.18 | 3.55 | 3.46 | 3.27 | 3.36 | 3.27 |
| 新昌县 | 3.330 | 35 | 3.39 | 3.32 | 3.32 | 3.39 | 3.43 | 3.39 | 3.25 | 3.14 |
| 平湖市 | 3.326 | 36 | 3.26 | 3.30 | 3.39 | 3.48 | 3.48 | 3.35 | 3.17 | 3.17 |
| 黄岩区 | 3.324 | 37 | 3.22 | 3.41 | 3.56 | 3.41 | 3.33 | 3.33 | 3.15 | 3.19 |
| 象山县 | 3.321 | 38 | 3.57 | 3.29 | 3.29 | 3.57 | 3.57 | 3.00 | 3.14 | 3.14 |

续表

| 县（市、区） | 总体得分 | 总排名 | 对政府减少审批时间的满意度 | 对政府降低审批费用的满意度 | 对政府减少审批材料重复提交的满意度 | 对政府完善审批咨询服务的满意度 | 对政府代办员队伍服务质量的满意度 | 对浙江政务服务网在线审批监管平台的使用满意度 | 对项目涉及的中介机构服务的满意度 | 对项目涉及的水、电、气、热等国有企业的服务满意度 |
|---|---|---|---|---|---|---|---|---|---|---|
| 常山县 | 3.319 | 39 | 3.55 | 3.40 | 3.45 | 3.50 | 3.50 | 3.30 | 3.05 | 2.80 |
| 鄞州区 | 3.313 | 40 | 3.25 | 3.25 | 3.50 | 3.50 | 3.25 | 3.25 | 3.25 | 3.25 |
| 西湖区 | 3.312 | 41 | 3.33 | 3.33 | 3.33 | 3.33 | 3.50 | 3.33 | 3.33 | 3.00 |
| 吴兴区 | 3.308 | 42 | 3.60 | 3.20 | 3.40 | 3.53 | 3.40 | 3.13 | 3.07 | 3.13 |
| 嘉善县 | 3.308 | 42 | 3.46 | 3.36 | 3.29 | 3.32 | 3.39 | 3.21 | 3.25 | 3.18 |
| 余姚市 | 3.302 | 44 | 3.29 | 3.46 | 3.33 | 3.46 | 3.38 | 3.21 | 3.13 | 3.17 |
| 庆元县 | 3.298 | 45 | 3.23 | 3.46 | 3.46 | 3.39 | 3.46 | 3.23 | 3.00 | 3.15 |
| 温岭市 | 3.293 | 46 | 3.35 | 3.10 | 3.31 | 3.38 | 3.28 | 3.35 | 3.24 | 3.35 |
| 磐安县 | 3.292 | 47 | 3.33 | 3.00 | 3.33 | 3.17 | 3.50 | 3.33 | 3.17 | 3.50 |
| 临安区 | 3.288 | 48 | 3.40 | 3.40 | 3.40 | 3.40 | 3.30 | 3.20 | 3.10 | 3.10 |
| 普陀区 | 3.286 | 49 | 3.29 | 3.29 | 3.14 | 3.29 | 3.43 | 3.14 | 3.29 | 3.43 |
| 海曙区 | 3.281 | 50 | 3.38 | 3.00 | 3.25 | 3.50 | 3.50 | 3.50 | 3.13 | 3.00 |
| 三门县 | 3.268 | 51 | 3.14 | 3.21 | 3.21 | 3.36 | 3.36 | 3.36 | 3.21 | 3.29 |
| 龙游县 | 3.265 | 52 | 3.18 | 3.35 | 3.59 | 3.41 | 3.06 | 3.35 | 3.12 | 3.06 |
| 临海市 | 3.261 | 53 | 2.96 | 3.33 | 3.29 | 3.42 | 3.38 | 3.13 | 3.42 | 3.17 |
| 余杭区 | 3.256 | 54 | 3.19 | 3.33 | 3.29 | 3.33 | 3.33 | 3.19 | 3.24 | 3.14 |
| 云和县 | 3.225 | 55 | 3.20 | 3.25 | 3.15 | 3.35 | 3.35 | 3.45 | 3.05 | 3.00 |
| 婺城区 | 3.223 | 56 | 3.21 | 3.21 | 3.14 | 3.14 | 3.43 | 3.50 | 3.14 | 3.00 |
| 秀洲区 | 3.217 | 57 | 3.21 | 3.21 | 3.21 | 3.37 | 3.37 | 3.42 | 2.95 | 3.00 |

续表

| 县（市、区） | 总体得分 | 总排名 | 对政府减少审批时间的满意度 | 对政府降低审批费用的满意度 | 对政府减少审批材料重复提交的满意度 | 对政府完善审批咨询服务的满意度 | 对政府代办员队伍服务质量的满意度 | 对浙江政务服务网在线审批监管平台的使用满意度 | 对项目涉及的中介机构服务的满意度 | 对项目涉及的水、电、气、热等国有企业的服务满意度 |
|---|---|---|---|---|---|---|---|---|---|---|
| 诸暨市 | 3.203 | 58 | 3.21 | 3.23 | 3.27 | 3.27 | 3.19 | 3.29 | 3.10 | 3.06 |
| 萧山区 | 3.201 | 59 | 3.14 | 3.36 | 3.32 | 3.36 | 3.30 | 3.29 | 3.00 | 2.84 |
| 莲都区 | 3.197 | 60 | 3.00 | 3.14 | 3.29 | 3.29 | 3.43 | 3.29 | 3.14 | 3.00 |
| 苍南县 | 3.187 | 61 | 3.21 | 3.21 | 3.14 | 3.36 | 3.21 | 3.21 | 3.21 | 2.93 |
| 瓯海区 | 3.177 | 62 | 3.25 | 3.00 | 3.25 | 3.33 | 3.33 | 3.08 | 3.08 | 3.08 |
| 路桥区 | 3.173 | 63 | 3.08 | 3.46 | 3.23 | 3.31 | 3.23 | 3.15 | 3.08 | 2.85 |
| 柯桥区 | 3.165 | 64 | 3.32 | 3.18 | 3.05 | 3.23 | 3.27 | 3.18 | 3.14 | 2.96 |
| 泰顺县 | 3.156 | 65 | 3.00 | 3.25 | 3.25 | 3.25 | 3.25 | 3.00 | 3.00 | 3.25 |
| 浦江县 | 3.150 | 66 | 3.00 | 3.20 | 3.40 | 3.20 | 3.00 | 3.40 | 3.00 | 3.00 |
| 武义县 | 3.143 | 67 | 3.21 | 3.29 | 3.14 | 3.21 | 3.14 | 3.07 | 2.86 | 3.21 |
| 兰溪市 | 3.131 | 68 | 3.00 | 3.35 | 3.10 | 3.15 | 3.20 | 3.40 | 3.05 | 2.80 |
| 金东区 | 3.128 | 69 | 3.27 | 3.16 | 3.16 | 3.30 | 3.14 | 3.16 | 2.89 | 2.95 |
| 滨江区 | 3.125 | 70 | 3.40 | 3.20 | 3.40 | 3.40 | 3.20 | 2.80 | 2.80 | 2.80 |
| 江山市 | 3.125 | 70 | 3.07 | 3.15 | 3.11 | 3.30 | 3.15 | 3.30 | 2.89 | 3.04 |
| 南浔区 | 3.111 | 72 | 3.11 | 3.11 | 3.33 | 3.11 | 3.22 | 3.00 | 3.00 | 3.00 |
| 青田县 | 3.100 | 73 | 3.20 | 3.60 | 3.20 | 3.20 | 3.00 | 3.00 | 3.00 | 2.60 |
| 玉环县 | 3.096 | 74 | 3.00 | 3.06 | 3.29 | 3.18 | 3.18 | 3.00 | 3.00 | 3.06 |
| 海盐县 | 3.087 | 75 | 2.96 | 3.12 | 3.15 | 3.08 | 3.19 | 3.12 | 3.12 | 2.96 |
| 龙湾区 | 3.075 | 76 | 3.04 | 3.12 | 3.12 | 3.16 | 3.16 | 3.08 | 3.12 | 2.80 |

续表

| 县（市、区） | 总体得分 | 总排名 | 对政府减少审批时间的满意度 | 对政府降低审批费用的满意度 | 对政府减少审批材料重复提交的满意度 | 对政府完善审批咨询服务的满意度 | 对政府代办员队伍服务质量的满意度 | 对浙江政务服务网在线审批监管平台的使用满意度 | 对项目涉及的中介机构服务的满意度 | 对项目涉及的水、电、气、热等国有企业的服务满意度 |
|---|---|---|---|---|---|---|---|---|---|---|
| 桐庐县 | 3.075 | 76 | 3.00 | 3.20 | 3.00 | 3.30 | 3.20 | 3.00 | 2.90 | 3.00 |
| 缙云县 | 3.075 | 76 | 3.20 | 3.20 | 3.30 | 3.20 | 3.20 | 3.20 | 2.40 | 2.90 |
| 南湖区 | 3.033 | 79 | 3.00 | 3.00 | 3.00 | 3.13 | 3.13 | 2.87 | 3.07 | 3.07 |
| 德清县 | 3.022 | 80 | 3.00 | 3.17 | 2.96 | 3.17 | 3.09 | 3.04 | 2.83 | 2.91 |
| 上虞区 | 3.013 | 81 | 3.00 | 3.07 | 2.90 | 3.14 | 3.24 | 3.00 | 2.79 | 2.97 |
| 岱山县 | 3.000 | 82 | 3.00 | 4.00 | 3.00 | 3.00 | 4.00 | 2.00 | 2.00 | 3.00 |
| 嵊泗县 | 3.000 | 82 | 3.00 | 3.00 | 3.00 | 3.00 | 3.00 | 3.00 | 3.00 | 3.00 |
| 柯城区 | 2.969 | 84 | 3.00 | 3.00 | 2.75 | 2.75 | 3.25 | 2.75 | 3.00 | 3.25 |
| 越城区 | 2.969 | 84 | 3.08 | 3.17 | 2.50 | 3.33 | 3.08 | 3.25 | 2.83 | 2.50 |
| 拱墅区 | 2.938 | 86 | 2.88 | 2.88 | 2.75 | 3.13 | 3.13 | 3.13 | 2.88 | 2.75 |
| 东阳市 | 2.894 | 87 | 3.00 | 3.15 | 2.54 | 3.08 | 3.15 | 2.77 | 2.62 | 2.85 |
| 洞头区 | 2.875 | 88 | 2.50 | 3.00 | 3.00 | 3.00 | 2.75 | 2.75 | 3.00 | 3.00 |
| 景宁畲族自治县 | 2.813 | 89 | 2.50 | 2.50 | 3.50 | 2.50 | 3.50 | 2.50 | 3.00 | 2.50 |
| 所有地区平均得分 | 3.303 | — | 3.31 | 3.34 | 3.32 | 3.40 | 3.39 | 3.30 | 3.18 | 3.17 |

注：得分1—4分代表从不满意到非常满意，在此基础上计算每个问题的平均得分。然后，计算所有问题的平均得分，即为总体得分。

## 16.2 企业投资项目审批“最多跑一次”改革的基本经验

作为涉及部门众多、流程复杂、专业性强且包含大量中介服务的审批领域，企业投资项目审批改革必须以系统集成的方式整体推进。浙江省在企业投资项目审批“最多跑一次”改革过程中，通过推行“标准地＋承诺制”改革，创新部门协调联动机制，加快政府数字化转型，建立健全代办服务体系，推进涉审中介机构改革，实现了审批事项的精简化，审批过程的集成化、在线化、代办化，以及涉审中介服务的规范化，形成了具有重要复制推广价值的改革经验。

### 16.2.1 通过推行“标准地＋承诺制”改革，实现企业投资项目涉及审批事项的精简化

精简烦琐且非必要的审批事项是企业投资项目审批由“万里长征”转变为“最多跑一次”的基本条件。在改革过程中，浙江省精简企业投资项目审批事项效果最为明显的 2 项改革举措便是“标准地”改革和“承诺制”改革。“标准地”改革通过使拟出让土地投资强度、能耗、环境、亩均税收等指标精细化、透明化，“承诺制”改革通过实行承诺替代、免交材料，承诺先批、批后核实等方式使企业拿到“标准地”并承诺相关事项后即可直接开工建设，从而跳过了中间烦琐的行政审批环节，直接助推企业投资项目审批实现“最多跑一次”。具体而言，“标准地”改革实施之后，一方面，能够鼓励企业提前开展方案设计，将设计方案做深、做透，减少审批过程中的设计反复和时间浪费；另一方面，也以各项标准化要求推动了能评、环评等专项评估评价事项由“申请后审批”转变为“申请前服务”，“单个项目评”转变为“区域整体评”，从而为精简审批事项打下了扎实的基础。“承诺制”改革的实施则在投资项目行政审批中引入行政契约，以“一次性的承诺”改革“一箩筐的审批”，大幅度精简甚至取消审批的前置条件，建立起“政府定标准、企业作承诺、

过程强监管、信用有奖惩”的新型企业投资项目管理模式，从源头上减少了高效审批的阻碍。从湖州、绍兴等市“承诺制”改革试点情况来看，地方政府取消了近 30 项审批审核事项，基本做到“承诺即办、当天发证”，审批效率呈几何级数提升。

### 16.2.2　通过优化创新部门协调联动机制，实现企业投资项目审批的集成化

以人民为中心的“最多跑一次”改革在实践中必然要以公众心中的“一件事”为单位提供服务。浙江省在推进企业投资项目审批“最多跑一次”改革过程中，大力推动各个职能部门以业务流程为导向重塑职权体系，强化协调联动，再造审批流程，以集成化的审批方式将企业投资项目审批作为“一件事”打包向项目投资者提供服务。

一是推进牵头部门和责任部门的协同作战。浙江省市县两级政府在改革过程中全面实行企业投资项目行政服务中心“一窗受理”，由发改部门作为总牵头部门提供服务。同时，针对各个审批阶段明确相应牵头部门，项目立项阶段通常由行政服务中心或发改部门具体牵头，规划许可阶段通常由规划部门或自然资源部门具体牵头，施工许可和竣工验收阶段通常由住建部门具体牵头。工作中相关牵头部门负责制定任务书、时间表、路线图，倒排审批时间表，并负责代跑、督促相关责任部门，从而使各个部门能在同一改革目标的倒逼下强化协同作战，避免了职责不清、“法不责众”导致的推诿扯皮。

二是整合优化突出“堵点”的审批（审查）流程。针对施工图审查环节，将住建、消防、人防、气象等部门的图审中介机构整合为综合图审机构，实行施工图联审；针对项目用地预审、规划选址、征用占用林地、水土保持、地下取水水资源论证、环境影响评估等环节，实行住建、环保、自然资源等部门联合踏勘论证；针对项目竣工验收环节，实行规划、自然资源、住建、环保、消防等部门根据综合测绘报告一次性办理竣工验收许可。上述改革举措的推行，推动了企业投资项目审批由以“串”为主的审批模式转变为以“并”为主、先“并”后“串”的模式，极大地缩短了审批时间。

三是构建制度化的部门协作机制。各地通过定期召开投资项目现场办公会、建立定期协调会制度、打造协调小组、设立投资项目“一站式”

服务中心等形式，进一步推动部门之间形成常态化的业务对接协作机制，以行动的紧密化提供整体性的投资项目审批服务，有效破解了以往碎片化的审批格局。

### 16.2.3 通过加快政府数字化转型，实现企业投资项目审批的在线化

借助互联网技术构建的在线协作平台可以把政府各个职能部门进行线上联结，将线下烦琐冗长的物理空间协作通过互联网加以简化，并以技术刚性倒逼部门进一步优化协作流程、规范协作标准、改善协作效率，最终推动政府形成低成本、高效率、一体化的内部运行机制①。因此，加快政府数字化转型是推进企业投资项目审批改革的必由之路和必要条件。浙江省在企业投资项目审批"最多跑一次"改革过程中，通过完善投资项目在线审批监管平台，推动了公共数据深度共享和审批事项的网上办理，极大地便利了企业办事，实现了企业少跑腿甚至不跑腿。作为企业投资项目审批领域政府数字化转型的最重要载体，2017 年底运行的投资项目在线审批监管平台 2.0 版具有"省市县纵向一体化、横向协同化"的特点，涵盖了从项目立项、报建、建设到竣工验收的全流程审批事项，实现了项目审批全流程可查询、可监督。该平台还创新了政府管理项目方式，依托浙江政务服务网权力运行系统，实现投资项目"统一平台、统一赋码、统一受理、统一办理、统一监管、统一服务"等"六个统一"，进而推动实现投资项目审批"一口受理、在线咨询、网上办理、代办服务、快递送达"的办理模式。2019 年 6 月运行的投资项目在线审批监管平台 3.0（工程建设项目审批管理系统 2.0）在投资项目在线审批监管平台 2.0 版的基础上实现了浙江省住房和城乡建设厅主导的工程建设项目审批管理系统与浙江省发改委主导的投资项目在线审批监管平台的融合，还对接了 2 个国家垂直系统、6 个省统建系统以及投资项目审批相关部门的内部 OA 系统，真正做到了投资项目全流程、全覆盖"一个平台"在线审批和监管。同时，按照项目立项、规划许可、施工许可、竣工验收四大环节开发设置对应的网上集成式办理模块，为将投资项目按"事项"办理优化为按"一件事"办理提供了关键的数据基础和技术支撑。由此，企业投资项目审批彻底实现"一个平台""一个政府"整体对外提供服务，在技术

① 张鸣. 数字时代政府治理改革的实践与深化［J］. 理论视野，2019（4）：54－58.

层面消除了企业重复提交批文与材料的根源，使企业能够享受全流程“一站式”便捷服务。

### 16.2.4　通过建立健全代办服务体系，实现企业投资项目审批的代办化

代办服务通过“让专业的人干专业的事”，一方面，可以免除企业在部门之间兜兜转转、来回跑腿；另一方面，通过代办员一次性把审批材料备齐填好，加快了部门的审批进度。从浙江省情况来看，在企业投资项目审批“最多跑一次”改革推进过程中，代办服务机制的完善大大压缩了审批时限，得到项目单位的高度认可。当前，各地已涌现出“管家式”服务、“店小二式”服务、“项目代办四大员”服务、由保障重点企业工作专班——“亲企办”——工作人员全程陪跑代办服务等代办服务机制，实现从项目立项到竣工验收所有环节都由代办员代为办理。同时，浙江省大部分县（市、区）都在县级层面成立代办服务中心，在乡镇层面成立街道（园区）代办队伍，并明确项目代办服务分管领导及代办人员的代办服务流程，在缩减审批时间、提升服务质量上发挥了重要的作用。

### 16.2.5　通过推进涉审中介机构改革，实现中介服务的规范化

对于中介服务时间约占全流程审批时间 2/3 的企业投资项目审批而言，规范行政审批中介服务行为对于确保企业投资项目全流程“最多跑一次”具有特殊重要的意义。在推动政府职能部门审批提速增效的同时，浙江省同样以大力度推进涉审中介机构改革，努力实现中介服务的规范高效。首先，浙江省梳理精简投资项目审批中介服务事项。《浙江省投资项目审批中介服务事项清单（2019 年）》在充分征求各方意见的基础上共保留 49 个中介服务事项（其中，业主委托事项 30 项，行政审批机关委托事项 19 项），进一步厘清了投资项目审批中介服务边界，使企业在明明白白选择中介服务的同时也大大减轻了负担。其次，通过建设浙江省统一的“网上中介超市”平台，强化市场竞争与自律。一方面，“浙江网上中介超市”及浙江省各市、县平台的建立，实现了中介机构“一地备案、全省公开、网上竞争”，促进了充分竞争的中介市场形成，有效遏制了涉审中介乱收费、慢服务等问题；另一方面，通过各级“网上中介超市”平台，公开中介机构的服务承诺和信用评价信息，推动了中介服务市场的行业自律，加快了“一地失信、处处受限”信用联动惩戒机制的形成，有

效维护了中介市场秩序。最后，通过培育中介联合体推动中介服务实现集中、优质、高效。在改革过程中，浙江省各个地区纷纷探索将原本分散林立的单一领域中介机构培育整合为具有多种资质的综合性中介联合体，并由政府统一购买企业向中标中介联合体支付的业务费用。这一改革举措使投资项目审批中多份中介报告变为一份“综合报告”，杜绝了中介报告编制中的流程交叉，大幅提升了中介报告编制效率。更重要的是，企业得以享受集中、优质、高效的“一站式”中介服务。

## 16.3 企业投资项目审批“最多跑一次”改革面临的困难与瓶颈

浙江省企业投资项目审批“最多跑一次”改革取得了突破性进展，为全国投资项目审批改革以及营商环境建设提供了浙江经验与浙江方案。然而，改革在深化进程中仍然面临一些困难与瓶颈，制约了改革成效和改革红利的充分释放。

### 16.3.1 企业投资项目审批改革与现行法律法规不协调问题较为突出

由于企业投资项目审批涉及的法律法规众多，审批程序复杂，且重大项目报批涉及国家、省、市多个层级，投资项目审批改革的下一步深化和突破将受到上位法、各个部委规章文件以及省级相关法规规定的制约。例如，《浙江省城乡规划条例》规定，选址意见书、用地规划许可证、工程规划许可证有效期为 1 年，届满前 30 日内可申请延期，超出时限自动失效，失效后就要重新办理。而有些企业因为某些原因手续办理超过 1 年，又忘记延期，导致大部分手续要重新办理。与此同时，审批改革过程中法律风险的存在使企业参与改革的积极性不高。例如，部分企业由于担心审批手续“不完整”“不规范”影响后续生产经营而不愿通过承诺制的方式办理审批。不少基层政府和企业反映，“承诺制”改革允许工程规划许可证、施工许可证等在投资项目开工建设后进行补办的做法与《中华人民共和国建筑法》有关条款的规定不一致。

### 16.3.2　企业投资项目审批“业务流”整合有待深化

企业投资项目审批全业务流程涉及发改、经信、规划、环保、水利、气象、住建、消防、交警、人防、园文（绿化）、自然资源等 10 多个部门联合审批。然而，目前仍有少数县级行政服务中心后台部门之间处于“物理整合”和“串联运行”状态，集中表现为具体审批流转中仍然依靠人工流转和纸质传递为主，没有真正实现审批数据和流程并联的“化学融合”。更普遍的情况是，部分审批牵头部门统筹协调能力不强，仅着眼于本部门工作，缺少通盘考虑和研究全链条可以减少的材料以及共享的资源，进而造成改革成效不稳定，申报材料繁多、办理手续烦琐的现象依然在一定范围内存在。根据浙江省委全面深化改革委员会办公室（浙江省最多跑一次改革办公室）的监测，2019 年上半年，浙江省某县级行政区域办理施工许可所需申请材料多达 122 件，是浙江省内最佳标杆（11 件）的 11 倍多。此外，企业投资项目审批对窗口人员业务熟悉程度与经验积累要求很高，但是目前县级行政服务中心窗口人员大多数为合同制聘用人员，工资待遇低，流动较频繁，而且业务水平参差不齐，部分窗口人员对业务办理的流程和标准不熟悉，特别是缺乏对于复杂投资项目的处理能力，制约了企业投资项目审批由“专科受理”向“全科受理”转变。

### 16.3.3　投资项目在线审批监管平台有待进一步完善推广

作为企业投资项目审批“最多跑一次”改革网上办理平台的“浙江政务服务网投资项目在线审批监管平台”经过数次迭代升级后功能日趋完善。然而，操作过于复杂、系统响应速度慢、申报页面经常调整不便操作等问题仍较为突出，直接影响企业获得感和办事效率的提升。有相当数量的企业反映，一方面，“投资项目在线审批监管平台”操作填报内容复杂，企业注册、项目登记都有数十项内容需要填写，且部分专有名词难理解；另一方面，系统不稳定，平台不时会因内部调整、浏览器掉线等，导致登录困难、显示异常、附件上传不畅等情况发生。例如，施工图电子版上传如果遇到网络问题，上传需要耗时 1 周之久。此外，有审批工作人员反映，部门之间在审批信息共享、流转等方面还不顺畅。例如，前置审批回传批文，项目单位申报后续审批环节时无法直接从共享库中提取，需要再次扫描上传，存在重复输入情况。在平台应用推广方面，相关部门对项目投资者、项目建设单位的指导帮助力度也尚待加强。调研中发现，部分企业由于不习惯全流程网上申报，或是对网上申报相关政策和要求不熟悉，导致项目审批时间不必要的延长。这也反映出政府部门对“投资项目在线审批监管平台”用户的使用指导和帮助不足，毕竟绝大多数企业在其生命周期内只会进行一次投资项目建设。

### 16.3.4 企业投资项目审批代办队伍建设参差不齐

如何组建一支专业、专职、高效的代办员队伍是实现企业投资项目开工前审批“最多跑一次”和压缩审批时间的关键。以桐庐县为代表的县区在推进改革的过程中，成立投资项目“一站式”服务中心，由服务中心首席专员与乡镇招商代办组成专业、固定的代办队伍，通过“让专业的人干专业的事”为企业提供贴心的代办服务。然而，浙江省部分县区代办员队伍建设较为滞后。一方面，发改窗口人员有限，无法承担代跑经信、自然资源、住建、环保等相关部门的责任；另一方面，行政服务中心也未建立专职代办队伍，加之乡镇代办队伍基础薄弱、专业性不强、流动性大，导致整个县区代办队伍松散低效，根本无力开展全程代办工作。

### 16.3.5 企业投资项目事中事后监管机制有待建立健全

在企业投资项目审批“最多跑一次”改革推进过程中，相当数量的许可事项由全要素实质性审批改为行政备案或是企业作承诺后的直接审批。然而，审批改革之后政府在监管力量、监管制度、监管手段等方面却难以满足强化事中事后监管的新要求。

在监管力量方面，作为企业投资项目审批“最多跑一次”改革总牵头部门的发改部门，自身缺乏一支专业监管队伍，对大量备案类企业投资项目难以开展项目建设情况的现场核查。同时，各个部门之间的监管职责划分与协调配合机制尚未完全明确，针对投资项目的监管合力尚未形成。

在监管制度方面，一方面，“标准地”出让后的监管制度缺失。目前，对“标准地”项目在项目建设、竣工验收、达产复核等环节的监管制度尚未健全，尤其在企业建成投产后，一旦出现无法达到约定亩均税收标准等情况时，缺乏科学地进行监管处置的明确规范；另一方面，针对投资项目的“双随机、一公开”监管机制尚未建立。浙江省大部分区县仍未建立针对投资项目的随机抽查事项清单、随机抽查执法检查人员名录库，核查实施办法、核查比例和频次等也都缺乏统一规范。

在监管手段方面，投资项目“智慧监管”运用不足。“浙江政务服务网投资项目在线审批监管平台”尽管已在审批阶段实现了多个部门的数据共享，但在事中事后监管阶段尚未实现对自然资源、税务、环保、统计、供电等部门数据的归集与共享，导致无法全面准确掌握企业运行数据，难以实现“智慧监管”。

### 16.3.6　企业投资项目涉审中介服务改革有待加快

在调研过程中，企业普遍反映中介服务存在环节多、耗时长、收费不合理、缺乏规范性等问题。纸质问卷调查显示，有48.8%的企业认为，施工图设计和送审是制约企业投资项目实现开工前审批“最多跑一次”的最大瓶颈，占比居所有选项的首位。同时，35.1%的受访中介机构认为，政府对中介机构的扶持和监管力度不够，45.9%的受访中介机构表示政府应加大对中介机构违规的惩罚力度。上述情况凸显出中介服务市场竞争不足、改革实施力度偏弱等深层次问题。首先，中介服务市场竞争不足。①市场机制不成熟。目前，浙江省中介服务市场中挂靠中介普遍存在，中介服务机构服务能力与资质严重不符，编制“套本”“简本”的现象经常发生，导致报告文本质量低劣，严重影响行政审批效率。②市场竞争不充分。浙江省部分中介服务市场高度集中，竞争不充分，导致服务效率低下。例如，杭州市日照分析技术报告基本都由杭州市城市规划信息中心负责编制，燃气管道设计基本都由杭州市城乡建设设计院负责编制，这种情况导致相关中介机构业务量巨大，项目排队预约、编制报告耗时冗长。其次，部分中介服务改革实施力度偏弱。从区域评估实施情况来看，浙江省省级以上平台（包括高新技术产业开发区、工业园区、开发区、产业集聚区、创建期特色小镇）区域评估工作已全面展开。其中，区域环评、能评等项目进展较快，已经提前完成全年80%完成率的目标，但区域水土保持、雷电、地震、文物保护等4项进展较慢，未实现时间过半、进度过半，特别是区域雷电、地震、文物保护等3项与全年30%完成率的目标尚有较大差距。从中介联合体改革推进情况来看，绍兴市等地启动早，运作机制成熟，而浙江省部分设区市刚刚组建首批中介联合体，且中介联合体的组建方式、运行方式仍处于探索过程中，数量也无法完全满足企业需求。

### 16.3.7 企业投资项目审批竣工验收阶段“最多30天”改革有待全面突破

从2019年上半年情况来看，浙江省竣工验收阶段“最多30天”实现率明显低于项目立项、规划许可、施工许可3个阶段合计“最多60天”的实现率。相关堵点、痛点主要体现为以下3个方面：

一是由于竣工验收阶段涉及诸多政府部门以及水、电、气、通信等市政公用企业，造成协调联动难度较大，尤其是部分市政公用企业属于央企，市县级政府难以通过考核、行政命令等强有力的方式进行协调。

二是市政公用企业办事烦、办事慢问题较为突出。在电话调查中，有3.1%的企业对项目涉及的水、电、气、热等国有企业的服务表示“不满意”，在所有调查问题中被选择比例最高。2018年上半年开展的调研显示，浙江省企业需分别前往水电气网各办事窗口提交报装申请，分头联系各供应单位实施报装，而且部分企业的报装手续办理费时费力。例如，国网杭州供电公司“高压装表临时用电”等事项，共需6个环节、到场4次，办理期限约为20个工作日；杭州市水务集团“临时施工用水”事项，共需11个环节，办理期限约为30个工作日。这与“最多跑一次”改革的理念与要求存在明显差距，表明改革在公用服务领域的实施力度较为欠缺。

三是建筑工程档案验收环节十分烦琐。相关企业反映，竣工验收中的档案验收需提交多达116份材料，政府部门盖章80余个，手续烦琐冗长（一般工业项目10天左右，房地产项目需要更长时间），严重阻碍了竣工验收阶段“最多30天”的实现。

## 16.4 企业投资项目审批“最多跑一次”改革的深化方向

深化企业投资项目审批“最多跑一次”改革，应通过“全要素考量、全流程优化、全方位服务"的方式系统提升审批效率与服务质量，在巩固企业投资项目开工前审批"最多跑一次"的基础上，全面达成竣工验收前审批"最多 90 天"，以更好地满足企业对最优营商环境的期望。

### 16.4.1　强化企业投资项目审批改革的制度保障

首先，推动修订完善有关法律法规规章。应通过多种渠道推动《中华人民共和国建筑法》《中华人民共和国物权法》等法律法规以及部门规章的修订和完善，并向国家争取暂停部分法律法规和规章相关条款在浙江省实施，着力解决企业投资项目审批"最多跑一次"改革创新举措与法律法规、部门规章的冲突问题。同时，以企业投资项目审批"最多跑一次"改革为契机，重点围绕知识产权保护、非公经济保护、合同执行、外商投资等关键问题完善省级立法体系建设，加强政府配套制度的制订，为营商环境建设提供最优法制保障。其次，推进投资项目"最多跑一次"改革省级标准化体系建设。应按照"最多 90 天"的目标要求，制定不同类型企业投资项目项目立项、规划许可、施工许可、竣工验收 4 个阶段的审批操作指引。同时，应充分考虑项目复杂性、招投标政策因素以及企业自身因素等各类特殊情形，完善"最多 90 天"负面清单。最后，做好与国家改革的配套与衔接。重点是进一步理顺浙江省企业投资项目审批"最多跑一次"改革与中华人民共和国住房和城乡建设部牵头推行的工程建设项目审批制度改革的关系，在审批信息系统建设、审批事项梳理、审批流程优化等方面加强衔接与规范。

### 16.4.2　构建企业投资项目全链条、全要素优化重组的审批机制

一是根据"最多跑一次"改革理念，全面开展浙江省投资项目审批部门的机关内部"最多跑一次"改革，并对浙江省企业投资项目审批涉及的行政审批事项、中介服务技术审查事项、水电气网等市政公用服务事项进行全要素优化重组，结合全国最佳标杆做法与浙江省改革实际，形成审批事项最简清单、审批材料最简清单、中介机构服务清单、先验先测联合验收清单、审批利益协商协调清单、监管责任清单等。在此基础上，分别针对工业厂房类、工业企业"零土地"技术改造类、企业投资小型建设项目类、房地产开发类、其他产业类编制浙江省统一的标准化审批流程图、审批指南、办事指南、申请表单范本和申报材料清单，实施分类管

理。同时，进一步压实投资项目各个审批阶段牵头部门的改革责任，全面落实“一家牵头、并联审批、限时办结”的要求，实行超时默认制度，严格控制每个阶段的审批时间。

二是推广建立投资项目“一站式”服务中心，进一步优化审批流程。在总结桐庐县投资项目“一站式”服务中心成功经验的基础上，在浙江省部分县区推广建立投资项目“一站式”服务中心，打破部门界限，强化资源整合，确保与投资项目审批相关的涉审事项、人员全部进驻中心，并设立由业务骨干担任的投资项目审批首席专员，实现“一个平台议事、决策、审批，项目全生命周期牵头、协调、监督”。

三是深化“一窗服务”改革，提升窗口人员业务水平。应进一步完善投资项目综合受理窗口的职责和功能，出台“一窗服务”标准体系、考核办法，优化“一窗受理、按责转办、同步办理、限时办结、统一督办、评价反馈”的工作流程。还要健全窗口人员保障激励机制，并组织多种形式的培训、技能竞赛，提升窗口人员综合素质和专业水平。

### 16.4.3 完善推广投资项目在线审批监管平台 3.0

首先，进一步优化完善投资项目在线审批监管平台 3.0。在杭州市和衢州市试点的基础上，持续抓好投资项目在线审批监管平台 3.0 系统开发完善工作，强化技术支撑，提高系统运行的稳定性，按照场景化、人性化的要求优化页面设计和用户操作流程，并鼓励各个地区探索开发适合本地区实际的功能模块。同时，推动投资项目在线审批监管平台 3.0 进一步对接自然资源空间基础信息平台、不动产登记系统、城市智慧管理相关系统，整合施工图联审系统，优化项目审批各“图审”支撑系统，拓展叠加“标准地”、区域评估、中介服务、水电气网报装、移动办公等模块，增强平台对“用户”的黏性。其次，进一步加强对投资项目在线审批监管平台 3.0 的推广、使用培训和指导。一方面，加快全面推广应用投资项目在线审批监管平台 3.0，加强对平台使用情况的考核，并强化对一线审批人员的业务培训和指导；另一方面，加强对项目投资者、项目建设单位的指导和帮助，特别是对在新老政策转换时期办理有关审批事项以及不熟悉投资项目审批政策、流程和网上办事的项目投资者和建设单位，应指派专人予以重点帮助、全程服务。

### 16.4.4　健全企业投资项目审批代办服务体系

一方面，浙江省推动所有县区行政服务中心常设投资项目代办服务中心，依托代办服务中心成立一支由职能部门业务骨干、新进公务员、乡镇工业口干部以及专职代办员组成的专业、高效、相对固定的代办队伍，推动代办服务与招商引资工作紧密结合；另一方面，浙江省完善代办队伍管理考核、技能培训制度，定期举办针对代办人员的讲座授课、现场教学，使其掌握最新政策要求和典型服务方式，不断提升服务能力。同时，把代办服务工作成效作为公务员职级评定、职务晋升、评奖评优的重要参考，激发代办人员的工作热情。

### 16.4.5　建立健全企业投资项目事中事后监管体系

行政审批制度改革的深入表明，真正能够对市场主体行为产生深远影响的是监管，监管作为政府核心职责的地位将得到确立[①]。因此，在企业投资项目审批“最多跑一次”改革深化过程中，必须加快事中事后监管体系构建，同步提升政府监管能力。在监管力量方面，应按照“谁主管、谁负责”的原则，建立覆盖项目建设、竣工验收、达产复核等环节的联合监管机制，明确各个环节的牵头部门，实施跨部门协同监管。对于在项目建设过程中可能出现的环境污染等专业领域问题应积极探索向第三方专业机购买监管服务解决。在监管制度方面，建议研究制定《浙江省企业投资项目承诺制改革信用监管办法》《浙江省“标准地”企业投资项目事中事后监管与联合奖惩办法》，明确投资项目领域各个部门的监管职责、监管标准、监管程序以及协同责任、协同机制，确定“标准地”项目、承诺制审批的违约处置办法。同时，梳理编制企业投资项目监管事项清单，规范针对不同类型项目的检查比例和频次，为实施“双随机、一公开”监管奠定基础。在监管手段方面，一要大力推行信用监管。加快研究完善“标准地”项目、承诺制审批的信用评价体系和监管制度，建立投资领域的企业信用档案和红黑名单制度，将企业履约践诺情况作为差异化享受政府服务、事中事后监管、要素价格、优惠政策、资质评定、评先

① 何显明，张鸣．重塑政府改革的逻辑：以“最多跑一次”改革为中心的讨论［J］．治理研究，2018（1）：92－99．

评优、资金扶持、政府采购入围资格的重要依据。此外，对严重失信的用地企业应向社会公开曝光，列入公共信用信息系统失信黑名单。二要积极探索“智慧监管”。随着各种信息技术的广泛应用，政府监管正在向电子化、数字化迈进①。在投资项目监管领域，应加快打通相关部门信息系统，开发上线投资项目在线审批监管平台 3.0 事中事后监管功能模块，并与浙江省统一的行政执法监管平台实现互联互通。在此基础上，开展公共数据挖掘，为投资企业精准“画像”，既推动政务服务精细化、个性化，又构建“无缝隙”的政府监管体系，实现对企业的在线监管、“掌上监管”、综合监管、分类监管，提升监管风险预警预判和处置能力。

### 16.4.6 深化企业投资项目中介服务市场改革

一是放开投资项目领域中介服务事项。例如，在规划部门公开拟建项目所在地周边相关地理信息档案基础上，对日照分析、房产测绘等中介服务事项全面放开。

二是深化“网上中介超市”建设。一方面，通过“网上中介超市”公开中介服务承诺时间、收费标准和依据，全面推行网上中介竞争采购，引导企业使用网上竞价功能选择中介服务供应商，并制定出台投资项目行政审批中介服务信用评价体系，对列入黑名单的中介机构采取相应限制、惩戒措施，以有效维护中介市场秩序，保障中介市场服务质量；另一方面，推进“浙江网上中介超市”与投资项目在线审批监管平台 3.0、浙江省公共信用信息平台信息交换，完善中介超市大厅（网站）后台管理功能以及在线咨询、讨论交流等互动类服务功能，加快推进浙江省可共享的中介服务行业专家库贯通。

三是全面深化中介联合体改革。借鉴桐庐县、诸暨市等地中介联合体改革的做法，出台浙江省中介联合体培育管理细则和综合报告范本，鼓励不同资质的中介机构自由组合形成具备多资质的联合体。在此基础上，加强政府对投资项目领域中标中介联合体服务效率、服务质量的监测考核，形成中介联合体能上能下的良性竞争格局。

四是加快推进各项区域评估。尽快将区域评估管理平台叠加到浙江省

① 郁建兴，朱心怡．“互联网＋”时代政府的市场监管职能及其履行［J］．中国行政管理，2017（6）：11－17.

“标准地”数字地图中，实现对区域评估的数字化管理。在此基础上，系统监测各项区域评估完成率和进展情况，及时总结经验、剖析问题，并将区域评估完成情况作为对各个地区经济工作目标责任制、改革实绩等考核的重要内容，督促各个地区加快推进。此外，适时开展专项督查，对工作滞后的单位和部门予以通报批评，确保完成各项区域评估改革年度目标。

### 16.4.7　推进企业投资项目审批竣工验收阶段“最多 30 天”改革

第一，明确竣工验收阶段涉及“一件事”（例如，工程验收、水电气网报装、不动产权登记等）的牵头单位，明确牵头单位的改革任务和突破时限。

第二，在水电气网等市政公用企业全面推行“最多跑一次”改革，推动相关公用企业编制“最多跑一次”事项清单，公开服务承诺时间、收费标准和服务流程，并将服务承诺落实情况纳入对企业的信用评价、信用档案。

第三，落实企业投资项目涉及的供水、排水、供电、供气、通信网络、有线电视报装等服务全面入驻浙江省县级行政服务中心，并设立“水电气网一站式办理窗口”，整合各家公用企业的申请表单和材料。

第四，实行竣工验收全程网上办理，梳理精简建筑工程档案验收所需材料，并将档案验收纳入联合验收范围或者实施告知承诺。

第五，大力推进联合验收，根据不同部门、不同领域的管理特点，明确适宜纳入联合验收的事项范围，整合归并验收材料。此外，应在改革基础较好的地区试点组建企业投资项目竣工“一站式验收中心”，整合分散在各个部门的不同验收职能。

# 第 17 章

# 宁波市技能人才队伍建设政策创新的绩效评估*

2019 年 9 月 23 日，习近平总书记对我国技能选手在第 45 届世界技能大赛上取得佳绩作出的重要指示中明确强调："技术工人队伍是支撑中国制造、中国创造的重要基础，对推动经济高质量发展具有重要作用。要健全技能人才培养、使用、评价、激励制度，大力发展技工教育，大规模开展职业技能培训，加快培养大批高素质劳动者和技术技能人才。"中华人民共和国人力资源和社会保障部部长张纪南在宁波市调研时强调，要提高政治站位，抢抓机遇，推动技能人才发展迈上新台阶。当前，宁波市正深入实施人才强市战略和"六争攻坚"决策部署。加快推进"246"万千亿级产业集群建设，需要进一步突破体制机制瓶颈，构建更加完善的技能人才培养体系，打造一支适应产业发展需要的高素质、高技能的人才队伍。

---

* 本部分作者系宁波市人力资源和社会保障局课题组（组长：陈瑜；副组长：陈文伟、陈烨、许奇良、范柏乃；执笔人：程冬冬、吕栋、汪杰峰）。

# 17.1 宁波市经济高质量发展需要加强技能人才队伍建设的政策创新

### 17.1.1　宁波市经济及制造业现状

2017 年，宁波市经济工业总产值破 2 万亿元。2018 年，宁波市 GDP 首次破万亿元，成为全国第十五个（长三角地区第六个）进入“万亿俱乐部”的城市。2018 年，宁波市规模以上工业总产值达 1.68 万亿元，同比增长 10.3%，连续两年居浙江省第一位，位列全国先进制造业竞争力城市八强。宁波市经济发展呈现稳中向好的态势，结构发生积极转变，增长动力稳步转换，经济转向高质量发展的特征更趋明显。

2016 年，宁波市获批成为全国首个“中国制造 2025”试点示范城市。2018 年，宁波市提出发展“246”万千亿现代产业集群，并明确这是宁波市实现经济高质量发展的必由之路。目前，宁波市已形成绿色石化、汽车制造、高端装备、关键基础件（元器件）、新材料、电子信息、时尚纺织服装、智能家电八大千亿级优势产业集群，拥有 9 个“全国唯一”的产业基地称号，拥有一大批实力较强的企业。

### 17.1.2　宁波市制造业的不足与短板

尽管宁波市制造业呈现总体向好的趋势，但从税收贡献来看，宁波市高端制造业贡献的税收收入占比不高，服务业中科学研究和技术服务企业贡献税收较少。从经济高质量发展指标评价结果来看，仍存在一些短板。

一是产业结构仍需加快升级。宁波市传统产业转型步伐相对缓慢，战略性新兴产业起步较晚。与先进城市相比，宁波市传统产业和战略性新兴产业均存在一定发展空间。

二是经济发展质量有待提升。宁波市制造业大多处于国际价值链中低端，多数产品仍处在产业链中低端。

三是经济发展动力有待增强。创新驱动能力作为宁波市经济发展的短板，与先进城市还存在一定的差距。

### 17.1.3 宁波市亟须一支强大的技能人才队伍

2010—2018年，宁波市R&D经费投入占GDP的比重由1.6%上升至2.6%，在全国大中型城市中位居前列，但对比一线城市仍有差距。统计数据显示，北京市、深圳市的R&D投入占GDP的比例均在4%以上，武汉市、南京市、杭州市、天津市等城市的R&D投入占GDP的比例均保持在3%以上。从技术工人队伍上，宁波市拥有380万名一线产业工人。但技能劳动者占产业工人的比例不到50%，高技能人才更是紧缺，仅占产业工人总量的12.28%。宁波市无论在研发投入还是技能人才队伍上，与国内先进城市都有明显的差距。

近年来，各大城市产业升级过程昭示，哪个城市拥有一支强大的技能人才队伍，就能有效抓住重要战略机遇，经济社会发展水平就会快速提高。例如，深圳市和杭州市均拥有一支强大的信息技能人才队伍，抓住了新产业革命的机遇，从而确定了它们在全国城市发展格局中的优势地位。然而，宁波市目前仍呈现出技能人才支撑不足。宁波市的一些企业虽然看到了智能化发展的方向，也愿意实施智能化改造，但缺乏足够的人才和技术力量保障。因此，宁波市若要在经济高质量发展中发挥自己应有的作用，必须努力培育一支强大的技能人才队伍。

当前，宁波市正在全力争创“中国制造2025”国家级示范区，规划“246”万千亿现代产业集群，必须加大技能人才队伍建设投入，积极建设技能人才培育体系。

### 17.1.4 宁波市推进技能人才队伍建设的政策创新

近年来，宁波市从法律、发展规划和部门政策等多个维度推进技能人才队伍建设的政策创新，保障技能人才队伍的健康发展，集中体现在以下2个方面：

一是率先出台两项条例作为法律保障。宁波市是全国第一个出台职业教育合作与职业技能培训地方性法规的城市。2009年3月1日，我国第一部关于职业教育合作的地方性法规《宁波市职业教育校企合作促进条例》正式实施。该条例为更好地解决宁波市职业教育校企合作中存在的困难和问题，促进校企合作长效机制的建立提供了法律保障。2016年7

月 1 日，全国首个职业技能培训地方性法规《宁波市职业技能培训条例》正式实施。该条例为提高劳动者职业技能和就业、创业、创新能力，引导和规范职业技能培训活动提供了法律保障。

二是出台多项政策全面保障技能人才队伍建设。近年来，宁波市出台 20 多项各类配套政策，主要包括：2016 年 9 月发布《“技能宁波”三年行动计划（2016—2018)》；2016 年 12 月发布《宁波市高技能人才队伍建设“十三五”规划》；2017 年 4 月发布了《宁波市高技能人才专项资金管理暂行办法》；2017 年发布了国内首部技能人才发展蓝皮书《宁波技能人才发展蓝皮书》，为“技能宁波”明确发展目标和方向；2018 年 5 月发布了《宁波市高技能人才专项资金管理暂行办法》；2019 年 1 月发布了《关于进一步加强技能人才队伍建设打造技能强市的实施意见》，着重强调加快高技能人才培养，推动宁波“技能强市”战略；2019 年 7 月出台了《宁波市技能人才自主评价办法（试行)》；2019 年 10 月发布了《宁波市高技能人才直接认定暂行办》。此外，还制定出台了《宁波市“首席工人”评选试行办法》《宁波市优秀高技能人才奖励办法》《宁波市高技能人才公共实训基地管理暂行办法》《宁波市技能创业孵化机构管理办法》等。

## 17.2 宁波市技能人才队伍建设政策创新的实施成效

宁波市通过实施技能人才队伍建设的政策创新，不断完善工作机制、拓宽培养途径、创新评价方法和强化激励引导，建立了政府、院校、企业三方携手培养技能人才的新格局。在技能人才队伍建设方面取得了明显成效，走在了浙江省前列。

截至 2019 年 9 月，宁波市技能人才总量达到 161.5 万人。其中，高技能人才达到 47.55 万人，占技能人才总量的 29.44%，在全国城市中位居前列。宁波市拥有 12 所技工院校。其中，省级重点技工学校 3 所、国家级重点技工学校 5 所，高级技工学校 4 所，技师学院 3 所，年招生规模达 5000 人左右，在校生 18000 余人，以高级技工、技师为培养目标的占在校生的53%，发展规模和培养质量稳步提升。

宁波市技能人才队伍建设政策创新的实施成效体现在以下几个方面：

一是构建了一批国家级、省级、市级相衔接的高技能人才培养平台。先后创建2家世界技能大赛集训基地、培育中华技能大奖获得者1名、全国技术能手38人，省级技能大师工作室41家，市级技能大师工作室90家，各级各类平台年均培训培养高技能人才4.5万人次。

二是建立了政府、院校、市场联合培养高技能人才的网络体系。注重发挥企业力量，建成龙头骨干企业为代表的高技能人才培养基地38家，严格规范宁波市300余家民办职业培训机构管理，大力支持技工院校发展，学生能力基本满足企业技能人才用人需求，各类培训主体每年开展职业技能培训突破15万人次，技能人才培养体系不断完善。

三是建立了社会、院校、企业相结合的技能人才多元评价体系。宁波市顺应形势任务发展，积极推进职业资格改革，全面构建了以社会化评价为主体，以企业自主评价为重点，职业（技工）院校评价认定和“以赛代评”认定等为补充的技能人才多元化认定评价机制。推进高技能人才与工程技术人才职业发展互通，促进人才发展和流动。突出以赛代评，组织实施各类技能大赛300余项，使5000多名技术过硬、复合型的高技能人才脱颖而出。

四是构建了荣誉、经费、平台相补充的高技能人才培养的激励保障制度。1人荣获“中华技能大奖”，9名高技能人才享受国务院特殊津贴，44人享受市政府专项津贴，3人荣获“浙江省钱江技能大奖”，近千名技能人才荣获宁波市“首席工人”。

## 17.3 宁波市技能人才队伍建设的制约瓶颈

### 17.3.1 制造业转型升级带来的深刻挑战

随着新一轮科技革命的爆发，传统制造业工厂与5G、AI、物联系网及区块链等新技术的加快融合，急切需要能够满足个性制造、定制服务、艺术需求、在线互动的未来“智造工厂”。如何应对产业升级对技能人才的知识结构、能力覆盖面和培养模式等提出了巨大挑战，是进入新时代实现制造业高质量发展必须要解决的重大课题。

#### 17.3.1.1　宁波市技能人才总量与产业需求不相匹配

近 5 年来，虽然宁波市技能人才总量不断增加，但与国内先进城市（例如，苏州市、上海市等）相比仍有差距（见表 17 – 1）。2018 年，苏州市规模以上工业总产值达 3.57 万亿元，技能人才 185 万人，人均产值是宁波市的近 1.7 倍。

**表 17 – 1　　国内相关城市工业产值与技能人才对比**

| 项目 | 上海 | 深圳 | 广州 | 天津 | 苏州 | 宁波 |
|---|---|---|---|---|---|---|
| 规模以上工业总产值（万亿元） | 3.4 | 3.21 | 2.09 | 2.80 | 3.15 | 1.59 |
| 技能人才（万人） | 330 | 330 | 262 | 246 | 171 | 160.2 |
| 高技能人才（万人） | 106.7 | 96 | 82 | 72 | 57.68 | 46.62 |

注：加粗数据是 2019 年数据，其余是 2017 年数据。

培养人数难以满足产业发展需要。目前，作为技能人才培养主体的宁波市 12 家技工学校在校生仅 1.8 万人左右，民办职业培训机构因制造业技能培训投入大、利润低，主营业务大多数以服务业的岗位培训为主。而同期，宁波市普通高中在校生达 8.6 万人，中职学校在校生达 6.6 万人，且随着中高职院校、成人教育等新一轮大幅扩招，就读技工学校的学生将进一步减少，且生源质量将进一步下滑。

#### 17.3.1.2　队伍结构与产业发展不够匹配

通过对宁波市一线近 4000 名职工的调查，发现职工队伍中技能人才规模偏小，无技术等级从业人员比例达 69.9%，初级技工占比为 11%，中级技工占比为 9.4%，高级技工占比仅为 2.9%。同时，宁波市技能人才断档问题显现老龄化趋势，高技能人才平均年龄超过 46 岁。

据 2019 年《宁波市技能人才紧缺工种及培训导向目录研究》显示，在调查的 800 余家样本企业中，技能人才（持证）主要集中在 200 人以上的中等规模企业，且（持证）主要集中为中级工和初级工，这二者合计占比超过75%。高级工以上占比25%左右。其中，技师和高级技师分别占6.2%和3.6%。服务业和制造业的高级技师占技工人才总数的比例接近，分别为3.2%和3.9%。由此可见，宁波市技能人才主要集中于中低级层面，高级技师较为紧缺。

#### 17.3.1.3 新业态的技能人才培养尚处空白

新技术与传统制造业结合日益紧密，对技能人才岗位能力需求由单一型结构转变成复合型结构，对技能广度和深度要求更加迫切。而宁波市现行技能人才培养主要以国家职业技能标准为纲，缺乏培养灵活性，远远落后于产业需要。例如，汽车制造产业急需的大量新能源技能人才在宁波市技能人才培养中几乎处于缺失状态，现行传统的学科门类及培养方式无法达到产业要求。

### 17.3.2 技能人才教育面临的挑战

第一，技工教育与学历教育通道不够畅通。技工院校招生难且生源质量较差。主要招收初中生“3+2”成人教育加技能的学生。随着大学等高等学府和中职院校的大幅扩招，技工院校录取学生的生源质量持续下滑。且无法吸引足够的生源。

第二，技工院校管理体制未能理顺。因主管部门不同，宁波市技工院校毕业证书和学历学位互认困难。当前，人力资源和社会保障部门下属的技工院校学生毕业后获得的是院校毕业证和职业资格证，但不能获得教育部门颁发的学历文凭，阻碍了技工院校毕业生后续的学历提升。

第三，技工培养模式创新存在提升空间。宁波市技工院校教研、科研力量较为薄弱。技能人才培养国际交流合作办学仍有提升空间。例如，杭州、深圳等地职业教育学校已与新加坡、英国、德国等国学校建立广泛的合作，建立“转学分，通本科”模式。又如，深圳还通过创办深圳技术大学破职教学历瓶颈与高等教育贯通。

### 17.3.3 “工匠精神”营造面临的挑战

第一，技能人才待遇普遍偏低。根据宁波市人力资源和社会保障局发布的《关于发布2019年度宁波市企业人力资源市场工资指导价位及2018

年度人工成本信息的通知》（甬人社发〔2019〕53 号），制造业中一般操作工年薪中位数为 5.75 万元，仅略高于前台服务员的年薪中位数（4.91 万元），而技能等级最高的高级技师年薪中位数为 9.32 万元，远低于一般管理人员的年薪中位数（14 万元）（见表 17－2）。据对部分技能大师工作室带头人调查，他们中的 70% 月工资收入在 8000 元以下。其中，32.1% 的人员工资收入在 5000 元以下。大多数技能大师工资收入低于本单位中层管理人员。其中，40.5% 的技能大师工资收入在中层管理人员工资收入的 60% 以内，还有 51.3% 不及一般管理人员。分析这种现象可能的原因包括：①企业薪资分配很大程度上与学历、专业技术资格挂钩，尤其是对于刚入职的员工。目前，专业技术资格与职业资格未打通，在评选工程师时遇到障碍。部分企业（特别是国有大型企业）在薪酬系统上无法突破学历、身份的限制，导致技能人才低薪普遍；②企业还未建立起基于岗位价值的薪酬体系。制造业企业对技能工资仍停留在根据职工资历、工龄等因素确定的状况。技能工资与员工实际技能脱节，考虑资历、工龄多，而对技能关注不足，降低了员工的积极性。

**表 17－2　2019 年宁波人力资源市场工资指导价位及 2018 年度人工成本**　单位：万元/年

| 项目 | 一般操作工 | 高级技师 | 前台 | 一般管理人员 | 宁波首席工人 |
|---|---|---|---|---|---|
| 年薪中位数 | 5.75 | 9.32 | 4.91 | 14 | 16 |

第二，投入力量统筹不够。在政府层面，技工教育的财政投入统筹不够。根据宁波市政府信息公开的数据显示，2014—2016 年在宁波市教育类一般公共预算财政拨款支出决算中，普通高中与中职院校（包括技工学校）的财政投入基本在同一水平，甚至中职教育的财政投入还略高一点。2017 年和 2018 年，普通高中的财政投入分别为 9.17 亿元与 9.81 亿元，而包括技工院校在内的职业教育的财政投入分别为 7.5 亿元与 7.98 亿元（见表 17－3）。技工教育对师资、设备和教学环境等有更为严格的要求，需要政府施以较高的经费投入。在企业层面，技能人才培养主体地位凸显不足，参与意愿不高。许多企业持有怕投入高、不愿培养，怕为他人做嫁衣的观点。在技工院校层面，受制于体制机制和编制限制，激励乏力，没有动力扩大培养规模。在社会培训机构方面，制造业技能人才培养投入大、周期长，参与意愿度不高。

**表 17-3　2014—2018 年宁波市教育类一般公共预算财政拨款支出决算**

单位：亿元

| 拨款对象 | 2014 年 | 2015 年 | 2016 年 | 2017 年 | 2018 年 |
|---|---|---|---|---|---|
| 普通高中 | 2.55 | 2.43 | 3.60 | 9.17 | 9.81 |
| 中职院校 | 2.71 | 2.69 | 3.99 | 7.50 | 7.98 |

## 17.4 宁波市技能人才队伍建设政策创新的突破方向

就业是民生之本，财富之源。稳就业既是经济问题和社会问题，也是政治问题和发展问题，是我国各级政府的一项重要工作。《国务院办公厅关于印发职业技能提升行动方案（2019—2021 年）的通知》（国人发〔2019〕24 号），要求把职业技能培训作为保持就业稳定、缓解结构性就业矛盾的关键举措，作为经济转型升级和高质量发展的重要支撑。为了大力推行终身职业技能培训制度，大规模开展职业技能培训，加快建设知识型、技能型、创新型劳动者大军，宁波市需要更加重视技能人才队伍建设，全面强化技能人才供给。建议从以下几方面创新突破技能人才队伍建设政策：

第一，加强技能人才政策的优化整合，着力增强政策的协同效应。近 10 年来，宁波市出台了推进高技能人才队伍建设的一系列政策措施，形成了技能人才培养、选拔、评价、使用和激励的政策体系。但从总体上看，宁波市技能人才政策碎片化，尚未体系化和系统化。由于政出多门或政出不同时期，政策与政策之间协调性较差，有些政策相互冲突和相互矛盾。再加上政策宣传力度不足和公众知晓度较低，实地调研结果表明，现行技能人才政策能够落地见效的并不多，总体实施效果并不理想。建议由宁波市人力资源和社会保障局牵头组织专家学者对技能人才政策进行全面梳理和分析评估，对市级层面上的技能人才政策进行优化整合，消除政策与政策之间的冲突，着力增强政策的协同效应。同时，加强对技能人才政策的宣传力度，提高政策的公众知晓度，强化政策执行的监督检查，并把政策执行情况纳入各级政府综合绩效考核范畴，狠抓政策措施的落实，确保技能人才政策的落地见效，全面推进宁波市技能人才队伍建设。

第二，尽快出台《宁波市技能人才队伍建设条例》，用法律强力推进技能人才队伍建设。经济社会发展，离不开法治护航；技能人才队伍建设，有赖于法治赋能。依法推进技能人才队伍建设，不仅是制度文明的发展，更是运用法治思维和法治方式破解技能人才队伍建设制约瓶颈的迫切要求。近十年来，宁波市制定出台了多项加强技能人才队伍建设的系列政策，但与法律相比，政策缺乏权威性、稳定性和强制性，很难做到一张蓝图绘到底。因此，很有必要将宁波市各地区在技能人才队伍建设方面积累的好政策、好经验和好做法及时加以总结和归纳，并上升至更高层面的法律维度，加以固化和长效化。尽快将技能人才队伍建设纳入宁波市的立法计划中，在《宁波市职业技能培训条例》的基础上，加快制定出台《宁波市技能人才队伍建设条例》，从技能人才的培养、评价、使用、激励和保障等各个环节为技能人才队伍建设保驾护航，用法律全面推进技能人才队伍建设，为稳就业和促就业作出重要贡献。

第三，教育资源向技能教育大力倾斜，着力破解技工院校经费短缺、招生难和办学条件差的制约瓶颈。

一是坚持以提高质量、稳就业、服务发展为导向，优化教育招生资源分配方向，不再扩大本科生和研究生教育的招生规模，促进教育招生资源向技能教育大力倾斜，确保技能教育与普通教育协调发展，并纳入宁波市各级地方政府政绩考核范畴。

二是改革完善技工院校考试招生办法，全面落实将宁波技师学院、技工学校纳入职业教育统一招生平台，加快学历证书和职业技能等级证书互通衔接，鼓励更多普通高中生、中职毕业生、退役军人和下岗失业人员、农民工和新型职业农民等群体报考，着力破解技工院校生源规模不足和生源质量差等问题。

三是大幅增加财政资金对技能教育的投入，确保地方教育附加用于技能教育的比例不低于 30%。建设一批领军型技工院校，重点支持建设一批高质量对接宁波市经济发展的主导产业、支柱产业、特色产业、战略新兴产业和数字经济的现代化实训基地，切实推动技工院校内涵发展，把技工院校打造成为宁波市技能人才教育和培训的主阵地。

四是加大对技能教育的投入。进一步扩大技工院校奖助学金覆盖面和提高补助标准，健全多元化的学生就学资助体系，全面提升技能教育的吸引力。

第四，着力破除技能人才成长的体制机制障碍，拓宽技能人才的成长通道。促进技能人才、专业技术人才及各类高层次人才同步推进、同步提升和共同成长，拓宽技能人才职业发展通道，研究制定《宁波市拓宽技能人才成长通道实施办法》。

一是完善技术工人评价机制。加快实施职业资格评价、职业技能等级认定、专项职业能力考核等多元化评价。推动企业自主开展技能人才评价，加大对技术工人创新能力、现场解决问题能力和业绩贡献的评价比重。开展技师、高级技师直接认定试点，技能高超、贡献突出的优秀技能人才可破格参加技师、高级技师考评。推动企业设立技能专家、首席技师、特级技师等岗位。发挥行业协会（学会）、龙头企业作用，全面推进企业、行业协会（学会）、社会人才评价机构职业技能等级认定试点工作。

二是突破技工院校毕业生就业的体制机制障碍。建议使技工院校中级工班、高级工班、技师班（预备技师班）毕业生在参加企事业单位招聘、确定工资起点标准、职称评定、职位晋升及参加专业技术资格考试方面，分别按照中专、大专、本科学历享受相关待遇。

三是突破岗位转换与职称认定的体制机制障碍。全面实施职业资格、职业技能等级与相应职称比照认定制度。建议使取得相应职业高级工、技师、高级技师职业资格的技术工人，能够申报工程技术系列助理工程师、工程师、高级工程师职称，能够享受本单位助理工程师、工程师、高级工程师同等待遇。建议将高技能人才列入高层次“双创计划”，使引进的高技能人才同等享受引进高层次人才相关政策。

四是突破报考机关事业单位的体制机制障碍。建议使应聘宁波市事业单位技能人才的高级工、技师、高级技师职业资格与初级、中级、高级专业技术职称应聘条件相对应；取得高级工、预备技师职业资格证书的技工院校毕业生学历建议按照全日制大专、本科对待。

第五，全面提高技能人才政治待遇、经济待遇和社会待遇，大力弘扬工匠精神。以高技能领军人才为重点，加强服务保障，全面提高技能人才政治待遇、经济待遇和社会待遇。

一是在政治待遇上，党代表、人大代表、政协委员、劳动模范和五一劳动奖章评选获得者中，逐步提高技术工人的比例。

二是在经济待遇上，着力推动企业深化工资分配制度改革，加快建立从初级工、中级工、高级工、技师、高级技师、首席技师到技术专家的职工职业等级评聘体系和薪酬体系，以最终形成技术工人提升技能的激励机制。推行高技能领军人才股权期权激励，鼓励和指导企业在工资结构中设置体现技术技能价值的工资单元，或对关键技术岗位、关键工序和紧缺急需的技术工人实施协议工资、项目工资和年薪制等分配形式。

三是在社会待遇上，高技能领军人才在购买自用商品住房、参加社会保险、省内就医和子女入学等方面按照高层次人才给予相关待遇。健全优秀技术工人疗休养制度，定期组织、分级实施疗休养活动，做好优秀一线技术工人带薪疗休养工作，享受补贴的一线职工疗休养活动安排不低于30%用于优秀技术工人。完善优秀技能人才表彰奖励制度，加大表彰奖励力度。加大对重视技能人才培养、使用和激励企业的宣传，引导全社会关爱技能人才，积极营造劳动光荣、技能宝贵、创造伟大的社会氛围，大力弘扬工匠精神。

第六，大规模推进职业技能培训，加快建设知识型、技能型、创新型劳动者大军。加大职业技能培训机构建设，大力支持各类企业和职业技工院校合作建设职工培训机构、企业大学和继续教育基地，全面推动设备设施、教学师资和课程教材等培训资源共建共享，加强公共实训基地和产教融合实训基地建设。加快新兴产业的职业培训开发，强化职业技能标准和“职业培训包”开发力度，建立健全浙江省紧缺职业目录编制发布制度。推进《浙江省职业技能提升行动实施方案（2019—2021 年）》《宁波市职业技能提升行动实施方案（2019—2021 年）》的有效落实，制定实施宁波市职业技能培训中长期规划，加大职业培训补贴和生活费补贴力度。针对不同对象分类开展精准培训，全面开展企业职工技能提升培训或转岗转业培训，组织失业人员参加技能培训或创业培训，实施农民工、高校毕业生、退役军人、建档立卡贫困人口、残疾人等重点群体专项培训计划，全面推行企业新型学徒制、现代学徒制培训，加快建设知识型、技能型、创新型劳动者大军。